Koreanisch für absolute Anfänger

AF577502

Yushin Ra

# Koreanisch für absolute Anfänger

... kinderleicht für Erwachsene

Lehrbuch

TOPIK I Level 1

Schmetterling Verlag

Bibliografische Informationen der Deutschen Nationalbibliothek
Die Deutsche Nationalbibliothek verzeichnet diese Publikation in der Deutschen Nationalbibliografie; detaillierte Daten sind im Internet über http://dnb.d-nb.de abrufbar.

Das in diesem Lehrwerk verwendete und von der Autorin übersetzte Gedicht wurde mit freundlicher Genehmigung des Verlages 김영사 Kimyoung abgedruckt. Vollständige Quellenangabe:
정민 Min Jeong: 우리 한시 삼백수_7언절구편 300 koreanische Gedichte: 7eon-jeolgu, 김영사 Kimyoung, 2013, S. 545 (E-Book)
Die Hintergrundgeschichte zum Gedicht ist frei erfunden.

**Schmetterling Verlag GmbH**
Libanonstr. 72A
70184 Stuttgart
www.schmetterling-verlag.de
Der Schmetterling Verlag ist Mitglied von aLiVe.

Gedruckt auf FSC zertifiziertem Papier
ISBN 3-89657-405-1
1. Auflage 2021
Printed in Bulgaria
Alle Rechte vorbehalten
Illustrationen: Francisca Cifuentes
Satz und Reproduktionen: Schmetterling Verlag
Druck: Multiprint, Kostinbrod

# Inhalt

# Vorwort

Die Gründe für das Erlernen einer Fremdsprache sind vielfältig, aber sie orientieren sich in der Regel an der Verbreitung und dem Prestige einer Sprache. Bis vor ungefähr zehn Jahren haben nur jene Deutsche Koreanisch gelernt, die einen sehr persönlichen Bezug zu dieser Sprache hatten, etwa weil sie mit einem/r KoreanerIn verheiratet waren.

Diese Situation hat sich stark verändert. Vor allem Südkorea ist Deutschland wirtschaftlich, kulturell und politisch sehr viel nähergekommen. Heutzutage lernen nicht nur viel mehr Deutsche Koreanisch, sie tun dies auch aus ganz unterschiedlichen Motiven: Viele wünschen sich in Korea zu studieren, dort ein Praktikum zu machen, zu arbeiten, Freundschaften zu knüpfen und Land und Leute intensiv kennenzulernen.

Dabei ist Koreanisch allerdings immer noch eine Sprache, die man eher aus einem kulturellen oder ästhetischen Grund und seltener wegen ihres praktischen Nutzens lernt. In einer Welt, in der das Sprachenlernen für gewöhnlich aus pragmatischen Gründen erfolgt, stellt sich diese Tatsache als recht faszinierend dar.

Koreanisch wird von ca. 77 Mio. Nord- und Südkoreanern gesprochen. Es wird sprachtheoretisch häufig der altaischen Sprachfamilie zugeordnet, aber in der Praxis imponiert es als eine alleinstehende Sprache, die mit anderen Sprachen nicht viel verbindet. Viele koreanische Wörter wurden aus dem Chinesischen entlehnt, aber strukturell haben die beiden Sprachen keine Gemeinsamkeiten. Beim Japanischen hingegen fällt eine große Ähnlichkeit bzgl. der Struktur auf, aber es gibt quasi keine Verwandtschaft im Bereich des Wortschatzes.

Manch einer denkt: Koreanisch ist so fremd, dass man dafür eine ganz spezielle Herangehensweise benötigt. In der Tat gibt es große Unterschiede zwischen Deutsch und Koreanisch. Die Lernenden tun sich u.a. beim Vokabellernen schwer, denn anders als bei europäischen Sprachen gibt es hier keine Parallellen. Jedoch hat Koreanisch eine beeindruckend logische Struktur, die das Lernen erleichtert. Es ist z.B. wie Mathematik: Unabhängig vom kulturellen Hintergrund kann theoretisch jeder sie erlernen. Genauso ist es mit Koreanisch: Die hinter der Sprache steckende Logik wird einem schnell vertraut und erleichtert den Zugang.

Mitunter ähneln sich sogar die grammatischen Strukturen, auch wenn die Wortstellung anders ist. Ich habe in diesem Lehrwerk versucht, die strukturellen Unterschiede zwischen den beiden Sprachen anschaulich zu machen, allerdings nicht um hervorzuheben, wie und wo sie sich unterscheiden, sondern um sie einander näher zu bringen. Das Erkennen von Ähnlichkeiten soll es den Lernenden ermöglichen, ausgehend von ihrer Muttersprache den Weg zum Koreanischen zu finden. Ich denke, dass diese Methode v.a. für absolute Anfänger eine große Hilfe ist, da die vielen unvertrauten Eigenschaften des Koreanischen für sie eine Hürde darstellen können.

Eine Sprache zu lernen bedeutet eine andere Welt zu betreten. Koreanisch hat trotz der angedeuteten Gemeinsamkeiten mit Deutsch einige nicht ohne Weiteres erschließbare Eigenheiten. Dabei handelt es sich z.T. natürlich um bestimmte Arten sich auszudrücken, aber nicht selten kommen eine Mentalität und der subtile Code einer jahrtausendealten Kultur zum Vorschein, die sich nicht so schnell erschließen lassen. Mitunter geht es also um mehr als das Erlernen einer Fremdsprache. Ab einem bestimmten Punkt bedeutet Sprachenlernen eine Kultur lernen. Sie werden in diesem Lehrwerk erste direkte wie indirekte Schritte dabei machen, die koreanische Kultur kennenzulernen. Dabei werden Übersetzungsbemühungen auf der Grundlage bekannter Strukturen und Ausdrücke an ihre Grenzen stoßen. Aber keine Angst! Das ist der Beginn einer tiefer gehenden Begegnung.

Ich unterrichte Koreanisch in Deutschland seit über 15 Jahren. Bei der Auseinandersetzung mit zahllosen Fragen, Diskussionen und Beobachtungen von vielen TeilnehmerInnen verschiedenster Altersgruppen und Bildungsniveaus meiner Kurse habe ich mein didaktisches Konzept entwickelt. In gewisser Weise ist es also auch ein Lehrwerk von Koreanischlernenden für Koreanischlernende, für Sie.

Ohne die Initiative des Schmetterling Verlags wäre es allerdings nicht zur Erarbeitung des vorliegenden Lehrwerks gekommen. Mehreren Personen habe ich dabei besonders zu danken. Frau Yeseung Lee und Frau Sujin Park haben das Koreanische im Manuskript Korrektur gelesen. Herrn Dr. Jean Yhee, Herrn Jimok Choi, Frau Gaeun Kim und Herrn Dr. Boris Friele gebührt mein Dank für das Mitwirken bei den Audioaufnahmen. Von letzterem stammt die Anregung für den heimlichen «Protagonisten» der Geschichte im Lehrwerk. Mein größter Dank gilt aber meiner Lektorin Frau Victoria Oldenburger: Sie hat nicht nur den Vorschlag gemacht ein Lehrwerk zu verfassen, sondern auch am deutschen Text gefeilt und mich durchgehend mit professioneller Beratung begleitet.

Ich wünsche Ihnen nun viel Spaß und zahlreiche Erfolgserlebnisse beim Eintauchen in die koreanische Sprache und Kultur!

Ihre Yushin Ra

# Einiges vorweg: Besonderheiten der koreanischen Sprache

In diesem Lehrbuch werden nach und nach besondere Merkmale vorgestellt, die die koreanische Sprache von der deutschen unterscheiden. Einige der wichtigsten seien aber bereits an dieser Stelle erläutert.

## 1. Schreibrichtung

Koreanisch schreibt sich heutzutage in der Regel von links nach rechts, aber es kann auch von oben nach unten geschrieben werden.

## 2. Wortstellung

In der deutschen Sprache kommt das Verb in einem Aussagesatz in der Regel an zweiter Stelle. Dagegen steht ein Verb in der koreanischen Sprache am Ende des Satzes. So sagt man auf Koreanisch 저는 빵을 먹어요 (*Ich Brot esse*) statt *Ich esse Brot.*

Beim Fragesatz verändern sich die Positionen der Wörter in der koreanischen Sprache nicht. So wird aus *Isst Thomas Brot?* auf Koreanisch 토마스 씨는 빵을 먹어요? (*Thomas Brot isst?*) Man erkennt am Ton, dass es sich um eine Frage handelt: Dabei geht man mit der Stimme am Ende des Satzes nach oben.

## 3. Konjugation der Verben

Die koreanischen Verben werden nicht nach dem Subjekt konjugiert. Für alle Personen (*ich, du, er...*) gibt es nur eine Form. Aber: Anders als im Deutschen werden die Verben je nach Gesprächspartner und Situation unterschiedlich konjugiert (s. Nr. 8), z.B. wird das Verb *essen* im Satz *Ich esse Brot* zu 먹어, 먹어요, 먹습니다 usw.

## 4. Weglassen des Subjekts

Während ein Satz in der deutschen Sprache auf ein Subjekt angewiesen ist, lässt man es in der koreanischen Sprache häufig weg. So sagt man typischerweise etwa *Was machst?* (뭐 해요?) statt *Was machst du?* Das Subjekt eines Satzes soll der Hörer mithilfe des Kontexts selber ergänzen. Seien Sie unbesorgt! Sie gewöhnen sich daran.

## 5. Keine Artikel, sondern Marker

Es gibt keine Artikel im Koreanischen, die u.a. dafür zuständig sind, einen Fall wie Nominativ, Genitiv, Dativ oder Akkusativ zu markieren. Koreanisch hat zwar Entsprechungen für diese vier Fälle, aber sie werden durch Partikel markiert, die aus einer oder zwei Silben bestehen. Sie nennen sich je nachdem auch Marker oder Endung. Diese Partikel werden nach einem Wort eingesetzt.

### 6. Personalpronomen *ich* und Possessivpronomen

Das Pronomen *ich* wird in den meisten Fällen auf Koreanisch mit 저 übersetzt, aber das ist streng genommen ein Kompromiss, der mangels Alternativen eingegangen wird. Denn *ich* steht im Nominativ, wohingegen 저 an sich allein keinen Fall hat. 저 bekommt erst dann einen Fall, wenn ein Marker hinzugefügt wird, der eine grammatische Funktion aufweist. Der Nominativ von 저 bildet sich darum erst, wenn zu 저 der Nominativ-Marker 가 hinzugefügt wird, was hier ausnahmsweise 제가, nicht 저가 ergibt.

Ein weiteres Beispiel: 그 (Kompromiss-Übersetzung: *er*) weist für sich stehend auch keinen Fall auf. Um davon einen Nominativ zu bilden, muss man zu 그 einen Fall-Marker, also hier den Nominativ-Marker 가, hinzufügen, was 그가 ergibt. Das gilt für alle Fälle.

Ähnlich kann man auf Grundlage der Personalpronomen Possessivpronomen bilden. Bilden wir das Possessivpronomen von *ich*, also *mein*. Wenn man zu 저 den Possessiv-Marker 의 hinzufügt, erhält man *mein*: 저의. Genauso z.B. bei *er*: 그 + 의 = 그의 (*sein*).

### 7. Geschlecht

Die Nomen haben kein Geschlecht. Es gibt auch keine unterschiedlichen Bezeichnungen für die Geschlechter. So wird für z.B. *Schüler/Schülerin* dasselbe Wort verwendet: *Haksäng* (학생).

### 8. Informelle Form und Höflichkeitsstufen

Auf Koreanisch muss man ein- und denselben Satz unterschiedlich formulieren, je nachdem zu wem oder in welcher Situation man spricht. Der Satz *Was machst du?* lässt sich in drei verschiedenen Formen sagen: zu einem Freund *Mohä?* (뭐 해?), zu einem Kollegen *Mohäyo*? (뭐 해요?) und zum Großvater *Mohaseyo?* (뭐 하세요?). Die Äquivalente des Satzes *Was machen Sie?* lässt sich in zwei verschiedene Formen einteilen: *Mohamnikka*? (뭐 합니까?) und *Mohashimnikka*? (뭐 하십니까?) Die erste Form wird in einer Situation verwendet, in der die höfliche Förmlichkeit gebraucht wird. Ein typischer Fall ist die Selbstvorstellung bei einem Vorstellungsgespräch. Die zweite Form drückt auch Förmlichkeit aus, aber mit der Höflichkeit in einer höheren Stufe, im Honorific. Sie können diese Form verwenden, wenn Sie einen Vorgesetzten auf der Arbeit ansprechen.

- *Mohä?* ist die informelle Form und wird in einer engen Beziehung sowie für Gespräche mit Kindern verwendet[1].

- *Mohäyo?* ist die gewöhnliche höfliche Form für eher distanzierte Beziehungen.

- *Mohaseyo?* ist der Honorific von *Mohäyo*?

- *Mohamnikka?* ist die höfliche formelle Form für eine Beziehung, in der Förmlichkeit gebraucht wird.

- *Mohashimnikka?* ist die honorative formelle Form und die höchste Höflichkeitsstufe. Man verwendet sie, wenn ein formeller Umgang gefordert ist. Das ist typischerweise bei der Bedienung von Kunden, in einem formellen Gespräch auf der Arbeit, bei Ankündigungen von Behörden etc. der Fall.

Für die Beherrschung dieser Formen muss man sich Zeit lassen. Das liegt nicht an der Grammatik, sondern hat mit der Dynamik der sozialen Beziehungen zu tun. Man muss erst das notwendige Fingerspitzengefühl dafür entwickeln, wann man welche Form verwenden soll. Absoluten Anfängern wird empfohlen mit der zweiten Form anzufangen, da sie im Alltag am meisten verwendet wird.

1 Die informelle Form ist Gegenstand des TOPIK II und wird in diesem Lehrwerk daher nicht behandelt

# Aufbau und Benutzung des Lehrwerks

Das Lehrwerk *Koreanisch für absolute Anfänger... kinderleicht für Erwachsene* umfasst das Level 1 des TOPIK I (*Test of Proficiency in Korean*). Es ist sowohl für das Lernen im Unterricht als auch für das Selbststudium konzipiert. Zum vorliegenden Lehrbuch gehören ein Übungsheft und MP3-Audioaufnahmen[1], die von Muttersprachlern eingesprochen wurden. Um einen optimalen Lernerfolg zu erzielen, empfiehlt sich der Gebrauch aller drei Komponenten.

Das Lehrbuch besteht aus 25 Kapiteln, die Schritt für Schritt in die koreanische Sprache einführen. Es fokussiert auf jene Schwerpunkte der Grammatik und des Vokabulars, die der Lernende zu Beginn benötigt, um in Korea sprachlich zurechtzukommen. Aus diesem Grund wurden einige Dinge vereinfacht oder weggelassen, um den Lernenden nicht zu überfordern. Aus demselben Grund wurde dafür gesorgt, dass die Vokabeln im Lehrbuch nicht Überhand nehmen, damit der Lernende sich besser auf den Inhalt konzentrieren kann. Dafür gibt es im Übungsheft wiederum zusätzliche neue Vokabeln, die man sich bei Wunsch aneignen kann.

Gehen Sie im Unterricht oder im Selbststudium am besten folgendermaßen vor:

### Schritt 1: Einführung in die Lektion

Jedes Kapitel beginnt mit einem kurzen Einführungstext und/oder Dialog auf Deutsch. Hier erhalten Sie Informationen darüber, was Sie in dieser Lektion erwartet.

### Schritt 2: Wichtige sprachliche Wendungen

Die Kernsätze, die der Lernende in einem Kapitel lernen soll, sind in Sprechblasen geschrieben. In der ersten Zeile finden Sie den relevanten Satz auf Koreanisch. In der zweiten Zeile steht eine Wort-für-Wort-Übersetzung, die durch Linien mit den entsprechenden Wörtern in der ersten Zeile verbunden ist, damit Sie ein Gefühl für den Aufbau der Sprache erlangen. Die dritte Zeile zeigt die deutsche Entsprechung des koreanischen Satzes. Hören Sie sich die Sätze mithilfe des Audiomaterials an und sprechen Sie nach.

1 Zu erwerben unter: www.schmetterling-verlag.de

**Schritt 3: Vertiefung des Lerngegenstands**

In jedem Kapitel finden Sie eine oder mehrere kleine Übungen, mit denen Sie wichtige Grammatik üben können. Versuchen Sie erstmal allein auf die Fragen zu antworten und vergleichen Sie Ihre Antworten dann mit den angegebenen Lösungen. Wenn keine Lösungen dabeistehen, können Sie sie dem Audiomaterial entnehmen.

**Schritt 4: Wörterliste**

Verschaffen Sie sich einen Überblick über jene Wörter, die Sie zum Verstehen der Lektion benötigen. Hören Sie sich die Wörter mehrmals an und sprechen Sie sie nach. Die Wörterliste enthält nicht nur neue Wörter, sondern, wenn für die vorliegende Lektion nötig, auch solche, die schon einmal erklärt wurden, damit Sie nicht nach vorne in frühere Lektionen blättern müssen. Die meisten Wörter gehören zum Wortschatz des TOPIK I Level 1. Einige wenige Wörter, die bei den *Texten zur Lektion* benutzt werden, stammen aus einem höheren Level und werden erklärt. Wenn ein Wort mehr als eine Bedeutung hat, werden die für das TOPIK I Level 1 notwendigen Bedeutungen erklärt. Die Wörterlisten folgen der alphabetischen Reihenfolge der Konsonanten im koreanischen Wörterbuch (alle Wörter fangen nämlich mit einem Konsonanten an). Die nachfolgende Tabelle zeigt diese Reihenfolge auf.

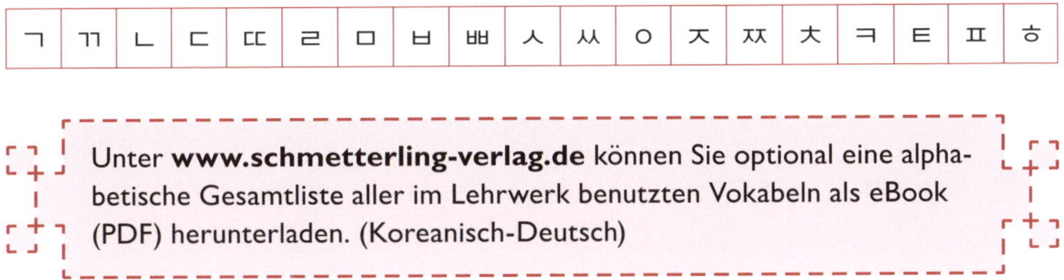

| ㄱ | ㄲ | ㄴ | ㄷ | ㄸ | ㄹ | ㅁ | ㅂ | ㅃ | ㅅ | ㅆ | ㅇ | ㅈ | ㅉ | ㅊ | ㅋ | ㅌ | ㅍ | ㅎ |
|---|---|---|---|---|---|---|---|---|---|---|---|---|---|---|---|---|---|---|

Unter **www.schmetterling-verlag.de** können Sie optional eine alphabetische Gesamtliste aller im Lehrwerk benutzten Vokabeln als eBook (PDF) herunterladen. (Koreanisch-Deutsch)

**Schritt 5: Text zur Lektion**

Er bezieht sich auf den Lektionsinhalt und hilft Ihnen eine realitätsnahe Sprachverwendung zu erleben. Hören Sie sich zunächst den Text an ohne ihn mitzulesen. Sie müssen nicht sofort alles verstehen. Hören Sie ein zweites oder ggf. drittes Mal. Stoppen Sie ggf. an einigen Stellen des Textes. Versuchen Sie die Situation und die wichtigsten Aussagen zu erfassen. Anschließend nehmen Sie den Text zur Hand und hören ein weiteres Mal. Konzentrieren Sie sich nur auf den koreanischen Text und lassen Sie die deutsche Übersetzung zunächst unberücksichtigt. Schauen Sie ggf. in die Wörterliste, um den genauen Inhalt des Textes selbst zu erschließen. Erst danach sollten Sie auf die deutsche Übersetzung in der rechten Spalte zurückgreifen.

**Aufgepasst**: Beim Übersetzen werden Sie feststellen, dass der deutsche Text manchmal vom koreanischen abweicht. Keine Angst, das ist normal (wie bei jeder anderen Sprache auch). Eine 1:1-Übersetzung ist nicht immer sinnvoll, da sie für das deutsche Ohr nicht schön klingt.

### Schritt 6: Grammatik im Überblick

In diesem Abschnitt werden die neu gelernten grammatischen Regeln der jeweiligen Lektion zusammenfassend dargestellt.

Unter **www.schmetterling-verlag.de** können Sie optional eine Kurzgrammatik als eBook (PDF) erwerben, in der alle Regeln zusammengefasst und thematisch gegliedert sind.

### Schritt 7: Übungen

Nehmen Sie Ihr Übungsbuch und bearbeiten Sie die Aufgaben zur aktuellen Lektion. Teilweise müssen Sie nochmals auf das Lehrbuch zurückgreifen, um die Aufgaben korrekt lösen zu können. Das Übungsbuch beinhaltet sowohl Material zum Üben des Lerngegenstands als auch ein vertiefendes Angebot zur Erweiterung der Sprachkompetenz. Am Ende des Übungsbuches sind alle Lösungen aufgelistet.

# Lektion 1

## Hangeul – Das koreanische Alphabet

Es passiert an einem Nachmittag im Spätwinter. Ich habe lange gelesen und merke, dass es Zeit wird, sich draußen die Beine zu vertreten. Die Luft ist noch frisch, aber die Wärme des nahenden Frühlings lässt sich bereits erahnen. Heute schlage ich einen anderen Weg ein als sonst und laufe eine Weile gedankenverloren umher, bis ich mich in einer mir unbekannten Straße wiederfinde.

Dort lockt ein kleiner Trödelladen mit Büchern, Möbeln und lauter Kuriositäten. Ich trete ein und schaue mich entspannt um – bis mein Blick auf einen seltsamen Hut fällt.

Der Hut ist schwarz, mit kegelförmiger Krone und breiter Krempe. Er besteht aus einem dichten Geflecht und ist daher zum Teil durchscheinend. Aus einem kindlichen Impuls heraus entscheide ich mich spontan dazu ihn zu kaufen. Vielleicht kann ich ihn ja mal bei einer extravaganten Party tragen...

Zuhause nehme ich den Hut genauer in Augenschein. Zwischen der Krone und der Krempe ist ein breites Hutband eingenäht. Auf einmal ertaste ich an einer Stelle eine längere Verdickung. Etwas scheint sich im Hut zu befinden... Ich möchte es rausholen, kann aber keine Öffnung entdecken.

Da kann ich meine Neugierde nicht unterdrücken und schneide die Stelle sorgfältig auf. Zum Vorschein kommt ein Zettel aus einem exotischen halb transparenten Papier mit kalligraphischen Zeichen, die mir vollkommen unbekannt sind. Der Zettel ist gänzlich mit diesen merkwürdigen Zeichen übersät, und an seinem Ende ist ein halbkreisförmiges Muster gestempelt.

Nach einer längeren Recherche im Internet finde ich aufgeregt heraus, dass es sich um Hangeul handelt: koreanische Schriftzeichen! Um den Text auf dem Zettel zu entziffern, beginne ich die Zeichen zu lernen.

# Wie funktioniert Hangeul?

## 1. Silben

### 1.1 Wie wird eine Silbe gebildet?

Koreanische Wörter lassen sich in Silben zerlegen. Beispielsweise hat das Wort 나무 (*Baum*) zwei Silben: 나 und 무. Die erste Silbe 나 lässt sich wiederum in den Konsonanten ㄴ und den Vokal ㅏ zerlegen. Die zweite Silbe 무 besteht aus dem Konsonanten ㅁ und dem Vokal ㅜ. Wenn man genau hinsieht, merkt man, dass bei einer Silbe im Gegensatz zu den anderen Alphabetschriften Vokale und Konsonanten nicht nebeneinander stehen, sondern in Blöcken gruppiert werden: 나 무

Schriftlich muss eine Silbe mindestens einen Konsonanten und einen Vokal enthalten, wobei der Konsonant an erster Stelle kommen muss. Dahingegen kann eine Silbe aus lautlicher Sicht auch bloß aus einem Vokal bestehen. Beispiel: Die Silbe 아 wird /a/ ausgesprochen. Sie hat also lautlich nur einen Vokal. Schriftlich muss sie aber einen Konsonanten und einen Vokal haben. Darum schreibt man an erster Stelle den stummen Konsonanten ㅇ als Platzhalter ohne Laut

**Hier sehen Sie alle Konsonanten und Vokale:**

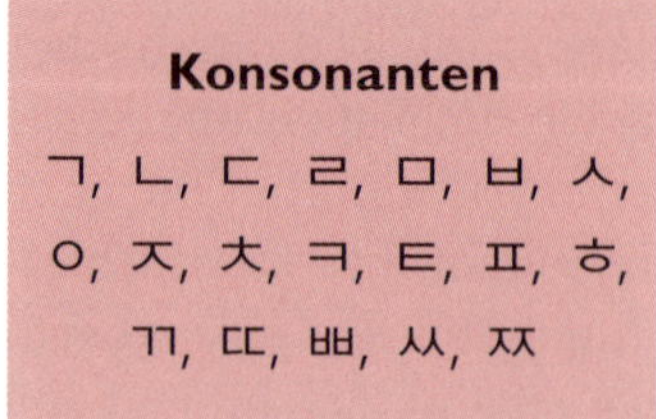


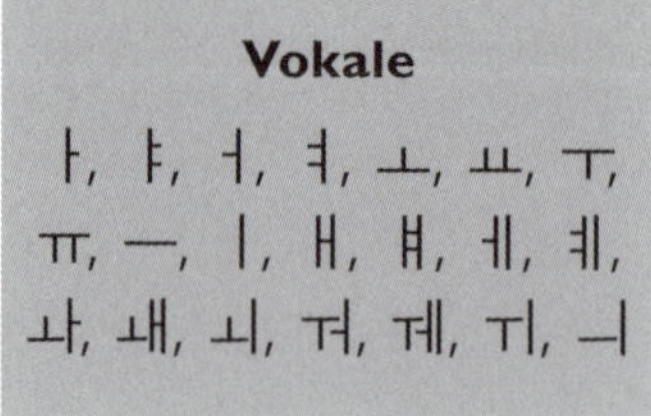


Um eine Silbe zu bauen, wählen Sie zunächst einen Buchstaben aus dem linken Kasten und danach aus dem rechten, also erst einen Konsonanten und

dann einen Vokal. Alle koreanischen Silben fangen nämlich mit einem Konsonanten an. So nehmen wir z.B. ㄱ aus dem linken und ㅏ aus dem rechten Kasten. Nun müssen wir die beiden Buchstaben in einem Block zusammenstellen, um eine Silbe zu bauen. Wir bekommen 가.

**Es gibt drei Möglichkeiten, Silben aus Konsonanten und Vokalen zu bauen:**

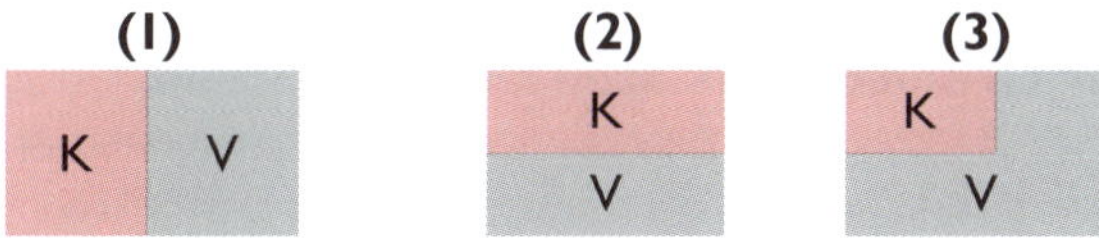


Es hängt von der Richtung der Vokale ab, welche der obigen drei Formen eine Silbe annehmen soll. Die Vokale lassen sich dabei in drei Gruppen einteilen.

- Senkrecht ausgerichtete Vokale: ㅏ, ㅑ, ㅓ, ㅕ, ㅣ, ㅐ, ㅒ, ㅔ, ㅖ
- Waagerecht ausgerichtete Vokale: ㅗ, ㅛ, ㅜ, ㅠ, ㅡ
- Vokale mit beiden Richtungen (gemischt): ㅚ, ㅘ, ㅟ, ㅙ, ㅝ, ㅞ, ㅢ

Wenn ein Vokal wie ㅏ senkrecht ausgerichtet ist, weist die Silbe die Form (1) auf, wenn er wie z.B. ㅗ waagerecht ausgerichtet ist, hat die Silbe die Form (2). Wenn bei einem Vokal beide Richtungen vertreten sind, steht der Konsonant links oben (3). So nimmt z.B. die Silbe 하 die Form (1), die Silbe 호 die Form (2) und die Silbe 희 die Form (3) an.

## 1.2 Wie wird eine Silbe ausgesprochen?

### Die 14 Grundkonsonanten

Für die Aussprache der meisten koreanischen Konsonanten finden sich entsprechende Laute in der deutschen Sprache. Allerdings gibt es dabei immer gewisse Abweichungen. Die angeführten deutschen Beispiele in der folgenden Tabelle sind also nicht die exakte Entsprechung der koreanischen Konsonanten, sind ihnen aber maximal ähnlich.

> Die genaue Aussprache können Sie im dazugehörigen MP3-Download[1] hören. Dabei werden die Konsonanten zusammen mit dem Vokal ㅏ ausgesprochen, da sie wie oben erwähnt nicht allein ausgesprochen werden können.

1 Zu erwerben unter: www.schmetterling-verlag.de

Die Konsonanten werden je nach Position im Wort unterschiedlich ausgesprochen. Außerdem werden sie durch benachbarte Laute beeinflusst. Im Folgenden lernen wir zuerst, wie sie als erster Laut in einem Wort ausgesprochen werden. Die Tabelle verschafft Ihnen einen Gesamtüberblick. Ausführliche Regeln und Beispiele sind im Folgenden zu finden.

 HI

### Aussprache der 14 Grundkonsonanten an erster Stelle

In der Audio-Aufnahme H1 hören Sie, wenn ein Konsonant mehr als zwei Aussprachen hat, jeweils nur den ersten Laut mit dem Vokal ㅏ (/a/). Die weiteren Laute der Konsonanten hören Sie in den Aufnahme H2-H7.

| Konsonant | Aussprache* | Umschrift** | Entsprechender Laut |
|---|---|---|---|
| ㄱ | /g, k/ | g | wie in **G**arten<br>wie in **K**lima (ohne Luftausstoß) |
| ㄴ | /n/ | n | wie in **N**acht |
| ㄷ | /d, t/ | d | wie in **D**ame<br>wie in **T**arif (ohne Luftausstoß) |
| ㄹ | /r, l/ | r | wie in eng. **r**adio<br>wie in **L**aden |
| ㅁ | /m/ | m | wie in **M**useum |
| ㅂ | /b, p/ | b | wie in **B**all<br>wie in **P**arameter (ohne Luftausstoß) |
| ㅅ | /$s^h$, $ɕ^h$, ʃ/ | s | wie in eng. **s**mart<br>wie in **Sch**iene<br>wie in **Sch**rank |
| ㅇ | /ø/ | - | - |
| ㅈ | /dz, ts/ | j | wie in **Dsch**ungel<br>wie in **Z**eit (ohne Luftausstoß) |
| ㅊ | /$ts^h$/ | ch | wie in **Ch**a-cha-cha |
| ㅋ | /$k^h$/ | k | wie in **K**artoffel |
| ㅌ | /$t^h$/ | t | wie in **T**axi |
| ㅍ | /$p^h$/ | p | wie in **P**arty |
| ㅎ | /h/ | h | wie in **H**allo |

* Internationales Phonetisches Alphabet (IPA)
** Umschrift des National Institute of Korean Language

Haben Sie gemerkt, dass ㄱ, ㄷ, ㅂ und ㅈ zwei Ausspracheweisen haben? Sie werden am Anfang eines Wortes als /k, t, p, ts/ ausgesprochen, allerdings ohne Luftausstoß. Wenn sie aber in einem Wort nicht der erste Laut, sondern z.B. in der zweiten Silbe zwischen zwei Vokalen sind, werden sie jeweils als /g, d, b, dz/ ausgesprochen. Dasselbe gilt, wenn sie auf den Konsonanten ㄴ, ㅁ, ㄹ und ㅇ folgen. Diese Konsonanten stehen unter einem Konsonanten und einem Vokal. (Eine Erklärung dazu finden Sie unten bei → **2. Der Unterlaut Batchim**.)

 **H2**

**Beispiele für ㄱ, ㄷ, ㅂ und ㅈ am Anfang des Wortes und zwischen den Vokalen:**

| Hangeul | Aussprache* | Umschrift** | Bedeutung |
|---|---|---|---|
| 고기 | /kogi/ | gogi | Fleisch |
| 두더지 | /tudʌdzi/ | dudeoji | Maulwurf |
| 바보 | /pabo/ | babo | Dummkopf |
| 자주 | /tsadzu/ | jaju | oft |

* http://pronunciation.cs.pusan.ac.kr/

** http://roman.cs.pusan.ac.kr/

 **H3**

**Beispiele für ㄱ, ㄷ, ㅂ und ㅈ nach den Konsonanten ㄴ, ㅁ, ㄹ und ㅇ:**

| Hangeul | Aussprache | Umschrift | Bedeutung |
|---|---|---|---|
| 건강 | /kʌngaŋ/ | geongang | Gesundheit |
| 달다 | /talda/ | dalda | süß sein |
| 밤바다 | /pambada/ | bambada | Meer in der Nacht |
| 중지 | /tsuŋdzi/ | jungji | Bruch |

 **H4**

**Beispiele für ㅋ, ㅌ, ㅍ und ㅊ:**

| Hangeul | Aussprache | Umschrift | Bedeutung |
|---|---|---|---|
| 코 | /kʰo/ | ko | Nase |
| 토마토 | /tʰomatʰo/ | tomato | Tomate |
| 파도 | /pʰado/ | pado | Welle |
| 차 | /tsʰa/ | cha | Tee/Auto |

ㄹ wird zwischen zwei Vokalen oder am Anfang eines Wortes als eng. /r/ ausgesprochen. Im letzteren Fall wird es allerdings oft auch zum /l/. Radio wird z.B. theoretisch /radio/ ausgesprochen, aber praktisch auch als /ladio/.

**H5**

**Beispiele:**

| Hangeul | Aussprache | Umschrift | Bedeutung |
|---|---|---|---|
| 라디오 | /radio/ | radio | Radio |
| 소리 | / sʰori/ | sori | Geräusch |

ㅅ wird mit ㅏ, ㅓ, ㅗ, ㅜ, ㅡ , ㅐ, ㅔ, ㅘ, ㅙ und ㅚ als /s/ ähnlich wie in eng. *smart* ausgesprochen. Er wird aber vor dem Vokal ㅣ zu einem /ɕʰ/ wie in ***Schie**ne*. Vor ㅑ, ㅕ, ㅛ, ㅠ, ㅒ, ㅖ, ㅞ, ㅟ klingt ㅅ wie das /ʃ/ in ***Sch**rank*.

**H6**

**Beispiele:**

| Hangeul | Aussprache | Umschrift | Bedeutung |
|---|---|---|---|
| 사자 | /sʰadza/ | saja | Löwe |
| 시계 | /ɕig(y)e/ | sigye | Uhr |
| 슈퍼마켓 | /sʰyupʰʌmakʰet/ | syupeomaket | Supermarkt |

ㅇ hat keinen Lautwert, wenn er an erster Stelle steht. So wird in der Silbe 아 nur der Vokal ㅏ ausgesprochen, also liest sich 아 wie /a/.

**H7**

**Beispiel:**

| Hangeul | Aussprache | Umschrift | Bedeutung |
|---|---|---|---|
| 우유 | /uyu/ | uyu | Milch |

**Die fünf Doppelkonsonanten**

Doppelkonsonanten werden aus den fünf Grundkonsonanten ㄱ, ㄷ, ㅂ, ㅅ und ㅈ gebildet. Sie werden verstärkt und anders als ㅋ, ㅌ, ㅍ und ㅊ ohne Luftausstoß artikuliert. Leider sind entsprechende Laute in der deutschen Sprache kaum zu finden. Im Englischen und Italienischen gibt es einige recht ähnliche Entsprechungen:

 **H8**

In der Audio-Aufnahme H8 werden die Konsonanten mit dem Vokal ㅏ (/a/) ausgesprochen.

| Konsonant | Aussprache* | Umschrift** | Entsprechender Laut |
|---|---|---|---|
| ㄲ | /k'/ | kk | gespanntes /k/ wie in eng. s**k**y |
| ㄸ | /t'/ | tt | gespanntes /t/ wie in eng. s**t**yle |
| ㅃ | /p'/ | pp | gespanntes /p/ wie in eng. s**p**y |
| ㅆ | /s'/ | ss | gespanntes /s/ wie in eng. **s**in |
| ㅉ | /ts'/ | jj | gespanntes /ts/wie in ital. pi**zz**a |

 **H9**

**Beispiele:**

| Hangeul | Aussprache | Umschrift | Bedeutung |
|---|---|---|---|
| 꼬마 | /k'oma/ | kkoma | Kind |
| 따다 | /t'ada/ | ttada | pflücken |
| 뽀뽀 | /p'op'o/ | ppoppo | Küsschen |
| 싸다 | /s'ada/ | ssada | billig sein |
| 짜다 | /ts'ada/ | jjada | salzig sein |

 H10

**Beispiele:**

| Vokal | Aussprache | Umschrift | Entsprechender Laut |
|---|---|---|---|
| ㅏ | /a/ | a | wie in **A**pfel |
| ㅑ | /ya/ | ya | wie in **ja** |
| ㅓ | /ʌ/ | eo | wie in eng. **awe**some |
| ㅕ | /yʌ/ | yeo | wie in eng. **y**uppie |
| ㅗ | /o/ | o | wie in **O**ma |
| ㅛ | /yo/ | yo | wie in **Jo**ghurt |
| ㅜ | /u/ | u | wie in **U**-Bahn |
| ㅠ | /yu/ | yu | wie in **Ju**lia |
| ㅡ | /ɯ/ | eu | * siehe unten! |
| ㅣ | /i/ | i | wie in **I**gel |

* Ein dem Vokal ㅡ entsprechender Laut findet sich im Deutschen leider nicht. Bei der Artikulierung von ㅡ liegt die Zunge hinten, der Mund muss nur ein wenig geöffnet werden, die Lippen sind nicht gespitzt. In diesem Zustand sagen Sie ***u***. Dabei wird Ihr ***u*** nicht wie das übliche /u/ klingen, Sie werden quasi an der Aussprache «gehindert». Der Klang ist vergleichbar mit einem Stöhnlaut, den man bei Unwohlsein von sich gibt.

H11

**Beispiele:**

| Hangeul | Aussprache | Umschrift | Bedeutung |
|---|---|---|---|
| 크다 | /kʰɯda/ | keuda | groß sein |
| 바쁘다 | /pap'ɯda/ | bappeuda | beschäftigt sein |

## Die elf erweiterten Vokale

| Vokal | Aussprache | Umschrift | Entsprechender Laut |
|---|---|---|---|
| ㅐ | /ɛ/ | ae | wie in **Ä**rger |
| ㅒ | /yɛ/ | yae | wie in **Jä**ger |
| ㅔ | /e/ | e | wie in **E**lefant |
| ㅖ | /ye/ | ye | wie in **je**der |
| ㅘ | /wa/ | wa | wie in eng. **wo**w |
| ㅙ | /wɛ/ | wae | wie in eng. **wa**gon |
| ㅚ | /we/ | oe | wie in eng. **wa**gon |
| ㅝ | /wʌ/ | wo | wie in eng. Star **Wa**rs |
| ㅞ | /we/ | we | wie in eng. **wa**gon |
| ㅟ | /wi/ | wi | wie in **Wi**i |
| ㅢ | /ɯy/ | ui | ㅡ und ㅣ hintereinander in einem Zug aussprechen |

ㅐ und ㅔ lassen sich theoretisch unterschiedlich aussprechen, aber in der Praxis klingen sie gleich. ㅙ, ㅚ und ㅞ werden ebenfalls trotz eines theoretischen Unterschieds praktisch gleich ausgesprochen. Warum verwendet man dann unterschiedliche Zeichen? Der Grund liegt in der Sprachgeschichte. Früher wurden die Zeichen unterschiedlich ausgesprochen, aber im Laufe der Zeit gingen diese Unterschiede verloren.

## 1.3 Silben bauen und aussprechen

Zuerst nimmt man einen Konsonanten, z.B. ㄴ, und dann einen Vokal, z.B. ㅏ. Wenn man diese beiden Zeichen in einem Block zusammen schreibt, entsteht 나. ㄴ hat den Lautwert /n/ und ㅏ hat /a/. Man liest 나 als eine Silbe, also /na/. Auf diese Weise können Sie die Zeichen in der nachfolgenden Tabelle lesen. Vergleichen Sie sie mit den Audioaufnahmen. Sie finden unter den Silben ihre Umschriften (vom National Institute of Korean Language).

## H13

**Silben aus den 14 Grundkonsonanten und den zehn Grundvokalen**

| | ㅏ | ㅑ | ㅓ | ㅕ | ㅗ | ㅛ | ㅜ | ㅠ | ㅡ | ㅣ |
|---|---|---|---|---|---|---|---|---|---|---|
| ㄱ | 가 | 갸 | 거 | 겨 | 고 | 교 | 구 | 규 | 그 | 기 |
| | ga | gya | geo | gyeo | go | gyo | gu | gyu | geu | gi |
| ㄴ | 나 | 냐 | 너 | 녀 | 노 | 뇨 | 누 | 뉴 | 느 | 니 |
| | na | nya | neo | nyeo | no | nyo | nu | nyu | neu | ni |
| ㄷ | 다 | 댜 | 더 | 뎌 | 도 | 됴 | 두 | 듀 | 드 | 디 |
| | da | dya | deo | dyeo | do | dyo | du | dyu | deu | di |
| ㄹ | 라 | 랴 | 러 | 려 | 로 | 료 | 루 | 류 | 르 | 리 |
| | ra | rya | reo | ryeo | ro | ryo | ru | ryu | reu | ri |
| ㅁ | 마 | 먀 | 머 | 며 | 모 | 묘 | 무 | 뮤 | 므 | 미 |
| | ma | mya | meo | myeo | mo | myo | mu | myu | meu | mi |
| ㅂ | 바 | 뱌 | 버 | 벼 | 보 | 뵤 | 부 | 뷰 | 브 | 비 |
| | ba | bya | beo | byeo | bo | byo | bu | byu | beu | bi |
| ㅅ | 사 | 샤 | 서 | 셔 | 소 | 쇼 | 수 | 슈 | 스 | 시 |
| | sa | sya | seo | syeo | so | syo | su | syu | seu | si |
| ㅇ | 아 | 야 | 어 | 여 | 오 | 요 | 우 | 유 | 으 | 이 |
| | a | ya | eo | yeo | o | yo | u | yu | eu | i |
| ㅈ | 자 | 쟈 | 저 | 져 | 조 | 죠 | 주 | 쥬 | 즈 | 지 |
| | ja | jya | jeo | jyeo | jo | jyo | ju | jyu | jeu | ji |
| ㅊ | 차 | 챠 | 처 | 쳐 | 초 | 쵸 | 추 | 츄 | 츠 | 치 |
| | cha | chya | cheo | chyeo | cho | chyo | chu | chyu | cheu | chi |
| ㅋ | 카 | 캬 | 커 | 켜 | 코 | 쿄 | 쿠 | 큐 | 크 | 키 |
| | ka | kya | keo | kyeo | ko | kyo | ku | kyu | keu | ki |
| ㅌ | 타 | 탸 | 터 | 텨 | 토 | 툐 | 투 | 튜 | 트 | 티 |
| | ta | tya | teo | tyeo | to | tyo | tu | tyu | teu | ti |
| ㅍ | 파 | 퍄 | 퍼 | 펴 | 포 | 표 | 푸 | 퓨 | 프 | 피 |
| | pa | pya | peo | pyeo | po | pyo | pu | pyu | peu | pi |
| ㅎ | 하 | 햐 | 허 | 혀 | 호 | 효 | 후 | 휴 | 흐 | 히 |
| | ha | hya | heo | hyeo | ho | hyo | hu | hyu | heu | hi |

## 2. Der Unterlaut Batchim

### 2.1 Formbildung

Es gibt beim Silbenbau noch eine Möglichkeit: Ein oder auch zwei Konsonanten können unter einem Block aus einem Konsonanten und einem Vokal als dritter Laut folgen. Dieser nennt sich Unterlaut, auf Koreanisch 받침 (*Batchim*). Für ihn können alle Konsonanten außer ㄸ, ㅃ, ㅉ verwendet werden.

Die drei Formen (1), (2) und (3), die in → **1.1 Wie wird eine Silbe gebildet** vorgestellt wurden, können folgendermaßen erweitert werden.

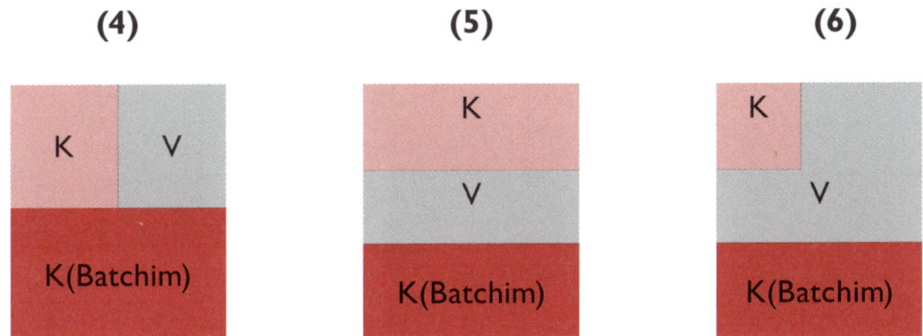


Der Unterlaut nimmt im Block den unteren Platz ein. Nehmen wir als Beispiel die Silbe 나 und den Unterlaut ㅁ, dann ergeben sie zusammen die Silbe 남. Falsch wäre es, ㅁ neben 나 auf einer Ebene zu schreiben: 나ㅁ(x).

Hier sind weitere Beispiele für Silben mit Unterlaut:

| Konsonant | | Vokal | | Unterlaut | | Silbe | Umschrift |
|---|---|---|---|---|---|---|---|
| ㄴ | + | ㅏ | + | ㅁ | = | 남 | nam |
| ㄴ | + | ㅜ | + | ㅁ | = | 눔 | num |
| ㅇ | + | ㅟ | + | ㄴ | = | 윈 | win |

### 2.2 Batchim aus einem Konsonanten

Die meisten Konsonanten haben als Batchim eine andere Aussprache als in der ersten Position in einer Silbe. Insgesamt kann der Unterlaut nur auf sieben Arten ausgesprochen werden, d.h. einige Konsonanten müssen sich eine Aussprache «teilen». Zum Beispiel wird ㅅ in der ersten Position als /s/ wie in eng. *smart* ausgesprochen, aber als Unterlaut ist ㅅ ein /t/. So lässt sich z.B. 옷 als /ot/ aussprechen.

**Die Aussprache der Unterlaute**

| Konsonanten als Batchim | Aussprache | Umschrift |
|---|---|---|
| ㄱ, ㅋ, ㄲ | /k/ | k |
| ㄴ | /n/ | n |
| ㄷ, ㅅ, ㅈ, ㅊ, ㅌ, ㅎ, ㅆ | /t/ | t |
| ㄹ | /l/ | l |
| ㅁ | /m/ | m |
| ㅂ, ㅍ | /p/ | p |
| ㅇ | /ŋ/ | ng |

Beim Aussprechen der Laute /k/, /t/ und /p/ wird die Luft nicht so ausgestoßen, wie es an erster Stelle in einer Silbe der Fall wäre. Beim Batchim /k/ hält die Zunge den Luftausstoß an der Gurgel an. Beim Batchim /t/ sperrt sie die Luft am vorderen Teil des Gaumens und beim Batchim /p/ halten die Lippen den Luftausstoß auf. Hören Sie sich die folgenden Audioaufnahmen gut an.

 **H14**

**Beispiele für die Unterlaute ㄱ, ㅋ, ㄲ:**

| Koreanisch | Aussprache | Umschrift | Bedeutung |
|---|---|---|---|
| 책 | /tsʰɛk̚/ | chaek | Buch |
| 부엌 | /puʌk̚/ | bueok | Küche |
| 섞다 | /sʰʌk̚t'a/ | seokda | mischen |

 **H15**

**Beispiel für den Unterlaut ㄴ:**

| Koreanisch | Aussprache | Umschrift | Bedeutung |
|---|---|---|---|
| 산 | /s$^h$an/ | san | Berg |

**H16**

**Beispiele für die Unterlaute ㄷ, ㅅ, ㅈ, ㅊ, ㅌ, ㅎ, ㅆ:**

| Koreanisch | Aussprache | Umschrift | Bedeutung |
|---|---|---|---|
| 닫다 | /tat̚t'a/ | datda | schließen |
| 옷 | /ot̚/ | ot | Kleidung |
| 낮 | /nat̚/ | nat | Tag |
| 꽃 | /k'ot̚/ | kkot | Blume |
| 같다 | /kat̚t'a/ | gatda | gleich sein |
| 파랗다 | /p$^h$arat$^h$a/ | paratda | blau sein |
| 있다 | /it̚t'a/ | itda | sich befinden |

**H17**

**Beispiele für den Unterlaut ㄹ:**

| Koreanisch | Aussprache | Umschrift | Bedeutung |
|---|---|---|---|
| 말 | /mal/ | mal | Wort |
| 빌리다* | /piʎʎida/ | billida | ausleihen |

* Wenn ㄹ sowohl als Batchim als auch an erster Stelle in der nachfolgenden Silbe auftaucht, wird ㄹ in der zweiten Silbe als /l/ ausgesprochen.

**H18**

**Beispiel für den Unterlaut ㅁ:**

| Koreanisch | Aussprache | Umschrift | Bedeutung |
|---|---|---|---|
| 엄마 | /ʌmma/ | eomma | Mama |

 H19

**Beispiele für die Unterlaute ㅂ, ㅍ:**

| Koreanisch | Aussprache | Umschrift | Bedeutung |
|---|---|---|---|
| 입 | /ip̚/ | ip | Mund |
| 잎 | /ip̚/ | ip | Blatt |

 H20

**Beispiele für den Unterlaut ㅇ:**

| Koreanisch | Aussprache | Umschrift | Bedeutung |
|---|---|---|---|
| 강 | /kaŋ/ | gang | Fluss |
| 영웅 | /yʌŋuŋ/ | yeongung | Held |

### 2.3 Batchim aus zwei Konsonanten

Manchmal besteht ein Batchim aus zwei Konsonanten. Theoretisch sind elf Kombinationen möglich: ㄳ, ㄶ, ㄻ, ㄽ, ㄿ, ㅄ, ㄵ, ㄺ, ㄼ, ㄾ, ㅀ.

Von den zwei Konsonanten im Batchim wird nur einer ausgesprochen, wenn die nachfolgende Silbe lautlich mit einem Konsonanten anfängt. Wenn sie aber lautlich mit einem Vokal anfängt (also schriftlich mit dem stummen Konsonanten o beginnt), entsteht u.U. die Möglichkeit, alle beiden Konsonanten im Batchim auszusprechen.

Hier werden von den elf möglichen Kombinationen nur die häufig verwendeten vorgestellt, und zwar unter der Bedingung, dass die nachfolgende Silbe mit einem Konsonanten anfängt.

- Wir lernen folgende Kombinationen kennen: ㄵ, ㄶ, ㄼ, ㅄ, ㄺ, ㄻ.

Bei ㄵ, ㄶ, ㄼ, ㅄ wird nur der erste und bei ㄺ und ㄻ nur der zweite Konsonant ausgesprochen.

 H21

**Beispiele:**

| Koreanisch | ausgesprochener Teil im Batchim | Aussprache | Umschrift | Bedeutung |
|---|---|---|---|---|
| 앉다 | ㄴ | /ant'a/ | anda | sitzen |
| 괜찮다* | ㄴ | /kwɛntsʰantʰa/ | gwaenchanta | in Ordnung sein |
| 여덟 명 | ㄹ | /yʌdʌl myʌŋ/ | yeodeol myeong | acht Personen |
| 없다 | ㅂ | /ʌp˺t'a/ | eopda | nicht da sein |
| 읽다 | ㄱ | /ik˺ta/ | ikda | lesen |
| 젊다 | ㅁ | /tsʌmt'a/ | jeomda | jung sein |

* ㅎ bei ㄶ wird mit dem darauf folgenden 다 zusammen ausgesprochen, und dabei entsteht der Laut /tʰa/.

# Lektion 2

## Was ist das?

Jetzt kann ich den Zettel aus dem Hut lesen... Aber natürlich verstehe ich kein einziges Wort! Ich kenne auch keinen Koreaner, der mir den Text übersetzen könnte. Schließlich finde ich im Internet einen koreanischen Laden in meiner Nähe. Vielleicht treffe ich dort jemanden, der mir helfen kann?

... Im Laden sehe ich viele exotische und mir vollkommen unbekannte Lebensmittel in den Regalen. Neugierig schaue ich mich in den Gängen um und öffne dann einen Kühlschrank. Darin finde ich etwas Rotes, das ich genauer untersuche.

**Da erklärt eine freundliche Stimme**: Das ist Kimchi.

Hinter mir steht eine koreanische Frau mit Einkaufskorb, offenbar eine Kundin.

**Sie**: Kimchi ist scharf eingelegter Chinakohl. Die Koreaner essen ihn zu jeder Mahlzeit als Beilage.

**Ich**: Dankeschön für die Erklärung! Ich habe das noch nie probiert.

**Sie**: Manche brauchen Zeit, um sich an ihn zu gewöhnen. Aber er schmeckt!

**Ich**: Kann ich Sie etwas fragen?

**Sie**: Sicher. Was möchten Sie wissen?

**Ich**: Wie sagt man auf Koreanisch *Was ist das*?

**Sie**: 이게 뭐예요?

H22

**Sie**: Wie im Deutschen werden die koreanischen Verben konjugiert, aber anders als im Deutschen nicht in Abhängigkeit vom Subjekt. Für jede Form von Subjekt gibt es nur eine konjugierte Form.

**Ich**: Oh, das ist aber praktisch!

**Sie**: Außerdem haben alle Infinitive am Ende die Silbe 다.

**Ich**: Somit ist 예요 kein Infinitiv.

**Sie**: Nein. Der Infinitiv von 예요 ist 이다, also *sein*. Allerdings ist 이다 eine Ausnahme, weil es zwei verschiedene konjugierte Formen hat: 이에요 und 예요.

**Ich**: Wann sage ich 이에요 und wann 예요?

**Sie**: In der Regel wird -이에요 bzw. -예요 an das Ende eines Nomens gehängt. Wenn das Nomen in seiner letzten Silbe ein Batchim hat, kommt danach -이에요. Wenn die letzte Silbe des Nomens kein Batchim hat, also mit einem Vokal endet, kommt danach -예요.

**Ich**: Jetzt verstehe ich. -예요 steht hier nach 김치, weil 치 kein Batchim hat!

**Sie**: Nach 미역 würde -이에요 folgen, weil die letzte Silbe 역 das Batchim ㄱ hat.

**Ich**: Also, 김치예요 heißt dann auf Deutsch *Das ist Kimchi*. 김치 heißt *Kimchi*, -예요 heißt *ist*. Aber wo ist das koreanische Wort für *das*?

**Sie**: Das habe ich weggelassen. Im Koreanischen fällt das Subjekt häufig weg, wenn der Kontext klar ist. Ich gebe Ihnen jetzt mal ein paar Beispiele zur Übung.

**H23**

**이게 뭐예요? Was ist das? Antworten Sie mithilfe der Bilder auf die Fragen und vergleichen Sie Ihre Antworten mit den Sätzen unter den Bildern.**

컴퓨터예요.
(Das) ist ein Computer.

가방이에요.
(Das) ist eine Tasche.

두부예요.
(Das) ist Tofu.

창문이에요.
(Das) ist ein Fenster.

의자예요.
(Das) ist ein Stuhl.

책상이에요.
(Das) ist ein Schreibtisch.

**Ich**: Kann ich vielleicht noch etwas fragen? Was ist das dort oben im Regal, das Trockene und Dunkelgrüne?

**Sie**: Das ist getrockneter Seetang. Koreaner essen auch ihn sehr gern.

**Ich**: Kann ich diesmal auch sagen: 이게 뭐예요?

**Sie**: Nein. In diesem Fall sollten Sie statt 이게 lieber 저게 sagen. Der Seetang ist von uns weit entfernt. 저게 verwendet man, wenn der Gegenstand weit weg vom Sprecher ist, während 이게 für etwas benutzt wird, das sich in der Nähe des Sprechers befindet. Das ist ähnlich wie *this* und *that* im Englischen.

**H24**

**Ich**: Könnten Sie mir beibringen, wie man auf Koreanisch sagt: *Was heißt das?*

**Sie**: Natürlich! Man sagt: 이게 한국어로 뭐예요?

**Ich**: Wenn ich in diesem Fall auch nach den Gegenständen fragen will, die von mir weit entfernt sind, soll ich dann anstatt 이게 eher 저게 sagen?

**Sie**: Richtig!

## H25

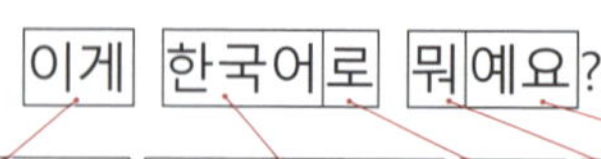

이게 한국어로 뭐예요?

Das hier Koreanisch auf was ist?

Was heißt das hier auf Koreanisch?

책이에요.

Buch ist.

Das ist ein Buch.

저게 한국어로 뭐예요?

Das dort Koreanisch auf was ist?

Was heißt das dort auf Koreanisch?

의자예요.

Stuhl ist.

Das ist ein Stuhl.

**Wörterliste**

| Koreanisch | Deutsch |
|---|---|
| 가방 | Tasche |
| 감사합니다 | Dankeschön |
| 김치 | scharf eingelegter Chinakohl (Kimchi) |
| 두부 | Tofu |
| 뭐 | was |
| 미역 | Seetang |
| -예요/이에요 | konjugierte Formen von sein |
| 의자 | Stuhl |

| Koreanisch | Deutsch |
|---|---|
| 이게 | das hier |
| 이다 | sein |
| 저게 | das da |
| 창문 | Fenster |
| 책상 | Schreibtisch |
| 컴퓨터 | Computer |
| 한국어 | Koreanisch |
| 한국어로 | auf Koreanisch |

# Grammatik im Überblick

## Das Verb -이다 und seine Formen -예요/이에요

-예요/이에요 sind konjugierte Formen vom Verb 이다 (*sein*). Sie werden ans Ende eines Nomens gehängt. Je nach dem, auf welchen Buchstaben das Nomen endet, wird jeweils -예요 oder -이에요 angehängt:

- Wenn die letzte Silbe des Nomens mit einem Batchim endet: -이에요
- Wenn die letzte Silbe des Nomens ohne Batchim endet: -예요

Normalerweise haben die Verben nur eine konjugierte Form für alle Subjektformen. 이다 ist eine Ausnahme.

## Demonstrativpronomen 이게/저게

Mit 이게 verweist man auf Gegenstände in der Nähe des Sprechers. 저게 wird für Gegenstände verwendet, die vom Sprecher weit entfernt sind.

## H27
### Text zur Lektion

| | | |
|---|---|---|
| **Ich:** | 이게 뭐예요? | Was ist das hier? |
| **Sie:** | 의자예요. | Das ist ein Stuhl. |
| **Ich:** | 저게 뭐예요? | Was ist das dort? |
| **Sie:** | 창문이에요. | Das ist ein Fenster. |
| **Ich:** | 이게 뭐예요? | Was ist das hier? |
| **Sie:** | 책상이에요. | Das ist ein Schreibtisch. |
| **Ich:** | 저게 뭐예요? | Was ist das dort? |
| **Sie:** | 가방이에요. | Das ist eine Tasche. |
| **Ich:** | 이게 한국어로 뭐예요? | Was heißt das hier auf Koreanisch? |
| **Sie:** | 두부예요. | Das ist Tofu. |
| **Ich:** | 저게 한국어로 뭐예요? | Was heißt das dort auf Koreanisch? |
| **Sie:** | 미역이에요. | Das ist Seetang. |
| **Ich:** | *Dankeschön* 한국어로 뭐예요? | Was heißt *Dankeschön* auf Koreanisch? |
| **Sie:** | *감사합니다*예요. | Das heißt *Gamsahapnida*[1]. |
| **Ich:** | 감사합니다! | Dankeschön! |

1 합 wird in diesem Wort nicht *hap,* sondern *ham* ausgesprochen, weil 합 vom nachfolgenden Laut ㄴ beeinflusst wird.

# Lektion 3

## Wie heißen Sie?

Mit meinem neu erworbenen Wissen frage ich die nette koreanische Frau natürlich gleich nach weiteren Dingen, die meine Neugier erwecken. Freundlich beantwortet sie alles. Schließlich traue ich mich sogar, mich danach zu erkundigen, ob sie vielleicht ein wenig Zeit hat, um mir noch mehr zu helfen. Lächelnd bejaht sie meine Frage. Wir gehen zusammen in ein Café.

**Sie**: Ich freue mich über Ihr Interesse an der koreanischen Sprache und Kultur. Haben Sie eine ganz bestimmte Frage?

**Ich**: Eigentlich ja. Ich habe in einem Trödelladen vor kurzem einen alten Hut gekauft und darin diesen Zettel gefunden. Hier ist er.

Ich zeige ihr den halb durchsichtigen Zettel mit dem Stempel.

**Ich**: Zwar habe ich gelernt, koreanische Zeichen zu lesen, aber ich verstehe natürlich nichts. Könnten Sie mir den Text bitte übersetzen?

깊은 봄 비바람이 새벽부터 섯불어도
산객의 달콤한 잠 뉘엿해야 깨는구나

Meine koreanische Bekanntschaft betrachtet die Zeichen aufmerksam und fängt dann an, den Text zu übersetzen:

*Im tiefen Frühling weht der Regenwind*
*schon seit Frühmorgen immer stärker.*
*Ein Einsiedler wacht jedoch erst bei Sonnenuntergang*
*von seinem süßen Schlaf auf.*[1]

**Ich**: Vielen herzlichen Dank für Ihre Hilfe! Können Sie mir vielleicht noch beibringen, wie man auf Koreanisch *Wie heißen Sie?* sagt?...

1 Übers. d. Autorin. Quelle des koreanischen Originals: 정민 Min Jeong: 우리 한시 삼백수_7언절구편 300 koreanische Gedichte: 7eonjeolgu, 김영사 Kimyoung, 2013, S. 545 (E-Book)

H28

**Ich**: 이름 heißt *Name*, 뭐 heißt *was*, 예요 heißt *ist*. Aber was ist 이 nach 이름?

**Yuna**: Im Koreanischen gibt es keine Artikel wie *der*, *die* oder *das*, die ja u.a. den Fall eines Wortes angeben. Dafür gibt es sog. Fall-Marker. Diese werden hinten ans Nomen gehängt.

이 ist ein solcher Marker. Er weist darauf hin, dass das Nomen, an dem er hängt, im Nominativ steht. Somit erfahren wir auch, dass 이름 das Subjekt des Satzes ist.

**Ich**: Also, 이름 mit 이 entspricht auf Deutsch *der Name*, stimmts?

**Yuna**: Genau. Der Nominativ-Marker hat zwei Formen, die ans Wortende gehängt werden: 이 und 가. 이 ist für Nomen, an deren Ende ein

Batchim steht. 가 ist für Nomen ohne Batchim am Ende. So kommt nach 이름 der Marker 이, weil 름 den Batchim ㅁ hat. Dahingegen kommt 가 nach 유나, weil 나 keinen Batchim hat.

**Ich**: 이름이 뭐예요?
**Yuna**: 유나예요. 이름이 뭐예요?
**Ich**: 토마스예요. 만나서 반가워요.

 **H29**

**Mit -이 oder -가? Versehen Sie diese Wörter mit dem richtigen Nominativ-Marker! Die Auflösung hören Sie in der Aufnahme.**

**Ich**: Yuna, ich habe eine Frage zu dieser Übung. Ich habe bemerkt, dass Sie das Wort 옷이 nicht /oti/, sondern /osi/ ausgesprochen haben. Woran liegt das?

**Yuna**: Wenn die Silben einzeln ausgesprochen werden, ist 옷 /ot/ und 이 /i/. Wenn die beiden Silben aber hintereinander in einem Block vorkommen, werden sie in der Regel lautlich verbunden.
Bei Blöcken kann es sich um einzelne Wörter wie auch Wörter mit Markern, Endungen, Partikeln etc. handeln. Die Blöcke in einem

Satz sind übrigens durch einen Abstand voneinander getrennt, und zwar sowohl lautlich als auch schriftlich.
In unserem Fall verschiebt sich somit das Batchim ㅅ von 옷 an die Stelle des Konsonanten ㅇ in 이, der ja keinen eigenen Laut hat. Daraus ergibt sich die Aussprache /osi/, die Sie gehört haben. Das gilt z.B. für 핸드폰이, das man /hendɯponi/ ausspricht.

**Ich**: Ich verstehe! Yuna, ich möchte Sie nun fragen, was Sie beruflich machen.

**Yuna**: Das geht auf unterschiedliche Weise. Wir lernen erstmal den folgenden Satz: 직업이 뭐예요?

H30

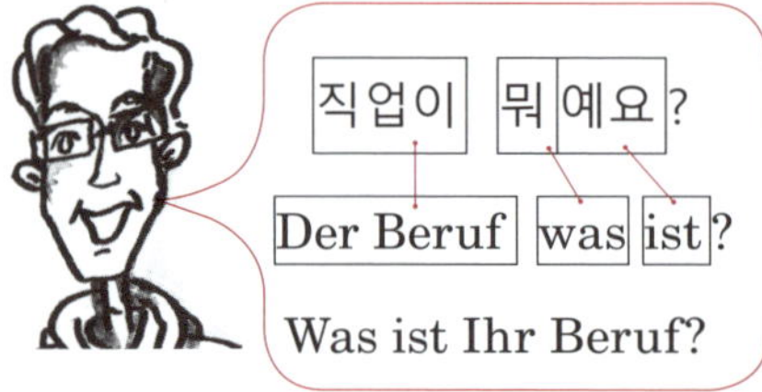

 **H31**

**Was ist Ihr Beruf? Antworten Sie zuerst unter Verwendung des angegebenen Wortes und vergleichen Sie Ihre Antwort dann mit der Lösung darunter.**

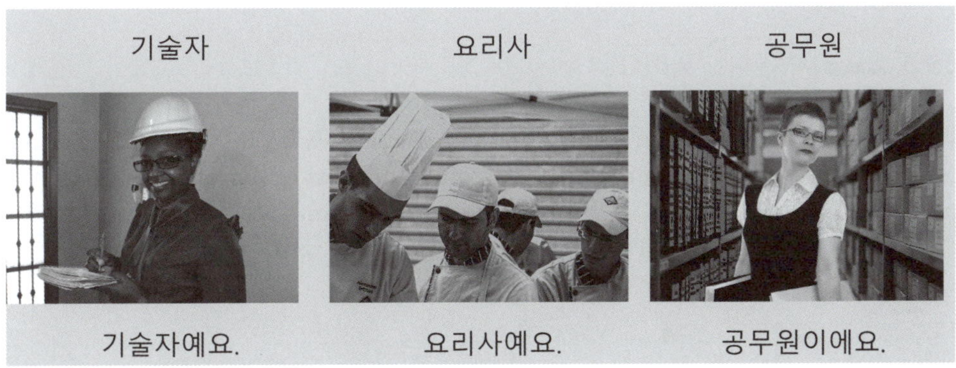


**Ich**: Wie sagt man *Lehrer*? Gibt es im Koreanischen auch unterschiedliche Ausdrücke für das Geschlecht?

**Yuna**: Nein. *Lehrer* und *Lehrerin* heißen demnach beide 선생님.

**Ich**: Was muss ich sagen, wenn ich trotzdem das Geschlecht ausdrücken will?

**Yuna**: Sie können dann am Anfang von 선생님 entweder 여 oder 남 hinzufügen, also 여선생님 oder 남선생님. 여 stammt aus dem Wort 여자 (*Frau*) und 남 aus 남자 (*Mann*).

# Grammatik im Überblick

## Nominativ-Marker -이/가

-이 bzw. -가 wird an ein Nomen gehängt und zeigt, dass dieses im Nominativ steht.

- Nach einer Silbe mit Batchim am Ende: -이
- Nach einer Silbe ohne Batchim am Ende: -가

## Abstände zwischen Blöcken

Im Deutschen stehen die Silben in einem Wort ohne Abstand nebeneinander, die Wörter sind durch Abstände von den benachbarten Wörtern getrennt. Im Koreanischen stehen die Silben hingegen nicht nur in einem Wort, sondern auch in der Kombination von einem Wort mit Markern, Partikeln, Verbendungen usw. nebeneinander ohne Abstand. In beiden Fällen entsteht ein sog. Block. Solche Blöcke sind durch Abstände voneinander getrennt.

Beispielsatz: 이름이 뭐예요 ?

이름 ist ein Nomen, 이 ein Marker, 뭐 ein Nomen, 예요 ein Verb. 이름 und 이 müssen ohne Abstand in einem Block stehen, denn sie gehören zusammen. 뭐 und 예요 auch, denn das Verb 예요 muss an ein Nomen gehängt werden. In dem Beispielsatz sind also insgesamt vier Elemente (zwei Nomen, ein Marker, ein Verb), aber es gibt nur einen Abstand.

## H32

### Wörterliste

| Koreanisch | Deutsch |
|---|---|
| 경찰 | Polizist(in); Polizei |
| 공무원 | Beamte(r) |
| 기술자 | Ingenieur(in) |
| 남자 | Mann |
| 만나서 반가워요. | Ich freue mich, Sie kennenzulernen. |
| 모자 | Hut/Mütze |
| 선생님 | Lehrer(in) |

| Koreanisch | Deutsch |
|---|---|
| 시계 | Uhr |
| 씨 | Anrede: Frau.../ Herr... |
| 여자 | Frau |
| 연필 | Bleistift |
| 옷 | Kleidung |
| 요리사 | Koch/Köchin |
| 의사 | Arzt/Ärztin |

| Koreanisch | Deutsch |
|---|---|
| -이/가 | Nominativ-Marker |
| 이름 | Name |
| 저도요 | Ich auch. |
| 직업 | Beruf |

| Koreanisch | Deutsch |
|---|---|
| 침대 | Bett |
| 학생 | Student(in)/Schüler(in) |
| 핸드폰 | Handy |
| 회사원 | Angestellte(r) |

## H33

### Text zur Lektion

| | | |
|---|---|---|
| **Ich**: | 이름이 뭐예요? | Wie heißen Sie? |
| **Yuna**: | 유나예요. 이름이 뭐예요? | Yuna. Wie heißen Sie? |
| **Ich**: | 토마스예요. 유나 씨, 직업이 뭐예요? | Thomas. Yuna, was machen Sie von Beruf? |
| **Yuna**: | 선생님이에요. 토마스 씨, 직업이 뭐예요? | Ich bin Lehrerin. Thomas, was machen Sie von Beruf? |
| **Ich**: | 회사원이에요. 만나서 반가워요. | Ich bin Angestellter. Ich freue mich, Sie kennenzulernen. |
| **Yuna**: | 저도요. | Ich auch. |

# Lektion 4

## Ich bin Deutscher

**Ich**: Yuna, Sie haben mich gerade 토마스 씨 genannt. 토마스 verstehe ich. Was ist aber mit 씨?

**Yuna**: 씨 ist eine Anrede, die *Frau* oder *Herr* entspricht. Es ist im Koreanischen üblich, die Leute beim Vornamen anzusprechen und dabei eine Anrede hinzuzufügen. Die Anrede beim Nachnamen mit 씨 benutzt man nur in ganz bestimmten Situationen.

**Ich**: Kann man jemanden mit vollem Namen und 씨 ansprechen?

**Yuna**: Das geht auch. Dabei steht der Nachname vor dem Vornamen. Mein Nachname ist 김. Können Sie mich mit meinem vollen Namen und der Anrede ansprechen?

**Ich**: 김유나 씨!

**Yuna**: Genau! Da das aber formell ist, können wir uns gern nur mit dem Vornamen und der Anrede 씨 ansprechen, wenn Sie wollen.

**Ich**: Gern. Dann sagen wir also 유나 씨 und 토마스 씨?

**Yuna**: Richtig! – Wie ich also erfahren habe, studieren Sie nicht mehr.

**Ich**: Nein, ich arbeite schon seit einem Jahr.

**Ich**: Können Sie mir erklären, wie ich etwas verneinen soll?

**Yuna**: Die Verneinung vom Verb *sein* (이다) ist 아니다 (*nicht sein*). 아니에요 ist seine konjugierte Form in der Gegenwart.

**Yuna**: In der Regel geht diesem Verb ein Nomen voran, das mit dem Nominativ-Marker -이 oder -가 versehen wird. Sagen wir z.B.: *Das ist kein Stuhl.* Das Wort *Stuhl*, also 의자, bekommt einen Nominativ-Marker. Danach folgt das Verb 아니에요.

**Ich**: *Stuhl* heißt 의자, sein Nominativ-Marker ist -가 und dann folgt 아니에요. Also 의자가 아니에요.

**Yuna**: Super! Sie haben die Verwendung der Nominativ-Marker gut verinnerlicht.

**Ich**: *Ich bin kein Student* heißt dann 학생이 아니에요.

**Yuna**: Genau!

**Ich**: Aber was ist mit *Ich*? Ich habe im Satz 학생이 아니에요 kein *Ich* verwendet.

**Yuna**: Wenn Sie das *Ich* erwähnen möchten, können Sie vor 학생이 einfach 저는 sagen. Das werden wir aber noch in → **Lektion 5** genauer behandeln.

**Ich**: Verstanden. Noch etwas: Muss ich bei einem Fragesatz die Position der Wörter etwa nicht verändern, so wie im Deutschen?

**Yuna**: Nein, die Reihenfolge der Wörter bleibt wie im Aussagesatz, aber Sie müssen beim Fragen Ihre Intonation ändern, also am Ende des Satzes mit der Stimme nach oben gehen.

**H35**

**Üben Sie mit diesen Beispielen.**

토마스: 이게 연필이에요?
유나: 아니요, 연필이 아니에요.
펜이에요.

토마스: 이게 책이에요?
유나: 아니요, 책이 아니에요.
공책이에요.

토마스: 이게 구두예요?
유나: 아니요, 구두가 아니에요.
운동화예요.

토마스: 이분이 민수 씨예요?
유나: 아니요, 민수 씨가 아니에요.
재인 씨예요.

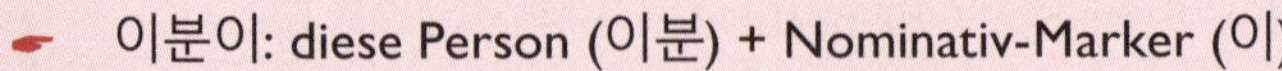

이분이: diese Person (이분) + Nominativ-Marker (이)

토마스: 이분이 수진 씨예요?
유나: 아니요, 수진 씨가 아니에요.
미라 씨예요.

**Ich**: Können Sie vielleicht noch erklären, wie man *Ich bin Deutscher* sagt?

**Yuna**: Im Koreanischen ist das einfach. Man sagt das Land und dazu 사람 (*Mensch*). *Deutschland* heißt 독일 und *Deutsche(r)* 독일 사람.

**Ich**: Heißt *KoreanerIn* dann 한국 사람, weil *Korea* 한국 heißt?

**Yuna**: Genau!

**Ich**: Gibt es auch in diesem Fall keine Unterscheidung zwischen den Geschlechtern?

**Yuna**: Nein. *Koreaner* und *Koreanerin* heißen beide 한국 사람.

**Ich**: Wie kann ich nach einer Nationalität fragen?

**Yuna**: Die übliche Frage lautet: 어느 나라 사람이에요?

 **H36**

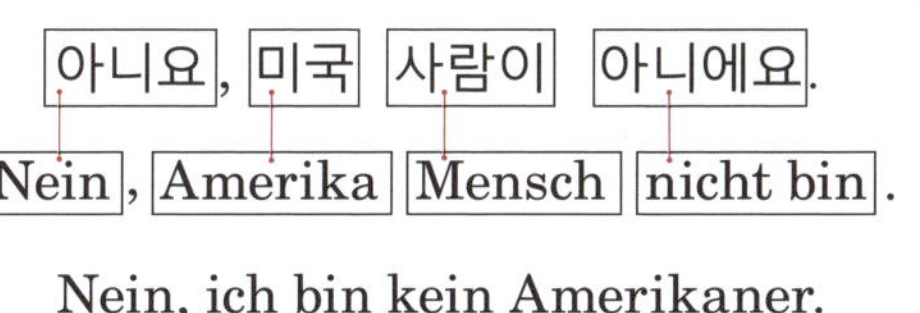

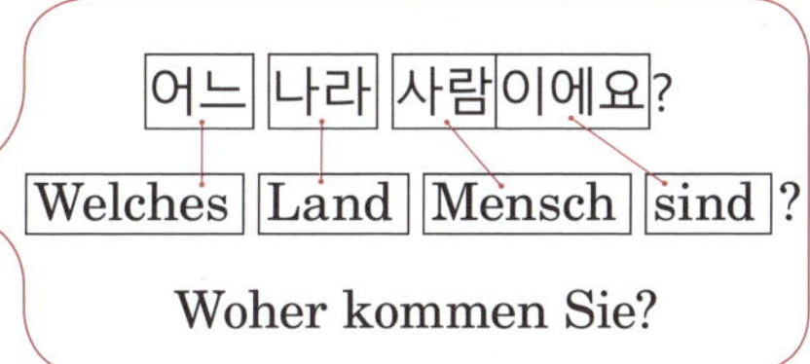


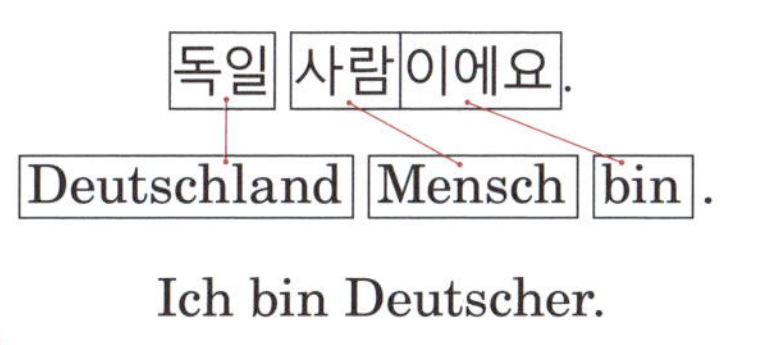

 **H37**

**Antworten Sie zuerst auf Yunas Fragen und vergleichen Sie Ihre Antworten dann mit denen von Thomas.**

Yuna: 영국 사람이에요?
Thomas: 아니요, 영국 사람이 아니에요.
미국 사람이에요

Yuna: 프랑스 사람이에요?
Thomas: 아니요, 프랑스 사람이 아니에요.
독일 사람이에요.

Yuna: 중국 사람이에요?
Thomas: 아니요, 중국 사람이 아니에요.
일본 사람이에요.

Yuna: 태국 사람이에요?
Thomas: 아니요, 태국 사람이 아니에요.
한국 사람이에요.

# Grammatik im Überblick

## Verneinung eines Nomens mit -이/가 아니다

Dieser Ausdruck wird verwendet, um das Nomen zu verneinen. Im Deutschen entspricht es *ich bin kein/nicht...*, *du bist kein/nicht...*, *es ist kein/nicht...* etc.

- Nomen + -이/가 아니다

-이/가 ist ein Nominativ-Marker (Regel für die Anwendung → **S. 42**)

## Nationalität ausdrücken

- Land + 사람 (*Mensch*)

Beispiel: *Korea*: 한국 → *KoreanerIn*: 한국 사람

 **H38**

**Wörterliste**

| Koreanisch | Deutsch |
|---|---|
| 공책 | Notizbuch |
| 구두 | elegante Schuhe |
| 그럼 | dann, also |
| 대학생 | Student(in) |
| 독일 | Deutschland |
| 미국 | USA |
| 미라 | koreanischer Vorname |
| 민수 | koreanischer Vorname |
| 베트남 | Vietnam |
| 사람 | Mensch |
| 수진 | koreanischer Vorname |
| 씨 | (Anrede) Herr/Frau |
| 아니요 | nein |

| Koreanisch | Deutsch |
|---|---|
| 어느 나라 | welches Land? |
| 영국 | England |
| 운동화 | Turnschuhe |
| -이/가 아니에요 | ich bin kein/nicht...; du bist kein/nicht... etc. |
| 이분 | diese Person |
| 일본 | Japan |
| 재인 | koreanischer Vorname |
| 중국 | China |
| 태국 | Thailand |
| 펜 | Stift |
| 프랑스 | Frankreich |
| 한국 | Südkorea |

 **H39**

**Text zur Lektion**

| | | |
|---|---|---|
| **Ich**: | 유나 씨, 대학생이에요? | Yuna, sind Sie Studentin? |
| **Yuna**: | 아니요, 대학생이 아니에요. | Nein, ich bin keine Studentin. |
| | 선생님이에요. | Ich bin Lehrerin. |
| | 토마스 씨, 미국 사람이에요? | Sind Sie Amerikaner? |
| **Ich**: | 아니요, 미국 사람이 아니에요. | Nein, Ich bin kein Amerikaner. |
| **Yuna**: | 그럼, 어느 나라 사람이에요? | Woher kommen Sie? |
| **Ich**: | 독일 사람이에요. | Ich bin Deutscher. |
| | 유나 씨, 베트남 사람이에요? | Yuna, sind Sie Vietnamesin? |
| **Yuna**: | 아니요, 베트남 사람이 아니에요. | Nein, ich bin keine Vietnamesin. |
| **Ich**: | 그럼, 어느 나라 사람이에요? | Woher kommen Sie? |
| **Yuna**: | 한국 사람이에요. | Ich bin Koreanerin. |

**Nicht verwechseln**: *Nein* heißt 아니요, *bin/bist/ist... nicht* heißt 아니에요.

# Lektion 5

## Sie ist meine ältere Schwester

**Ich**: 유나 씨, können wir uns vielleicht duzen?
**Yuna**: Ja, gern!
**Ich**: Dann kann ich dich jetzt einfach 유나 nennen ohne 씨 zu benutzen?
**Yuna**: Da wir in Deutschland sind, ist das völlig in Ordnung. Aber aus der Sicht der koreanischen Kultur wäre es dafür noch zu früh. Ich erkläre dir jetzt mal, wie man einander in Korea anspricht:

| Koreanisch | Deutsch | Anwendung | Beispiele |
|---|---|---|---|
| Vorname + 씨 | Frau/Herr --- | In einer Beziehung zwischen Erwachsenen, in der die Sprechenden sich schon kennen, aber noch eine gewisse Distanz besteht.<br>Bsp.: unter Kollegen, die dieselbe Position haben, oder unter Mitgliedern eines Vereins im ähnlichen Alter | 토마스 씨, 유나 씨 |
| Vollname (Nach-, Vorname) + 씨 | Frau/Herr --- | In einer formellen Beziehung mit großer sozialer Distanz.<br>Bsp.: wenn jemand im Warteraum einer Behörde ausgerufen wird oder wenn ein Vorgesetzter einen Mitarbeiter anredet | 김민수 씨, 정은경 씨 |
| Vollname + 님 | Frau/Herr --- | -님 ist eine Anrede wie -씨, klingt aber respektvoller.<br>Bsp.: wenn Kunden in einem Geschäft oder Patienten in einer Arztpraxis aufgerufen werden | 김민수 님, 정은경 님 |

| Koreanisch | Deutsch | Anwendung | Beispiele |
|---|---|---|---|
| Nachname oder Vollname + 선생님, 사장님, 교수님 | Frau/Herr Lehrer(in) (---), Frau/Herr Geschäftsführer(in) (---), Frau/Herr Professor(in) (---) | In einer formellen Beziehung mit großer sozialer Distanz.<br>Wenn jemand einen Titel hat, sollte eher dieser mit -님 benutzt werden anstatt der bloßen Anrede mit -씨. In unseren Beispielen heißen 선생, 사장, 교수 jeweils Lehrer(in), Geschäftsführer(in), Professor(in). Mit -님 können diese Nomen als Anrede verwendet werden. | 김 선생님, 김정신 선생님<br><br>박 사장님, 박민규 사장님<br><br>최 교수님, 최성실 교수님 |
| Ohne Namen, nur 선생님, 사장님, 교수님 | | Diese Anreden können aber auch ohne einen Nach-/Vollnamen verwendet werden. | 선생님!<br>사장님!<br>교수님! |
| Vorname + 아/야 | [keine Entsprechung] | Bsp.: unter Freunden gleichen Alters oder wenn ältere Leute Kinder bzw. jüngere Menschen anreden, zu denen sie in einer vertrauten Beziehung stehen.<br>Letzte Silbe des Vornamens mit Batchim: + 아.<br>Ohne Batchim: + 야 | 가은아, 우노야 |
| 언니, 누나<br>오빠, 형 | ältere Schwester, älterer Bruder | Bsp.: in der Familie oder wenn jüngere Menschen Ältere anreden, zu denen sie in einer vertrauten Beziehung stehen (die älteren sprechen dafür die jüngeren mit Vorname + 아/야 an)<br><br>Jüngere Frau zu älterer Frau: 언니<br>Jüngere Frau zu älterem Mann: 오빠<br>Jüngerer Mann zu älterer Frau: 누나<br>Jüngerer Mann zu älterem Mann: 형 | 언니!<br>오빠!<br>누나!<br>형! |

**Ich**: Wow, in Korea spielt das Alter scheinbar eine große Rolle.

**Yuna**: Ja, so ist es. Wenn wir Jugendliche wären, konnten wir mit der Anrede viel lockerer umgehen. Aber das sind wir ja nicht und außerdem haben wir einander gerade erst kennengelernt... Darum kommt es mir angemessener vor, dich (noch) mit der höflichen Anrede 씨 anzusprechen.

**Ich**: Alles klar, 유나 씨!

Apropos «ältere Geschwister» – ich zeige Yuna ein Foto auf meinem Handy.

**H40**

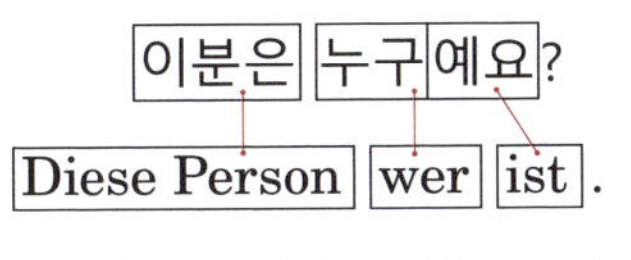

**Ich**: Was ist -은/는 nach 이분?

**Yuna**: -은 und -는 sind Marker, die das Hauptthema des Satzes angeben. Diese Thema-Marker bezeichnen keinen Fall, aber sie können im Deutschen häufig als Nominativ übersetzt werden. Zum Beispiel ist im Satz 누나는 공무원이에요 mit 누나는 gemeint, dass das Thema des Satzes 누나 (*die ältere Schwester*) ist. Rein wörtlich übersetzt heißt der Satz nämlich: *Was die ältere Schwester angeht, ist sie Beamtin.* Praktisch heißt er aber: *Sie [= Nominativ] ist Beamtin.*

**Ich**: Das klingt für Deutsche zwar fremd, ist aber nachvollziehbar. Wie unterscheidet man -은/는?

**Yuna**: -는 wird an ein Wort gehängt, dessen letzte Silbe ohne Batchim, also auf einen Vokal endet. Bei einem Batchim kommt -은 hinzu. Kannst du erraten, welcher Thema-Marker nach 이름 kommt?

**Ich**: 름 endet mit ㅁ, also einem Batchim. Dann benutzt man -은!

 H41

**Ordnen Sie die angegebenen Wörter unter -는 oder -은 ein! Vergleichen Sie dann mit den Lösungen in der Tabelle.**

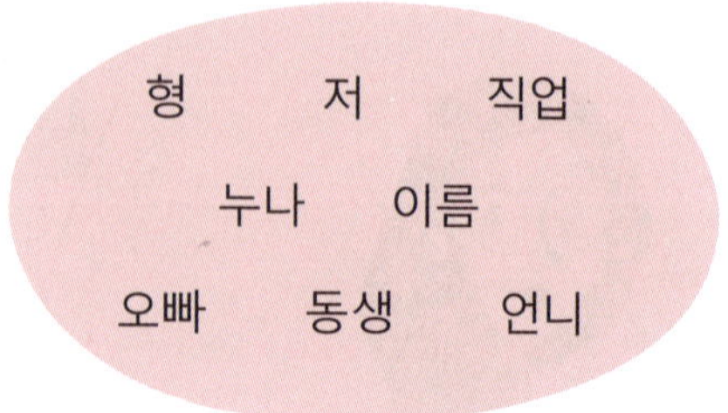


| 는 | 은 |
|---|---|
| 저는 | 이름은 |
| 누나는 | 직업은 |
| 오빠는 | 형은 |
| 언니는 | 동생은 |

**Ich**: Gibt es im Koreanischen keine Personalpronomen wie *ich, du, er* usw.? Warum muss ich jedes Mal 누나 wiederholen, wenn ich bereits einmal 누나 gesagt habe? Auf Deutsch würde ich einfach *sie* verwenden.

**Yuna**: Es gibt Personalpronomen, aber sie werden in der gesprochenen Sprache nicht so oft verwendet. *Ich* wird oft ausgelassen, *du* (너) wird i.d.R. nur unter gleichaltrigen Freunden oder bei Kindern verwendet. Anstelle von *du* bzw. *Sie* (höfl., Singular) werden der Name des Gegenübers mit einer Anrede oder sein Titel verwendet. Häufiger werden sie aber ebenfalls ausgelassen. Statt *er* und *sie* (Singular) werden auch oft der Name mit einer Anrede oder der Titel verwendet.

Ein Familienmitglied wird der entsprechenden Bezeichnung für Familienbeziehungen wie 언니, 누나, 오빠 usw. versehen.

Eine dem Hörer bzw. Sprecher unbekannte Person kann man mit den höflichen Formen 이분 oder 저분 bezeichnen. Neutrale Formen sind 이 사람 und 저 사람. 이분 und 이 사람 verweisen auf eine Person in der Nähe des Sprechers. 저분 und 저 사람 bezeichnen eine Person, die vom Sprecher weit entfernt ist. Für eine Person, die in der Nähe des Hörers und weit entfernt vom Sprecher ist bzw. die sich der Hörer vorstellt, werden 그분 oder 그 사람 benutzt.

Für *sie* (3. Person Plural) werden 이분들, 저분들 oder 그분들 (neutral: 이 사람들, 저 사람들 oder 그 사람들) verwendet.

**Ich**: Gibt es auch eine Entsprechung des neutralen Pronomens *es*?

**Yuna**: Nein, aber kann man stattdessen das Demonstrativpronomen 이, 그 oder 저 + ein Nomen verwenden. Wenn man beispielsweise mit *es* auf ein Kind verweist, sagt man 이/저/그 아이.

| | |
|---|---|
| | In der Schriftprache werden die Personalpronomen häufiger benutzt und spielen dort eine bedeutendere Rolle. So werden die Personalpronomen 그, 그녀 und 이들/저들/그들 ausschließlich in der Schriftsprache benutzt. (für ausführlichere Informationen s. Tab. **S. 57**) |
| **Ich**: | Wenn ich also *du* sagen will (so wie im Satz *Du bist Koreanerin*), muss ich dafür 유나 씨 sagen, also 유나 씨는 한국 사람이에요. |
| **Yuna**: | Genau! |
| **Ich**: | In der Tabelle auf S. 57 sehe ich, dass es für *ich* zwei verschiedene Wörter gibt, 저 und 나. Warum ist das so? |
| **Yuna**: | Mit 저 bezeichnest du dich auf eine höfliche und bescheidene Weise. Das ist die übliche Form, sich gegenüber Älteren oder Leuten, zu denen man eine soziale Distanz hat, zu nennen. Mit 나 würdest du dann nämlich unhöflich, gar arrogant wirken. Dagegen benutzt man 나 in einer vertrauten Beziehung. |
| **Ich**: | In Korea spielen das Alter und die soziale Hierarchie eine wichtige Rolle. Ich werde wohl noch etwas Zeit brauchen, um mich daran zu gewöhnen, aber ich will in Gesprächen auf keinen Fall arrogant wirken. Ich werde zur Sicherheit erstmal einfach immer 저 verwenden. |
| **Yuna**: | Ja, für Anfänger ist das keine schlechte Strategie. Kannst du dich mit 저 vorstellen? Vergiss dabei den Thema-Marker nicht! |
| **Ich**: | 저는 토마스예요. |
| **Yuna**: | Super! Es klingt sehr höflich und authentisch! |

 **H42**

**Verdecken Sie die rechte Spalte und lesen Sie zuerst die linke Spalte. Danach lesen Sie sie unter Verwendung von 저는. Vergleichen Sie nun mit der rechten Spalte.**

| | |
|---|---|
| 토마스예요. | 저는 토마스예요. |
| 회사원이에요. | 저는 회사원이에요. |
| 독일 사람이에요. | 저는 독일 사람이에요. |

| | |
|---|---|
| **Ich**: | Kann ich mal mit 저는, mal ohne 저는 sprechen? Sind beide Varianten richtig? |
| **Yuna**: | Ja, beides ist richtig. Mit 저는 kannst du klar sagen, dass es sich um dich handelt. |

## H43

**Lernen wir mehr Bezeichnungen aus dem Familienkreis.**

## H44

이 사람은 제 형이에요.

Dieser Mensch mein älterer Bruder ist.

Diese Person ist mein älterer Bruder.

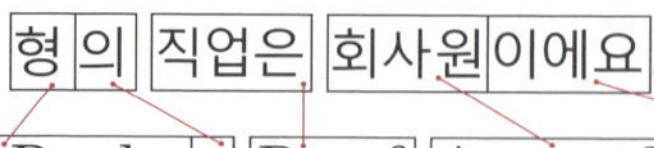

형의 직업은 회사원이에요.

Älteren Bruders Beruf Angestellter ist.

Der Beruf meines älteren Bruders ist Angestellter.

**Yuna**: Im Koreanischen gibt es auch Possessivpronomen. Die Grundregel zur Bildung des Possessivpronomens lautet: An ein Nomen wird hinten der Marker -의 gehängt. Kannst du das Possessivpronomen von 저 bilden?

**Ich**: 저의.

**Yuna**: Richtig. 저의 kann dabei zu 제 gekürzt werden. Das gilt auch beim Possessivpronomen von 나. Nämlich?..

**Ich**: Erstmal 나의, und das lässt sich dann zu 내 kürzen, stimmts?

**Yuna**: Ja! So kann z.B. *mein Bruder* auf verschiedene Weise gesagt werden: 나의 형, 내 형, 저의 형 oder 제 형.

<table>
<tr><th rowspan="2">Person</th><th colspan="2">Personalpronomen*</th><th colspan="2">Possessivpronomen</th></tr>
<tr><th>gesprochene Sprache</th><th>Schrift-sprache</th><th>gesprochene Sprache</th><th>Schrift-sprache</th></tr>
<tr><td rowspan="2">1. Person Singular</td><td colspan="2">나</td><td colspan="2">나의/내</td></tr>
<tr><td colspan="2">저</td><td colspan="2">저의/제</td></tr>
<tr><td rowspan="2">2. Person Singular</td><td colspan="2">너</td><td colspan="2">너의/네</td></tr>
<tr><td colspan="2">당신</td><td colspan="2">당신의</td></tr>
<tr><td rowspan="2">3. Person Singular</td><td rowspan="2">이분<br>저분<br>그분</td><td>그 (männlich)</td><td rowspan="2">이분의<br>저분의<br>그분의</td><td>그의</td></tr>
<tr><td>그녀<br>(weiblich)</td><td>그녀의</td></tr>
<tr><td rowspan="2">1. Person Plural</td><td colspan="2">우리</td><td colspan="2">우리의</td></tr>
<tr><td colspan="2">저희</td><td colspan="2">저희의</td></tr>
<tr><td rowspan="2">2. Person Plural</td><td colspan="2">너희</td><td colspan="2">너희의</td></tr>
<tr><td colspan="2">여러분</td><td colspan="2">여러분의</td></tr>
<tr><td rowspan="3">3. Person Plural</td><td>이분들</td><td>이들</td><td>이분들의</td><td>이들의</td></tr>
<tr><td>저분들</td><td>저들</td><td>저분들의</td><td>저들의</td></tr>
<tr><td>그분들</td><td>그들</td><td>그분들의</td><td>그들의</td></tr>
</table>

* 1) 당신 wird häufiger in der Schriftsprache verwendet. Wenn es in der gesprochenen Sprache verwendet wird, heißt es u.a. *mein/e liebe/r Frau/Mann*.
2) 저, 당신, 저희 und 여러분 sind die höflichen Alternativen der vertrauten Formen 나, 너, 우리 und 너희.

## H45

**Decken Sie erst die zwei rechten Spalten ab und bilden Sie mit den Personalpronomen ihre Possessivpronomen. Vergleichen Sie dann mit der rechten Spalte. Fügen Sie als weitere Übung das Nomen 가방 hinzu!**

| Personalpronomen | Possessivpronomen | + 가방 (*Tasche*) |
|---|---|---|
| 저 | 저의/제 | 저의 가방/제 가방 |
| 나 | 나의/내 | 나의 가방/내 가방 |
| 너 | 너의/네 | 너의 가방/네 가방 |
| 당신 | 당신의 | 당신의 가방 |
| 이분/저분/그분 | 이분/저분/그분의 | 이분/저분/그분의 가방 |
| 우리 | 우리의 | 우리의 가방 |
| 저희 | 저희의 | 저희의 가방 |
| 너희 | 너희의 | 너희의 가방 |
| 여러분 | 여러분의 | 여러분의 가방 |
| 이분들/저분들/그분들 | 이분들/저분들/그분들의 | 이분들/저분들/그분들의 가방 |

Yuna: Hast du in der Audioaufnahme gemerkt, dass der Marker -의 nicht nur so ausgesprochen wurde, wie es da steht, sondern auch als -에?

Ich: Ja, mal -의, mal -에. Spricht man dieselbe Silbe so unterschiedlich aus?

Yuna: Ja. Beide Aussprachen sind richtig. Viele Koreaner sprechen -의 als -에 aus, darum wurde -에 auch als eine legitime Aussprache anerkannt.
Übrigens: Man muss die Possessivpronomen wie auch die Personalpronomen praktischerweise nicht beugen!

## H46

**Ich**: Wie sagt man *die Tasche des Vaters*? Gibt es im Koreanischen auch den Genitiv der Nomen?

**Yuna**: Ja! Dafür verwendet man auch den Marker -의.

**Ich**: Oha! Denselben wie bei Possessivpronomen?!

**Yuna**: Ja. Um den Genitiv eines Nomens zu bilden, musst du an das Wort nur den Marker -의 hängen. So sagt man für *des Vaters* 아버지의. Um nun die *Tasche des Vaters* zu sagen, musst du auf die Reihenfolge der Wörter achten. Man sagt nämlich erst *des Vaters* und dann *die Tasche*: 아버지의 가방.

Man kann den Marker für sämtliche Nomen wie Gegenstände oder abstrakte Wörter verwenden. – Sag doch bitte mal *die Hauptstadt Koreas*. Hauptstadt heißt 수도.

**Ich**: 한국의 수도.

**Yuna**: Richtig! Der Genitiv-Marker kann ebenfalls nicht nur als -의, sondern auch als -에 ausgesprochen werden. Außerdem kann er sogar ausgelassen werden. Das kommt in der Umgangssprache häufig vor. Du kannst also auch einfach 아버지 가방, 한국 수도 sagen.

### H47

**Decken Sie die Lösungen rechts ab und verbinden Sie die Wörter sinnvoll mit dem Genitiv-Marker -의. Vergleichen Sie Ihre Antworten mit den Lösungen.**

- 아버지, 가방
- 형, 책
- 직업, 누나
- 독일, 수도
- 대통령, 한국
- 친구, 제 어머니

✓ 아버지의 가방
✓ 형의 책
✓ 누나의 직업
✓ 독일의 수도
✓ 한국의 대통령
✓ 제 어머니의 친구

# Grammatik im Überblick

### Anreden: s. Tab. oben

### Thememarker -은/는

Er bezeichnet das Thema eines Satzes.

- Nach einer Silbe mit Batchim: -은
- Nach einer Silbe ohne Batchim: -는

### Personalpronomen: s. Tab. oben

Die Personalpronomen werden nicht gebeugt.

### Possessivpronomen

- Personalpronomen + -의

Die Possessivpronomen werden nicht gebeugt.

### Genitiv der Nomen

- Nomen + -의

Achtung, Wortreihenfolge beachten! Beispiel: die Tasche des Vaters. Man sagt erst *des Vaters* und dann *die Tasche*: 아버지의 가방.

## Wörterliste

| Koreanisch | Deutsch |
|---|---|
| 가정주부 | Hausfrau |
| 교수님 | Frau/Herr Professor(in) |
| 그 | er; jene(s/r) (Demonstrativpronomen) |
| 그녀 | sie (3. Pers. Sg.) |
| 그들 | sie (3. Pers. Pl.) |
| 그분 | jene Person; sie/er (3. Pers. Sg.) |
| 그분들 | jene Personen; sie (3. Pers. Pl.) |
| 나 | ich |
| 남편 | Ehemann |
| 내 | mein(e/r) |
| 너 | du |
| 너희 | ihr (2. Pers. Pl.) |
| 네 | dein(e/r) |
| 누구 | wer |
| 누나 | ältere Schwester eines Mannes |
| -님 | Frau/Herr |
| 당신 | Sie (2. Pers. Sg.) |
| 대통령 | Präsident |
| 동생 | jüngeres Geschwister |
| 딸 | Tochter |
| 사장님 | Frau/Herr Geschäftsführer(in) |
| 수도 | Hauptstadt |
| -아/야 | Partikel für Bildung einer Anrede, s. große Tab. oben |

| Koreanisch | Deutsch |
|---|---|
| 아내 | Ehefrau |
| 아들 | Sohn |
| 아버지 | Vater |
| 어머니 | Mutter |
| 언니 | ältere Schwester einer Frau |
| 여러분 | Sie (2. Pers. Pl.) |
| 오빠 | älterer Bruder einer Frau |
| 우리 | wir |
| -의 | Genitivmarker |
| 이 | diese(s/r) (Demonstrativpronomen) |
| 이분 | diese Person; sie/er (3. Pers. Sg.) |
| 이분들 | diese Personen; sie (3. Pers. Pl.) |
| 저 | ich; jene (s/r) (Demonstrativpronomen) |
| 저분 | jene Person; sie/er (3. Pers. Sg.) |
| 저분들 | jene Personen; sie (3. Pers. Pl.) |
| 저희 | wir |
| 제 | mein(e) |
| 친구 | Freund(in) |
| 카메룬 | Kamerun |
| 태권도 | Tae Kwon Do |
| 형 | älterer Bruder eines Mannes |

## H49
**Text zur Lektion**

| | | |
|---|---|---|
| **Yuna**: | 이 사람은 누구예요? | Wer ist diese Person? |
| **Ich**: | 이 사람은 제 형이에요. | Er ist mein älterer Bruder. |
| | 제 형의 이름은 한스예요. | Er heißt Hans. |
| | 제 형은 기술자예요. | Er ist Ingenieur. |

| | | |
|---|---|---|
| **Yuna**: | 이 사람은 누구예요? | Wer ist diese Person? |
| **Ich**: | 이 사람은 따줌이에요. | Er ist Tazum. |
| | 따줌은 제 태권도 선생님이에요. | Er ist mein Tae-Kwon-Do-Lehrer. |
| | 따줌은 카메룬 사람이에요. | Er kommt aus Kamerun. |

| | | |
|---|---|---|
| **Yuna**: | 이 사람은 누구예요? | Wer ist diese Person? |
| **Ich**: | 이 사람은 니나예요. | Sie ist Nina. |
| | 니나는 제 친구예요. | Sie ist eine Freundin von mir. |
| | 니나는 가정주부예요. | Sie ist Hausfrau. |

# Lektion 6

## Haben Sie Yujatee?

Nachdem ich nach Hause gekommen bin, lese ich noch mal langsam das alte Gedicht. Seinen Sinn verstehe ich nicht, aber es spricht mich irgendwie an. Ich versinke in Gedanken. Warum hat der ehemalige Besitzer des Hutes es so sorgfältig versteckt?

Unerwartet erhalte ich am selben Abend einen Anruf von Yuna. Sie möchte mir etwas zeigen, das mit meinem Hut zu tun hat. Wir treffen uns also gleich am nächsten Tag wieder im selben koreanischen Café.

**Yuna**: Hallo, Thomas!
**Ich**: Hallo, Yuna! Ich muss schon jetzt eine Frage stellen. Wie sagt man *Hallo*?
**Yuna**: *안녕하세요?*예요.
**Ich**: 안녕하세요, 유나 씨?
**Yuna**: 안녕하세요?
**Ich**: Also antwortet man nicht auf den Gruß, obwohl er in Form einer Frage ist?
**Yuna**: Ja, genau. 안녕하세요? ist so ähnlich wie *Guten Tag!*.
**Ich**: Wie fragt man dann *Wie geht es dir?*
**Yuna**: Man kann das auf zweierlei Weise machen. Die eine ist 잘 지내요?, die andere ist 잘 지냈어요? Wenn du nach einem allgemeinen Zu-

stand fragst, also wie es einem grundsätzlich geht, sagst du 잘 지내요?. Wenn du aber nach dem Zustand zu einer bestimmten Zeit fragst, z.B. wie es einem am letzten Wochenende ging, sagst du 잘 지냈어요?.

잘 지내요? heißt wörtlich *Verbringst du die Zeit gut?* und 잘 지냈어요? ist seine Vergangenheit. (→ **Lektion 15**)

**Ich**: Wie antwortet man darauf?

**Yuna**: Man kann natürlich unterschiedliche Antworten geben, aber uns reichen erstmal diese hier: 네, 잘 지내요 und 네, 잘 지냈어요. Du wolltest mich fragen, wie es mir in der Zwischenzeit ergangen ist, in der wir uns nicht gesehen haben, oder? Dann können wir folgendermaßen miteinander sprechen:

H50

안녕하세요?
Gut ergeht es?
Guten Tag!

안녕하세요?
Gut ergeht es?
Guten Tag!

잘 지냈어요?
Gut die Zeit verbracht hast?
Wie geht es dir in letzter Zeit?

네, 잘 지냈어요. 유나 씨는요?
Ja, gut die Zeit verbracht habe. Yuna?
Es geht mir gut. Und dir?

저도 잘 지냈어요.
Ich auch gut die Zeit verbracht habe.
Es geht mir auch gut.

Wenn man ohne eine Zeitspanne vorauszusetzen fragen will, wie es einem allgemein geht, kann man sich so ausdrücken:

 **H51**

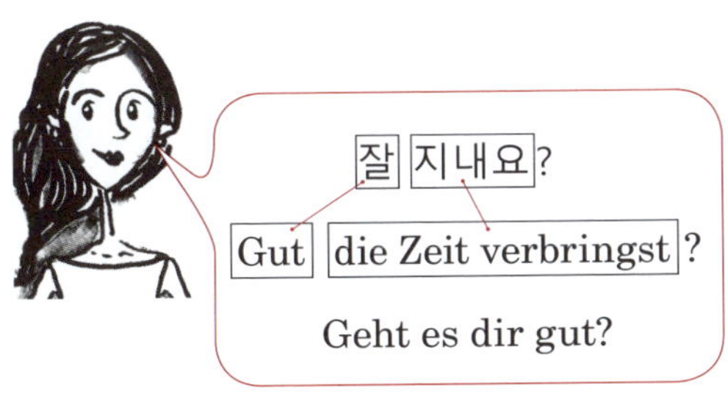

**Ich**: Ich sage *Danke!*, wenn mich jemand fragt, wie es mir geht. Sagt man so etwas auf Koreanisch nicht?

**Yuna**: Nein.

**Ich**: Klingt es dann nicht etwas schroff?

**Yuna**: Überhaupt nicht. Man sagt nicht *danke* und erwartet es auch nicht. Du musst dir also keine Sorgen machen.

**Ich**: Wie verabschiedet man sich?

**Yuna**: Unter Freunden ist das einfach. Du kannst sowohl beim Begrüßen als auch beim Verabschieden 안녕 sagen. Bei einer sozialen Distanz kommt es darauf an, wer was sagt. Wer einen Ort verlässt, sagt: 안녕히 계세요. Wer noch bleibt, sagt: 안녕히 가세요.
Wörtlich übersetzt heißt 안녕히 계세요 *Bleiben Sie wohl* und 안녕히 가세요 heißt *Gehen Sie wohl*.

**Ich**: Wie ist es dann, wenn man sich auf der Straße trifft und dann wieder auseinandergeht?

**Yuna**: Beide sagen 안녕히 가세요.

 **H52**

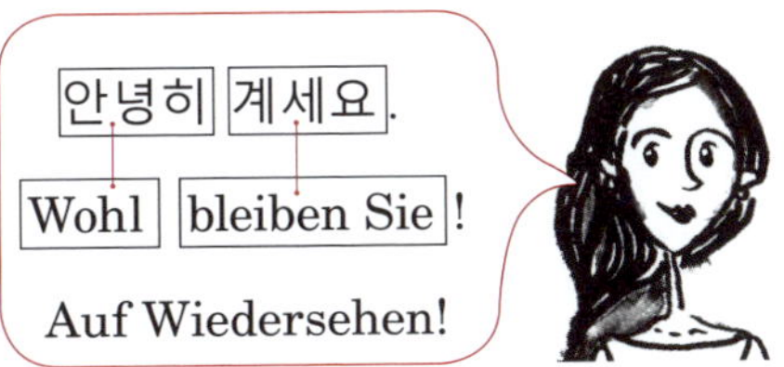


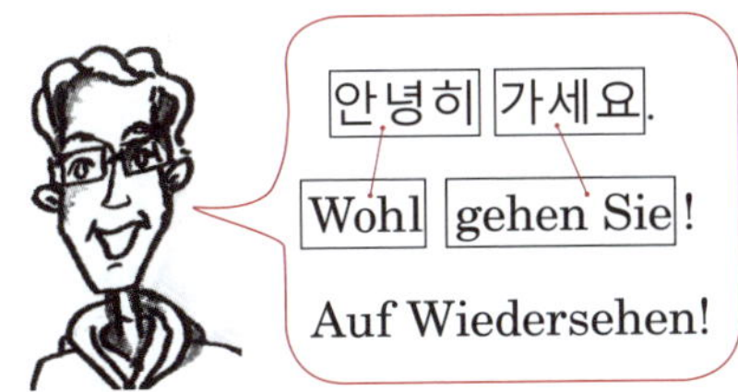

**Ich**: Okay, Yuna. Was möchtest du mir zeigen?

Yuna zeigt mir ein Bild von einem Hut, der meinem sehr ähnlich sieht.

**Ich**: Woher hast du das Bild?
**Yuna**: Ich habe gestern im Internet recherchiert und herausgefunden, dass dieser Hut, der auf Koreanisch 갓 /gat/ heißt, in der Joseon-Dynastie von Adligen getragen wurde. Das war 1392–1897.
**Ich**: Mein Hut könnte also aus dieser Zeit stammen. Allerdings ist das ein sehr großer Zeitraum.
**Yuna**: Das ist noch nicht alles: Die Breite der Krempe änderte sich im Laufe der Zeit. Sieh mal hier, der Hut ist aus dem 18. Jahrhundert. Er hat einen viel breiteren Rand als deiner, oder?
**Ich**: Ja, stimmt!
**Yuna**: Hüte wie deinen, mit so einem engen Rand, gab es im 16. und 19. Jahrhundert.

**Da tritt die Bedienung an unseren Tisch und fragt**: Möchten Sie etwas bestellen?

 **H53**

**Ich**: Was heißt 있어요/없어요?

**Yuna**: Das ist eine konjugierte Form von 있다/없다. 있어요 bedeutet grundsätzlich *existieren*. Es lässt sich aber mit diversen Bedeutungen in unterschiedlichen Situationen verwenden.

| 선생님이 **있어요**. | Ein(e) Lehrer(in) **ist da**. |
|---|---|
| 바나나 **있어요**? | **Haben** Sie Bananen? |
| 이 건물에 빵집이 **있어요**? | **Gibt es** in diesem Gebäude eine Bäckerei? |
| 저는 서울에 **있어요**. | Ich **bin** in Seoul. |

**Ich**: Alle diese Anwendungen lassen sich auf zwei Bedeutungen zurückführen: *vorhanden sein* oder *sich befinden*.

**Yuna**: Ich gebe dir Recht. Der zweite Beispielsatz 바나나 있어요? kann nämlich in der Tat wörtlich so verstanden werden: *Sind (bei Ihnen) Bananen vorhanden*?

Heute üben wir erstmal die Anwendung von *vorhanden sein*. Man nennt zuerst ein Nomen, ggf. mit dem Nominativ-Marker -이/가, der in der gesprochenen Sprache ausgelassen werden kann. Danach kommt 있어요/없어요.

Kannst du nun *Es gibt einen Apfel* sagen?

**Ich**: 사과가 있어요.

**Yuna**: Genau! Und ohne Nominativ-Marker?

**Ich**: 사과 있어요.

**Yuna**: Ja! Wie würdest du *Es gibt keinen Apfel* sagen?

**Ich**: 사과가 없어요. Oder 사과 없어요.

**Yuna**: Super!

**Ich**: Wie sage ich aber *Es gibt zwei Äpfel*?

**Yuna**: Im Koreanischen werden Singular und Plural nicht explizit ausgedrückt. Aus dem Satz 사과가 있어요 wird nicht ersichtlich, wie viele Äpfel vorhanden sind. Man kann sowohl für einen als auch für hundert Äpfel einfach sagen: 사과가 있어요.

**Ich**: Gibt es im Koreanischen also keinen Plural?

**Yuna**: Doch. Um den Plural auszudrücken, kann man nach einem Wort die Partikel 들 hinzufugen, z.B. 사과들, 가방들, 책상들... Aber das passiert nicht oft, sondern nur dann, wenn man den Plural besonders hervorheben will. Es gibt allerdings Fälle, in denen man die Plural-Partikel tendenziell häufig verwendet. Zum Beispiel nach einem Wort, das sich auf Menschen bezieht, wie 사람들, 친구들, 학생들...

| | |
|---|---|
| | Auch dann, wenn ein Demonstrativpronomen wie 이, 저 und 그 vor dem Nomen steht, hängt man die Partikel hinten ans Nomen. |
| **Ich**: | Woher weiß ich dann, ob etwas im Singular oder Plural steht, wenn die Verwendung des Plurals nicht üblich ist? |
| **Yuna**: | Dazu musst du dem Gesprächspartner eine weitere Frage stellen. Aber mache dir jetzt keinen Kopf, wir gehen in → **Lektion 14** genauer darauf ein. |

### H54

**뭐가 있어요? Was ist da? Antworten Sie mithilfe der Wörter über den Bildern und vergleichen Sie mit den Lösungen darunter.**

### H55

**Minidialog mit der Bedienung: Fragen Sie nach den angegebenen Speisen und Getränken. Die Beispieldialoge helfen Ihnen bei der Formulierung.**

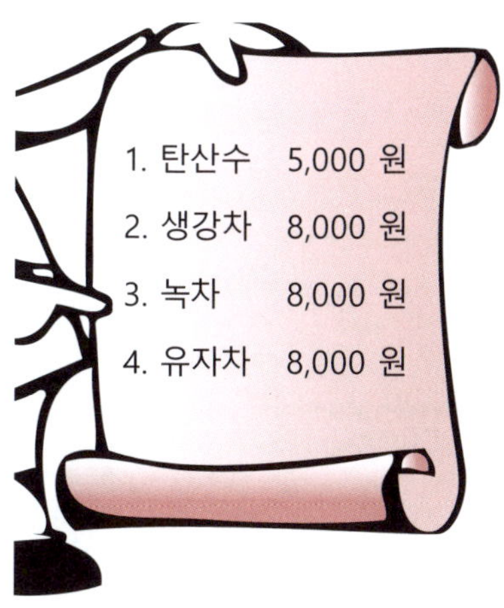


가: 생강차 있어요?
나: 네, 있어요.

가: 맥주 있어요?
나: 아니요, 없어요.

가: 콜라 있어요?
나: 아니요, 없어요.

**Ich**: Was trinkst du da?

**Yuna**: Das ist ein Tee aus der Frucht Yuja (유자 /judza/). Yuja ist eine Zitrusfrucht, die an Zitrone und Orange erinnert, und schmeckt aromatisch und ein bisschen bitter. Die Koreaner legen sie in Honig ein und gießen sie dann mit heißem Wasser auf.

**Ich**: Darf ich probieren?

**Yuna**: Natürlich!

**Ich**: Das schmeckt sehr gut! Welche Getränke trinkt man noch üblicherweise in Korea?

**Yuna**: Viele Sorten Tee – schwarzen Tee, Früchtetee, Ginsengtee usw. Aber auch Cola.

## Grammatik im Überblick

### Verb 있다 und seine konjugierten Formen 있어요/없어요 1[1]

있다 hat mehrere Bedeutungen. Hier wird die Bedeutung *vorhanden sein* behandelt. 있어요 ist die konjugierte Form und 없어요 ist dessen Verneinung. Vor 있어요/ 없어요 kommt ein Nomen im Nominativ, wobei der Nominativ-Marker -이/가 in der gesprochenen Sprache häufig wegfällt.

---

1 Dieses Verb hat zwei Anwendungen. Hier wird die erste behandelt, die zweite kommt in → **Lektion 7** dran.

## H56
**Wörterliste**

| Koreanisch | Deutsch |
|---|---|
| 갓 | traditioneller koreanischer Zylinderhut |
| 건물 | Gebäude |
| 그냥 | einfach |
| 그럼 | also dann |
| 그리고 | und |
| 네 | ja |
| 녹차 | grüner Tee |
| -도 | auch |
| -들 | Partikel für Plural |
| 맥주 | Bier |
| 물 | Wasser |
| 뭐 드릴까요? | (bei der Bestellung) Was darf es sein? (wörtl.: Was soll ich Ihnen geben?) |
| 미안해요 | Es tut mir leid. |
| 바나나 | Banane |
| 빵 | Brot |
| 빵집 | Bäckerei |
| 사과 | Apfel |
| 생강차 | Ingwertee |
| 사람들 | Leute |
| 서울 | Seoul |
| 안녕 | (unter Freunden) Hallo!; Tschüss! |
| 안녕하세요? | Guten Tag! |
| 안녕히 가세요 | Auf Wiedersehen. (sagt die bleibende Person) |

| Koreanisch | Deutsch |
|---|---|
| 안녕히 계세요 | Auf Wiedersehen. (sagt die gehende Person) |
| 알겠습니다 | Alles klar. |
| 어서 오세요! | Willkommen! (wört.: Kommen Sie schnell!) |
| 없어요 | konj. Gegenwartsform von 없다 (nicht vorhanden sein) |
| -에 | in |
| 유자차 | Yujatee |
| 있어요 | konj. Gegenwartsform von 있다 *(vorhanden sein)* |
| 잘 | wohl, gut |
| 죄송합니다 | Verzeihen Sie bitte. (formeller als 미안해요) |
| 주세요 | (bei der Bestellung) Ich hätte gern... (wörtl.: Geben Sie bitte...) |
| 주스 | Saft |
| 지내다 | (Zeit) verbringen |
| 지내요 | konj. Gegenwartsform von 지내다 |
| 지냈어요 | konj. Vergangenheitsform von 지내다 |
| 차 | Tee |
| 커피 | Kaffee |
| 콜라 | Cola |
| 탄산수 | Wasser mit Kohlensäure |
| 햄버거 | Hamburger |

**Text zur Lektion**

| | | |
|---|---|---|
| **Bedienung**: | 어서 오세요! 뭐 드릴까요? | Willkommen! Was darf es sein? |
| **Ich**: | 탄산수 있어요? | Haben Sie Wasser mit Kohlensäure? |
| **Bedienung**: | 죄송합니다. 탄산수는 없어요. | Verzeihen Sie bitte. Wir haben kein Wasser mit Kohlensäure. |
| **Ich**: | 그럼, 그냥 물 있어요? | Haben Sie dann einfaches Wasser? |
| **Bedienung**: | 네, 있어요. | Ja, haben wir. |
| **Ich**: | 물 주세요. 그리고 녹차 있어요? | Ich hätte gern Wasser. Und haben Sie grünen Tee? |
| **Bedienung**: | 네, 있어요. | Ja, haben wir. |
| **Ich**: | 녹차도 주세요. | Den hätte ich auch gerne. |
| **Bedienung**: | 알겠습니다. 뭐 드릴까요? | Alles klar. Was darf es sein? |
| **Yuna**: | 유자차 있어요? | Haben Sie Yujatee? |
| **Bedienung**: | 네, 있어요. | Ja, haben wir. |
| **Yuna**: | 저는 유자차 주세요. | Ich hätte gern Yujatee. |
| **Bedienung**: | 네, 감사합니다. | Ja, Dankeschön! |

# Lektion 7

## Wo ist der Hut?

Damit Yuna bestimmen kann, aus welcher Zeit mein Hut stammt, lade ich sie zu mir nach Hause ein.

**Ich**: Nimm bitte Platz. Ich koche Kaffee, und du kannst dir schon mal den Hut anschauen. Er ist im Wohnzimmer.

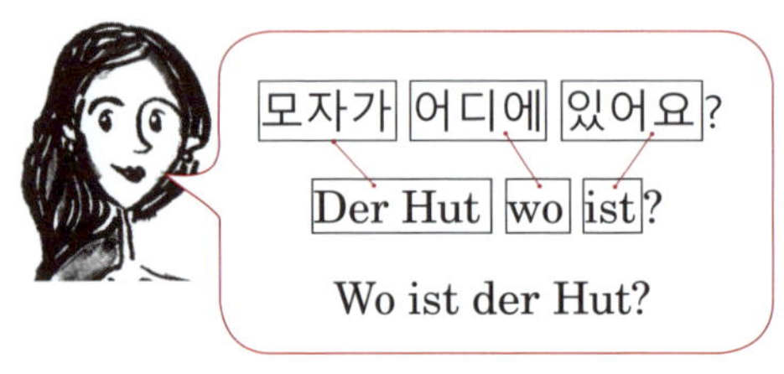


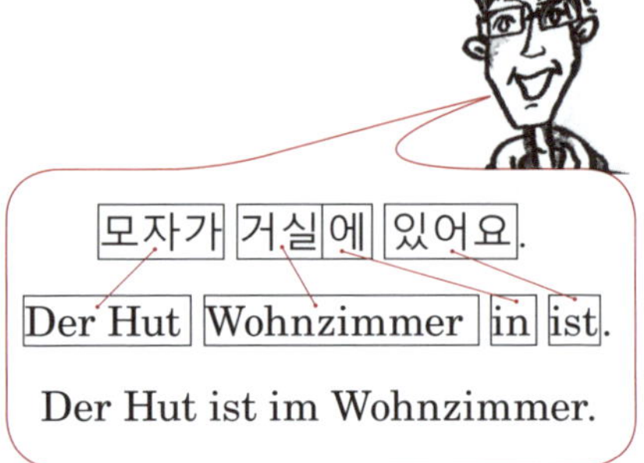


**Ich**: Wie verstehe ich in diesem Fall 있어요?

**Yuna**: Hier hat *ist* die Bedeutung *sich befinden*. Deutschmuttersprachler sollten darauf achten, dass *sein* je nachdem mal mit 이다, mal mit 있다 übersetzt wird.

- Bei 이다 geht es darum, wer/was jemand/etwas ist, z.B.: 저는 학생이에요 (*Ich bin Student*); 이게 거실이에요 (*Das ist ein Wohnzimmer*).
- Bei 있다 geht es darum, dass sich jemand/etwas irgendwo befindet, z.B.: 저는 서울에 있어요 (*Ich bin in Seoul)*; 베를린이 독일에 있어요 (*Berlin ist in Deutschland*).

**Ich**: Verstanden. Aber was ist -에, das an 서울 und 독일 gehängt wird?

**Yuna**: Das ist eine Partikel, die im Deutschen einer Präposition bei Ortsangaben (*in, auf, zu*) entspricht.

**Ich**: Muss ich dann je nach Ort verschiedene Präpositionen verwenden?

**Yuna**: Nein. Mit dem Verb 있어요/없어요 wird nur -에 verwendet. Zudem wird -에 nach einer Ortsangabe mit Verben, die mit Gehen oder Kommen zu tun haben, verwendet. Das werden wir aber in → **Lektion 7** üben. Dort lernen wir außerdem eine weitere Partikel für Ortsangaben. Du musst aber auf die Reihenfolge der Wörter achten. Zuerst kommt das Nomen und danach die Partikel (im Deutschen ist es ja umgekehrt).

 H59

**어디에 있어요? Wo bist du? Antworten Sie mit den Wörtern und suchen Sie im Kästchen einen passenden Satz aus!**

| 식당 | 회사 | 교실 |
|---|---|---|
| 학교 | 공원 | 도서관 |
| 커피숍 | 병원 | 집 |

| | | |
|---|---|---|
| 회사에 있어요 | 학교에 있어요 | 도서관에 있어요 |
| 공원에 있어요 | 집에 있어요 | 교실에 있어요 |
| 커피숍에 있어요 | 병원에 있어요 | 식당에 있어요 |

**Yuna**: Thomas, ich bin jetzt im Wohnzimmer. Aber ich kann den Hut nicht finden. Wo ist er?

**Ich**: Er ist auf dem Schreibtisch.

**Yuna**: Aha, jetzt habe ich ihn!

**Ich**: Gut! Wie kann ich das auf Koreanisch sagen? Den Teil *Der Hut ist* kann ich schon sagen: 모자가 있어요. Wie soll ich aber *auf dem Schreibtisch* formulieren?

**Yuna**: *Der Schreibtisch* heißt 책상 und *auf* 위에. Du musst dabei wieder auf die Reihenfolge der Wörter achten. Erst kommt *Schreibtisch* und danach *auf*.

**Ich**: Alles klar! 모자가 책상 위에 있어요!

**Yuna**: Genau!

**Ich**: Yuna, 위에 endet mit -에. Hat das mit der Partikel -에 für Ortsangaben zu tun?

**Yuna**: Ja, gut beobachtet. 위 heißt wörtlich übersetzt *die obere Seite*, 위에 heißt dann *auf der oberen Seite*. Dieser ganze Satzteil ist im Koreanischen ein sog. Adverbial des Ortes. Im Deutschen entspricht das der Verwendung der Präposition *auf*. Mit Adverbialen des Ortes kannst du also die lokalen Präpositionen wie *unter*, *hinter*, *vor* usw. auf Koreanisch ausdrücken. Die folgende Tabelle gibt dir einen besseren Überblick. Bitte nicht vergessen, dass man das Nomen dabei vor der Präposition positionieren muss.

| Koreanisch | Deutsch | Beispiele | |
|---|---|---|---|
| 위에 | auf/über | 상자 위에: | auf/über der Box |
| 아래에/밑에 | unter | 상자 아래에/상자 밑에: | unter der Box |
| 옆에 | neben | 상자 옆에: | neben der Box |
| 앞에 | vor | 상자 앞에: | vor der Box |
| 뒤에 | hinter | 상자 뒤에: | hinter der Box |
| 사이에 | zwischen | 상자 사이에: | zwischen den Boxen |
| 안에 | in | 상자 안에: | in der Box |
| 밖에 | außerhalb | 상자 밖에: | außerhalb der Box |

## H60

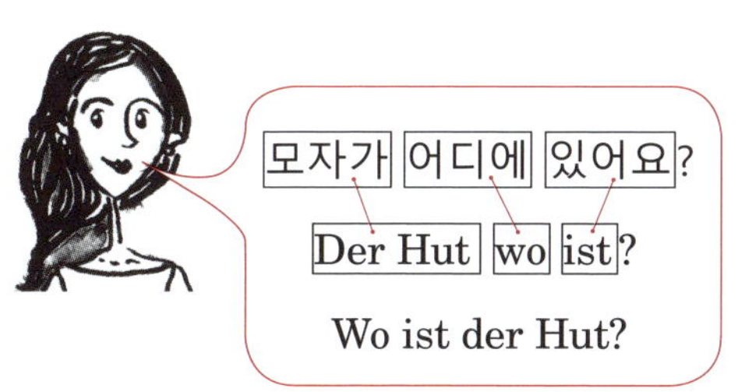

## H61

**책이 어디에 있어요? Sagen Sie wo das Buch ist, und vergleichen Sie mit den Lösungen unter den Bildern.**

# Grammatik im Überblick

## Verb 있다 und seine konjugierten Formen 있어요/없어요 2[1]

있다 hat mehrere Bedeutungen. Hier wird die Bedeutung *sich befinden* behandelt. 있어요 ist die konjugierte Form und 없어요 ist dessen Verneinung. 있어요/없어요 mit dieser Bedeutung wird in der Regel sowohl durch ein Nomen im Nominativ als auch durch eine Ortsangabe ergänzt. Bei der Ortsangabe wird ein Ort mit einer Partikel (s.u.), die im Deutschen einer Präposition entspricht, angegeben.

## Ortsangabe mit Partikel -에

에 entspricht im Deutschen einer Präposition. So wie im Deutschen vor einem Ort eine Präposition wie *in, auf, zu* usw. gebraucht werden, wird im Koreanischen wiederum **nach** dem Ort -에 benötigt.

## Adverbiale des Ortes (s. Tab. oben)

위에, 아래에/밑에, 옆에, 앞에, 뒤에, 사이에, 안에 und 밖에 sind im Koreanischen Adverbiale des Ortes. Sie entsprechen im Deutschen den lokalen Präpositionen *auf/über, unter, neben, vor, hinter, zwischen, in* und *außerhalb*. Falls ein Nomen dazukommt, wird das Adverbial **hinten** angehängt.

## H62

### Wörterliste

| Koreanisch | Deutsch |
|---|---|
| 거실 | Wohnzimmer |
| 고마워요 | danke |
| 공원 | Park |
| 교실 | Klassenzimmer |
| 그래요? | Ach, ja? |
| 도서관 | Bibliothek |
| 뒤에 | hinter |
| 들어오세요. | Komm bitte rein. |
| 마실래요? | Willst du trinken? |
| 모자 | Hut, Mütze |
| 밑에 | unter |

| Koreanisch | Deutsch |
|---|---|
| 밖에 | außerhalb; draußen |
| 베를린 | Berlin |
| 병원 | Krankenhaus; Arztpraxis |
| 사이에 | zwischen |
| 상자 | Box |
| 식당 | Restaurant |
| 생각났어요 | Ich erinnere mich jetzt. |
| 아래에 | unter |
| 안에 | in |
| 앞에 | vor |
| 어디에 | wo |

---

1 Das ist die zweite Anwendung dieses Verbs. Die erste wurde in → **Lektion 6** behandelt.

| Koreanisch | Deutsch |
|---|---|
| -에 | Partikel für Ortsangabe |
| 여기 | hier |
| 옆에 | neben |
| 옷장 | Kleiderschrank |
| 위에 | auf/über |
| 이상하다 | merkwürdig sein |
| 집 | Wohnung, Zuhause |

| Koreanisch | Deutsch |
|---|---|
| 찾았어요 | konj. Vergangenheitsform von finden (찾다) |
| 침대 | Bett |
| 커피숍 | Café |
| 학교 | Schule |
| 회사 | Firma |

 **H63**

**Text zur Lektion**

Yuna sucht den Hut in Thomas' Wohnzimmer, während er in der Küche Kaffee kocht.

| | | |
|---|---|---|
| **Ich:** | 여기가 제 집이에요. 들어오세요 | Das ist meine Wohnung. Komm bitte rein. |
| **Yuna:** | 고마워요. | Danke! |
| **Ich:** | 커피 마실래요? | Willst du Kaffee trinken? |
| **Yuna:** | 네, 커피 주세요. | Ja, gern. |
| | ... 모자가 어디에 있어요? | ... Wo ist der Hut? |
| **Ich:** | 모자가 책상 위에 있어요. | Er ist auf dem Schreibtisch. |
| **Yuna:** | 책상이 어디에 있어요? | Wo ist der Schreibtisch? |
| **Ich:** | 거실에 있어요. | Er ist im Wohnzimmer. |
| **Yuna:** | 토마스 씨, 모자가 책상 위에 없어요. | Thomas, er ist nicht auf dem Schreibtisch. |
| **Ich:** | 아, 미안해요. 모자가 침대 밑에 있어요. | Ah, es tut mir leid. Er ist unter dem Bett. |
| **Yuna:** | 모자가 침대 밑에 없어요. | Nein, er ist nicht unter dem Bett. |
| **Ich:** | 그래요? ... 이상하다.<br>아! 모자가 옷장 안에 있어요. | Ach ja? Das ist merkwürdig.<br>Ah! Er ist im Kleiderschrank! |

| | |
|---|---|
| **Yuna**: 옷장 안에도 없어요. | Nein, er ist auch nicht im Kleiderschrank. |
| **Ich**: 아! 생각났어요!<br>모자가 컴퓨터 뒤에 있어요. | Jetzt erinnere ich mich!<br>Der Hut ist hinter dem Computer. |
| **Yuna**: 컴퓨터가 어디에 있어요? | Wo ist der Computer? |
| **Ich**: 컴퓨터가 거실에 있어요. | Er ist im Wohnzimmer. |
| **Yuna**: 아, 네! 찾았어요! | Ach ja, ich habe ihn gefunden! |

# Lektion 8

## Was machst du?

Yuna hat sich den Hut sorgfältig angeschaut. Ihrer Vermutung nach könnte er vielleicht aus dem 16. Jahrhundert stammen. Sie hat mir erklärt, dass Hüte aus dem 19. Jahrhundert eine noch engere Krempe haben und die Krone breiter ist, wohingegen die Krempe der Hüte aus dem 16. Jahrhundert etwas breiter und die Krone höher und schmaler ist – wie bei meinem Fundstück. Mehr können wir aber nicht herausfinden.

Als Yuna langsam nach Hause aufbrechen möchte, frage ich sie, was sie am Wochenende macht.

**Yuna**: Vielleicht ist es ja höchste Zeit, die Verbkonjugation zu lernen. Du wirst dann viel mehr sagen können.

**Ich**: Konjugiert man koreanische Verben auch nach dem Subjekt?

**Yuna**: Nein, sie haben nur eine Form für alle Subjekte. Wie konjugiert man also? Ein koreanisches Verb besteht in der Regel aus einem Verbstamm und einer oder mehreren Partikeln als Endung.

**Ich**: Wie bekomme ich einen Verbstamm?

**Yuna**: Ein Verbstamm ist der Teil, der übrig bleibt, nachdem vom Infinitiv -다 abgezogen worden ist. Ein paar Beispiele: Der Verbstamm von 가다 (*gehen*) ist 가; von 있다 (*sein*) ist es 있; von 마시다 (*trinken*) ist es 마시; von 기다리다 (*warten*) ist es 기다리.

Der Verbstamm trägt die Bedeutung eines Verbs. Dazu kommen dann die Partikel, die die grammatischen Funktionen bezeichnen. Wenn du einen Satz in der Gegenwart sagen willst, brauchst du dafür eine Partikel, die als Endung fungiert. Die drei geläufigsten Endungen sind -아요, -해요 und -어요.

**Ich**: Drei verschiedene Endungen! Wann soll ich sie verwenden?

**Yuna**: Wenn die letzte Silbe im Verbstamm entweder den Vokal ㅏ oder ㅗ enthält, wird an ihn -아요 gehängt. Beispiel: Der Verbstamm von 살다 (*leben, wohnen*) ist 살. In diesem Fall gibt es nur eine Silbe, sodass du nicht berücksichtigen musst, welche Silbe die letzte ist. Nun wird daran -아요 gehängt, weil der Verbstamm 살 den Vokal ㅏ enthält.

**Ich**: Die konjugierte Form des Verbs 살다 ist also 살아요, stimmts?

**Yuna**: Richtig! Die zweite Endung, also -해요, wird bei Verben verwendet, die mit -하다 enden. Das ist allerdings ein Sonderfall: Im Prinzip sollte auch hier zum Verbstamm -아요 hinzugefügt werden, weil die letzte Silbe des Verbstammes 하 von -하다 den Vokal ㅏ enthält. Der Buchstabe 아 der Endung -아요 bleibt aber nicht bestehen, sondern verändert sich zu 여, weil diese Konjugation unregelmäßig ist. So entsteht also 하여요, was dann zu 해요 gekürzt wird.

**Ich**: Das klingt ziemlich kompliziert.

**Yuna**: Das stimmt. Ich gebe dir deshalb einen Tipp, wie du es viel einfacher machen kannst. Merke dir bei -하다–Verben nur das: Die Endung -하다 wird bei der Konjugation zu -해요. Das gilt für alle Verben, die -하다 enthalten, wie 일하다, 공부하다, 운동하다 usw. Was wäre z.B. die konjugierte Form von 일하다?

**Ich**: 일해요!

**Yuna**: Super! 공부하다?

**Ich**: 공부해요!

**Yuna**: Wow, du machst das sehr gut! Was die dritte Endung -어요 angeht, wird sie für alle anderen Verben benutzt. Das sind Verben, deren Verbstamm in der letzten Silbe weder ein ㅏ noch ein ㅗ hat, und die kein -하다 enthalten. Beispielweise hat 먹다 (*essen*) den Verbstamm 먹 und somit den Vokal ㅓ. Also kommt -어요 hinzu.

**Ich**: Die konjugierte Form des Verbs ist dann 먹어요. Was ist aber mit dem Batchim ㄱ von 먹? Spielt es keine Rolle?

**Yuna**: Nein. Nur der Vokal in der letzten Silbe zählt. Willst du mal die folgenden Verben konjugieren?

## H65

**Bitte konjugieren Sie die Verben und vergleichen Sie dann mit der rechten Spalte.**

| Infinitiv | Deutsch | konjugierte Form |
|---|---|---|
| 받다 | bekommen | 받아요 |
| 찾다 | suchen, finden | 찾아요 |
| 읽다* | lesen | 읽어요 |
| 웃다 | lachen | 웃어요 |
| 운동하다 | Sport machen | 운동해요 |
| 쇼핑하다 | shoppen | 쇼핑해요 |

* Die Aussprache von ㄺ sehen Sie hier: 읽다 /익따ik˺ta/; 읽어요 /읽어요ilgʌyo/.

**Yuna**: Sehr gut! Du beherrschst nun die Grundregeln. Aber ist dir aufgefallen, dass alle Verbstämme in den Beispielen oben außer den -하다-Verben in ihren letzten Silben ein Batchim haben?

**Ich**: Jetzt schon.

**Yuna**: Nun lernen wir, wie man konjugiert, wenn die letzte Silbe des Verbstammes kein Batchim, also am Ende nur einen Vokal hat, und wenn das Verb nicht mit -하다 endet. Wenn solchen Verbstämmen die Endungen -아요 oder -어요 folgen, entsteht eine Kontraktion oder Verschmelzung der Vokale zwischen der letzten Silbe und -아요 bzw. -어요. Wie lautet die konjugierte Form des Verbs 가다 (*gehen*)?

**Ich**: 가아요, oder?..

**Yuna**: Richtig ist 가요. Denn ㅏ vom Verbstamm 가 verschmilzt mit 아 von -아요, sodass nur 가 bleibt (Nr. 1 in der folgenden Tabelle).

Regeln für die Kontraktion der Vokale

| | |
|---|---|
| 1. | ㅏ + 아 = ㅏ |
| 2. | ㅗ + 아 = ㅘ |
| 3. | ㅜ + 어 = ㅝ |
| 4. | ㅣ + 어 = ㅕ |

Im Fall 보다 (*sehen*) muss nach dem Verbstamm 보 die Endung -아요 kommen, aber daraus ergibt sich nicht 보아요, sondern 봐요 (s. Nr. 2). 주다 (*geben*) wird nicht zu 주어요, sondern zu 줘요 (s. Nr. 3). 마시다 (*trinken*) wird nicht zu 마시어요, sondern zu 마셔요 (s. Nr. 4).

### H66

**Bitte konjugieren Sie die Verben und vergleichen Sie dann mit der rechten Spalte.**

| Infinitiv | Deutsch | konjugierte Form |
|---|---|---|
| 가다 | gehen | 가요 |
| 자다 | schlafen | 자요 |
| 보다 | sehen | 봐요 |
| 오다 | kommen | 와요 |
| 마시다 | trinken | 마셔요 |
| 가르치다 | unterrichten | 가르쳐요 |
| 주다 | geben | 줘요 |
| 배우다 | lernen | 배워요 |
| 쉬다* | sich ausruhen | 쉬어요 |

* Sonderfall: ㅣ von 쉬 verschmilzt nicht mit 어. 쉬 hat schon eine Zusammensetzung von zwei Vokalen, darum kann kein weiterer Vokal damit verschmelzen.

**Ich**: Eine Frage noch. Kann ich dann zu allen Leuten mit der Verbendung -아/어요 sprechen? Wenn ich schon unterschiedliche Anreden benutzen soll, dann müssen vielleicht auch die Verben an diese Anreden angepasst werden.

**Yuna**: Dein Gefühl täuscht dich nicht. Die Verben im Koreanischen haben tatsächlich verschiedene Höflichkeitsstufen[1] . Die Endungen, die wir gerade lernen, gehören zur gewöhnlichen höflichen Form, die du bei Leuten verwenden kannst, zu denen keine formelle Beziehung, aber dennoch eine gewisse soziale Distanz besteht.

**Ich**: Was ist mit den anderen Arten von Beziehungen?

**Yuna**: Eine Verbendung, die man in einer höflichen formellen Beziehung verwendet, werden wir in der → **Lektion 13** lernen. Eine weitere Form, mit der man den Leuten gegenüber mehr Respekt zeigt, kann man durch die Kombination einer Partikel mit den Verbendungen ausdrücken, die wir hier und auch in der → **Lektion 13** lernen. Mit dieser Form befassen wir uns in → **Lektion 20**. Die Sprechart, die man in einer vertrauten Beziehung verwendet, wird in diesem Buch nicht gelernt, weil wir zuerst die am meisten verwendeten Sprecharten lernen wollen.

## H67

**뭐 해요? Antworten Sie mit den Wörtern auf die Frage und suchen Sie diese dann zum Abgleich im Kasten.**

| | | |
|---|---|---|
| 쉬어요 | 자요 | 일해요 |
| 가요 | 운동해요 | 공부해요 |

1 → Einiges vorweg: Besonderheiten der koreanischen Sprache, Punkt 8

**H68**

**Yuna**: 토마스 씨, 지금 무엇을 해요?

**Ich**: Äh… Ich verstehe 무엇을 nicht. 무엇 heißt *was*. Aber was ist -을?

**Yuna**: Das ist ein Akkusativ-Marker. Wenn ein Wort in einem Satz im Akkusativ steht, hängt man ans Wortende 을 oder 를. Hat die letzte Silbe des Wortes ein Batchim, nimmt man -을, sonst -를. Der Marker wird eher in der Schriftsprache benutzt und in der Umgangssprache häufig weggelassen.

**Ich**: Ach so! Deshalb kommt -을 nach 책 und -를 nach 한국어! Ich habe aber noch eine Frage. Warum hast du gerade bei der Frage danach, was ich mache, mal 무엇을, mal 뭐 gesagt?

**Yuna**: Es gibt keinen Unterschied in der Bedeutung. Bei 무엇을 wurde zuerst der Akkusativ-Marker -을 weggelassen und dann wurde 무엇 zu 뭐 gekürzt. Da 뭐 aber an sich ein eigenständiges Wort ist, kann daran wiederum ein Akkusativ-Marker gehängt werden, und zwar diesmal -를, was 뭐를 ergibt.

**Ich**: Kann ich auch 를 bei 뭐를 auslassen?

**Yuna**: Ja. Zudem kannst du 뭐를 wieder kürzen, was 뭘 ergibt.

**Ich**: 무엇을, 뭐를, 뭘 und 뭐 bedeuten also dasselbe?

**Yuna**: Ja. Die langen Formen 무엇을 und 뭐를 werden aber eher im Schriftlichen benutzt. 뭘 und 뭐 sind mehr für die Umgangssprache.

 **H69**

**Antworten Sie auf die Fragen mithilfe der Stichwörter unter der Verwendung der Akkusativ-Marker -을/를. Vergleichen Sie mit den Lösungen in der Höraufnahme.**

가: 무엇을 먹어요?/뭐 먹어요?

나: 비빔밥, 먹어요.

가: 무엇을 마셔요?/뭐 마셔요?

나: 커피, 마셔요

가: 무엇을 읽어요?/뭐 읽어요?

나: 신문, 읽어요.

가: 무엇을 사요?/뭐 사요?

나: 시계, 사요.

가: 무엇을 봐요?/뭐 봐요?

나: 영화, 봐요.

# Grammatik im Überblick

## Gewöhnliche höfliche Form: Verbkonjugation in der Gegenwart mit der Verbendung -아/어요

Die Bildung lässt sich in drei Kategorien einteilen:

| Bedingung | Endung | Beispiel |
|---|---|---|
| Wenn die letzte Silbe im Verbstamm entweder ㅏ oder ㅗ enthält, | kommt -아요 zum Verbstamm hinzu. | 받다 → 받아요 |
| Wenn ein Verb mit -하다 endet, | wird -하다 zu -해요. | 공부하다 → 공부해요 |
| Wenn die letzte Silbe im Verbstamm weder ㅏ noch ㅗ enthält und ein Verb nicht mit -하다 endet, | kommt -어요 zum Verbstamm hinzu. | 먹다 → 먹어요 |

Ein Verb, das nicht mit -하다 endet und dessen Verbstamm in der letzten Silbe kein Batchim hat, wird mit der Endung -아요 bzw. -어요 konjugiert, und es entsteht dabei eine Kontraktion von zwei Vokalen. Die Regeln für die Kontraktion lauten:

| | |
|---|---|
| 1. | ㅏ + 아 = ㅏ |
| 2. | ㅗ + 아 = ㅘ |
| 3. | ㅜ + 어 = ㅝ |
| 4. | ㅣ + 어 = ㅕ |

## Akkusativ-Marker -을/를

- Nach der letzten Silbe des Nomens ohne Batchim: -를
- Nach der letzten Silbe des Nomens mit Batchim: -을

Dieser Marker wird eher in der Schriftsprache benutzt, in der Umgangssprache dafür eher weniger.

## H70

### Wörterliste

| Koreanisch | Deutsch |
|---|---|
| 가요 | Inf. 가다: gehen; fliegen |
| 가르쳐요 | Inf. 가르치다: unterrich-ten |
| 공부해요 | Inf. 공부하다: lernen/ studieren |
| 또 | noch, außerdem |
| 마셔요 | Inf. 마시다: trinken |
| 먹어요 | Inf. 먹다: essen |
| 무엇을 | was (Akkusativ) |
| 뭐 | was |
| 뭘 | verkürzte Form von *was* im Akkusativ |
| 받아요 | Inf. 받다: bekommen |
| 배워요 | Inf. 배우다: lernen |
| 봐요 | Inf. 보다: sehen |
| 비빔밥 | Bibimbap |
| 사요 | Inf. 사다: kaufen |
| 살아요 | Inf. 살다: wohnen, leben |
| 쉬어요 | Inf. 쉬다: sich ausruhen |
| 시계 | Uhr |
| 신문 | Zeitung |

| Koreanisch | Deutsch |
|---|---|
| 영화 | Film |
| 와요 | Inf. 오다: kommen |
| 운동해요 | Inf. 운동하다: Sport machen |
| 웃어요 | Inf. 웃다: lachen |
| 이야기해요 | Inf. 이야기하다: sich unterhalten |
| 일해요 | Inf. 일하다: arbeiten |
| 읽어요 | Inf. 읽다: lesen |
| 자요 | Inf. 자다: schlafen |
| 전화해요 | Inf. 전화하다: telefonieren |
| 줘요 | Inf. 주다: geben |
| 주말 | Wochenende |
| 주말에 | am Wochenende |
| 지금 | jetzt, gerade |
| 찾아요 | Inf. 찾다: suchen, finden |
| 텔레비전 | TV |
| -하고 | mit ... |
| 한국에 | nach Korea |
| 해요 | Inf. 하다: tun/machen |

## H71

### Text zur Lektion

| | | |
|---|---|---|
| **Ich:** | 유나 씨, 지금 뭐 해요? | Was machst du gerade, Yuna? |
| **Yuna:** | 커피를 마셔요. | Ich trinke Kaffee. |
| **Ich:** | 지금 뭐 해요? | Was machst du gerade? |
| **Yuna:** | 책을 읽어요. | Ich lese. |
| **Ich:** | 지금 뭐 해요? | Was machst du jetzt? |

| | | |
|---|---|---|
| **Yuna**: | 전화해요. | Ich telefoniere. |
| **Ich**: | 지금 뭐 해요? | Was machst du jetzt? |
| **Yuna**: | 텔레비전을 봐요. 토마스 씨는 뭐 해요? | Ich sehe fern. Was machst du, Thomas? |
| **Ich**: | 저는 유나 씨하고 이야기해요. | Ich unterhalte mich mit dir. |
| **Yuna**: | 또 뭐 해요? | Was machst du noch? |
| **Ich**: | 한국어를 공부해요. | Ich lerne Koreanisch. |
| **Yuna**: | 주말에는 뭐 해요? | Was machst du am Wochenende? |
| **Ich**: | 쉬어요. 유나 씨는요? | Ich ruhe mich aus. Und du? |
| **Yuna**: | 저는 한국에 가요. | Ich fliege nach Korea. |

# Lektion 9

## Wohin gehst du? Was machst du dort?

Als Yuna mir erzählt hat, dass sie am Wochenende zu Besuch nach Korea fliegen würde, ist mir die Idee gekommen, sie zu begleiten. Yuna ist darüber sehr überrascht gewesen, aber sie hat sich gefreut.

Bis vor mehreren Wochen hätte ich mir so etwas nicht vorstellen können, aber seit ich den Gat, also den koreanischen Hut, gefunden habe, ist mein Interesse für Korea stark gewachsen. Außerdem werde ich dort vielleicht mehr über das Gedicht herausfinden können. Ich habe keine Familie und kein Haustier, keine dringenden Termine – also auch keinen Grund, der gegen meine spontane Entscheidung sprechen sollte.

So sind Yuna und ich gerade im Flugzeug nach Seoul. Neben mir schaut ein junger Mann scheinbar geistesabwesend auf sein Smartphone.

Da er bisher in keiner Weise auf meine Gegenwart reagiert hat, mache ich den ersten Schritt und begrüße ihn auf Koreanisch: 안녕하세요?

Er blickt verblüfft auf, lächelt jedoch gleich und grüßt zurück: 안녕하세요?

Ich will mehr mit ihm sprechen, wofür ich schnell noch etwas Koreanisch lerne.

 **H72**

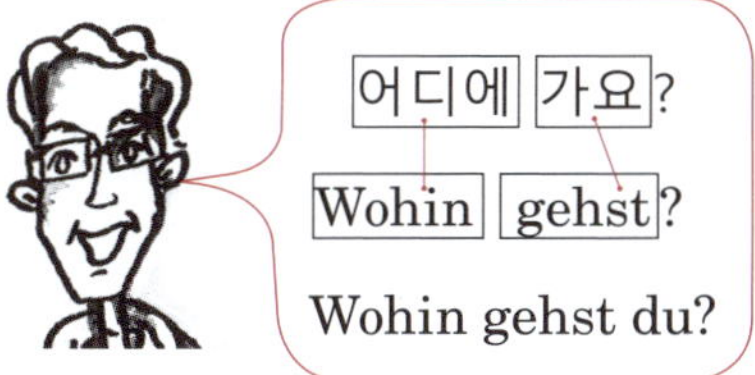


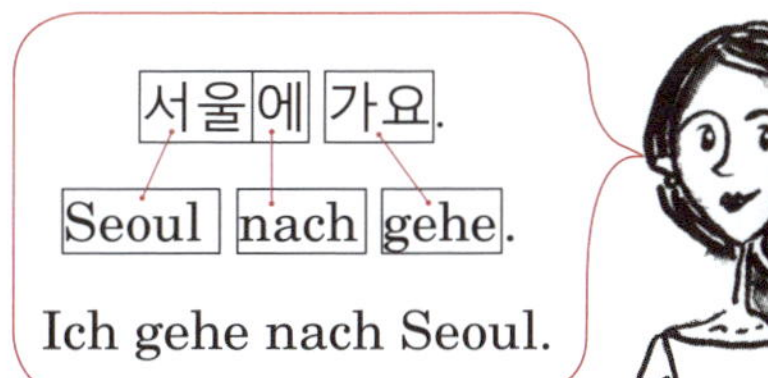

**Ich**: Yuna, warum lautet die Frage *Wohin gehst du?* Heißt 어디에 nicht *wo*? Das haben wir in → **Lektion 7** gelernt, z. B. 모자가 어디에 있어요?

**Yuna**: Das stimmt. Dasselbe Wort kann aber auch für *wohin* verwendet werden.

**Ich**: Noch eine Frage. Warum lautet die Antwort nicht *Ich fliege nach Seoul*?

**Yuna**: 가다 heißt *gehen*, *fahren* und auch *fliegen*. Die konjugierte Form ist 가요.

**Ich**: Was ist denn -에 nach 서울 (*Seoul*)?

**Yuna**: So wie du auf Deutsch vor *Seoul* die Präposition *nach* sagst, verwendet man auf Koreanisch die Partikel -에 mit einem Ort. Anders als im Deutschen kommt diese Präposition im Koreanischen nach einem Ort, sie wird hinten an ihn gehängt. Praktischerweise kann man sie mit jedem Ort kombinieren.

### H73

**어디에 가요? Sagen Sie, wohin Sie gehen, und suchen Sie dann zum Abgleich die entsprechende Lösung im Kasten.**

| | | |
|---|---|---|
| 집에 가요 | 백화점에 가요 | 시장에 가요. |
| 회사에 가요. | 공원에 가요 | 학교에 가요. |

**Ich**: Yuna, wir haben die Partikel -에 nur mit dem Verb 가다 (*gehen*) geübt. Kann es auch mit anderen Verben stehen?

**Yuna**: Ja, aber nicht mit allen. -에 benutzt man mit den Verben, die sich aufs Kommen oder Gehen beziehen, z.B.: 가다 (*gehen*), 오다 (*kommen*), 다니다 (*regelmäßig besuchen*). Zudem wird -에 auch mit den Verben 있다/없다 verwendet (→ **Lektion 7**).

**Ich**: Wie soll ich andere Verben mit einer Ortsangabe benutzen, z.B. *Ich mache Sport im Park?*

**Yuna**: Wenn du an einem Ort etwas Bestimmtes machst, z.B. essen, jemanden treffen, schlafen usw., musst du an den Ort -에서 hängen.

**Ich**: *Ich mache Sport im Park* heißt dann auf Koreanisch 저는 공원에서 운동해요, richtig?

**Yuna**: Perfekt!

 **H74**

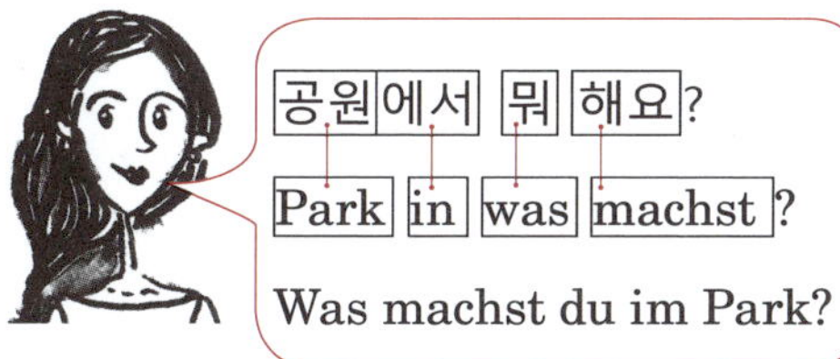

 **H75**

**어디에서 뭐 해요? Was machst du wo? Bilden Sie aus den Wörtern einen Satz und suchen Sie dann zum Abgleich die entsprechende Lösung im Kasten.**

식당, 친구를 만나다 | 커피숍, 차를 마시다 | 집, 쉬다

공원, 산책하다 | 시장, 장 보다 | 회사, 일하다

영화관, 영화 보다 | 서울, 고궁을 구경하다 | 욕실, 샤워하다

| | |
|---|---|
| 회사에서 일해요. | 영화관에서 영화 봐요. |
| 집에서 쉬어요. | 커피숍에서 차를 마셔요. |
| 시장에서 장 봐요. | 욕실에서 샤워해요 |
| 식당에서 친구를 만나요 | 서울에서 고궁을 구경해요 |
| 공원에서 산책해요 | |

**Yuna**: Wow, du lernst sehr schnell! Merke dir aber noch: Du hast bisher den Aussagesatz geübt – bei Fragesätzen musst du ebenfalls unterscheiden, also entweder 어디에 (für 가다, 오다, 있다 etc.) oder 어디에서 (alle anderen Verben) benutzen. Üben wir mit den folgenden Beispielen:

H76

## Grammatik im Überblick

### Partikel für Ortsangabe -에/에서

Nach einer Ortsangabe muss eine Partikel kommen, die im Deutschen einer Präposition entspricht. Dabei kommen zwei verschiedenen Partikeln in Frage: -에 und -에서. -에 wird für Verben wie 가다, 오다, 다니다 usw. und 있다/없다 verwendet. Wenn man an einem Ort etwas macht, muss man nach der Ortsangabe -에서 verwenden.

Beide Partikeln werden dabei bei beliebigen Orten hinten angehängt.

## H77
## Wörterliste

| Koreanisch | Deutsch |
|---|---|
| 가 봤어요 | Vergangenheit von Inf. 가 보다: mal [an einem Ort] gewesen sein (Bsp.-Satz: *Waren Sie mal in Busan?*) |
| 가다 | gehen; fliegen; fahren |
| 경치 | Aussicht |
| 고궁 | alter Palast |
| 공부하다 | studieren, lernen |
| 공원 | Park |
| 구경하다 | anschauen |
| 놀러 오다 | zu Besuch kommen |
| 다니다 | (Schule, Kurse) besuchen |
| 대학교 | Universität |
| 마시다 | trinken |
| 만나다 | treffen |
| 멋있다 | schön/cool sein |
| 뮌헨 | München |
| 바다 | Meer |
| 백화점 | Kaufhaus |
| 베를린 | Berlin |
| 보다 | sehen |
| 부모님 | Eltern |
| 부산 | Busan |
| 산책하다 | spazieren |
| 살다 | wohnen, leben |
| 사세요 | Honorific Ggw. von 살다 |
| 샤워하다 | duschen |
| 서울 | Seoul |

| Koreanisch | Deutsch |
|---|---|
| 쇼핑하다 | shoppen |
| 쉬다 | sich ausruhen |
| 시장 | Markt |
| 장 보다 | einkaufen (Lebensmittel) |
| 식당 | Restaurant |
| 아, 네 | ach, so |
| 어디에 | wohin; wo |
| 어디에서 | wo |
| -에 | (nach einem Ort) auf, in, zu, nach… |
| -에서 | (nach einem Ort) in, zu… |
| 역사 | Geschichte |
| 영화 | Film |
| 영화관 | Kino |
| 오다 | kommen |
| 욕실 | Bad |
| -(이)라고 하다 | heißen |
| 일하다 | arbeiten |
| 읽다 | lesen |
| 집 | Zuhause, Wohnung, Haus |
| 차 | Tee |
| 참 | ach; übrigens |
| 하다 | tun, machen |
| 학교 | Schule, Universität |
| 한번 | mal |
| 회사 | Firma |

 **H78**

**Text zur Lektion**

Thomas spricht mit seinem Sitznachbarn im Flugzeug.

| | | |
|---|---|---|
| **Ich**: | 안녕하세요? | Hallo! |
| **Nachbar**: | 안녕하세요? | Hallo! |
| **Ich**: | 한국에 가요? | Fliegen Sie nach Korea? |
| **Nachbar**: | 네, 한국에 가요. | Ja, ich fliege nach Korea. |
| **Ich:** | 베를린에서 살아요? | Wohnen Sie in Berlin? |
| **Nachbar**: | 아니요, 저는 뮌헨에서 살아요. | Nein, ich wohne in München. |
| **Ich**: | 뮌헨에서 뭐 해요? | Was machen Sie in München? |
| **Nachbar**: | 대학교에 다녀요. | Ich studiere. |
| **Ich**: | 아, 네. 무엇을 공부해요? | Ach so. Was studieren Sie? |
| **Nachbar**: | 역사를 공부해요. | Ich studiere Geschichte. |
| | 베를린에서 살아요? | Wohnen Sie in Berlin? |
| **Ich**: | 네, 저는 베를린에서 살아요. | Ja, ich wohne in Berlin. |
| **Nachbar**: | 학생이에요? | Sind Sie Student? |
| **Ich**: | 아니요, 저는 회사원이에요. | Nein, ich bin Angestellter. |
| | IT 회사에서 일해요. | Ich arbeite bei einer IT-Firma. |
| **Nachbar**: | 아, 네. | Ach so. |
| **Ich**: | 참, 저는 토마스라고 해요. | Ich heiße übrigens Thomas. |
| **Nachbar**: | 저는 김동민이에요. | Ich bin Dongmin Kim. |
| **Ich**: | 만나서 반가워요. | Ich freue mich Sie kennen zu lernen. |
| | 동민 씨는 한국 어디에 가요? | Wohin fahren Sie in Korea? |
| **Nachbar**: | 저는 부산에 가요. | Ich fahre nach Busan. |
| | 부모님이 부산에서 사세요. | Meine Eltern wohnen in Busan. |
| | 부산에 가 봤어요? | Waren Sie mal in Busan? |
| **Ich**: | 아니요. | Nein. |
| **Nachbar**: | 부산에 한번 놀러 오세요. | Besuchen Sie mal Busan! |
| | 바다 경치가 멋있어요. | Die Aussicht auf das Meer ist schön. |

# Lektion 10

## Hast du am 26. September Zeit?

Wow. Ich bin endlich in Korea! Die Kontrolle bei der Einreise und das Abholen des Gepäcks sind problemlos und zügig gelaufen. Die meisten Koreaner haben auf den ersten Blick irgendwie ausdruckslos ausgesehen, aber als ich sie angesprochen habe, haben sie sehr freundlich geantwortet.

Yuna und ich verabschieden uns im Flughafen, denn sie fährt zu ihrer Familie und ich habe ein Zimmer in einer Pension reserviert. Wir wollen uns zu einem Treffen in Seoul verabreden.

**Ich**: Wie kann ich dich fragen, ob du am 26. September Zeit hast?

**Yuna**: Dazu sehen wir uns erstmal die Zahlen an. Im Koreanischen gibt es zwei verschiedene Arten, Zahlen zu lesen: 하나, 둘, 셋, 넷... und 일, 이, 삼, 사... Beides heißt auf Deutsch *eins, zwei, drei, vier...* Erstere nennt man die traditionellen Zahlen, weil sie aus rein koreanischen Wörtern bestehen. Letztere werden sino-koreanische Zahlen genannt, weil sie ursprünglich aus dem Chinesischen entnommen wurden.

**Ich**: Oh je, das klingt schon kompliziert.

**Yuna**: Fleißarbeit ist gefragt: Man verwendet im Alltag beide Zahlensysteme, also musst du dir für jede Zahl zwei Bezeichnungen merken.

**Ich**: Werden sie jeweils unterschiedlich verwendet?

**Yuna**: Ja. Die traditionellen Zahlen braucht man, um etwas zu zählen, und die sino-koreanischen Zahlen, um den Preis, das Datum, den Zahlenwert von etwas u.ä. zu nennen.

**Ich**: Also brauche ich jetzt die sino-koreanischen Zahlen, um ein Datum zu nennen?

**Yuna**: Richtig. Die Zahlen von 1 bis 10 lauten:

 **H79**

| 1 | 2 | 3 | 4 | 5 | 6 | 7 | 8 | 9 | 10 |
|---|---|---|---|---|---|---|---|---|---|
| 일 | 이 | 삼 | 사 | 오 | 육 | 칠 | 팔 | 구 | 십 |

**Yuna**: Für 11 sagst du zuerst 10 und daran anschließend 1, also 십일. So geht es immer weiter: 십이, 십삼, 십사, 십오 usw.

**Ich**: Was ist dann mit 20?

**Yuna**: Erstmal 2 und danach 10, also 이십. Und dann wie zuvor! Für 21 sagt man zuerst 20 und danach 1. Nenne mir 21, 22, 23.

**Ich**: 이십일, 이십이, 이십삼!

**H80**

| 11 | 12 | 13 | 14 | 20 |
|---|---|---|---|---|
| 십일 | 십이 | 십삼 | 십사 | 이십 |

| 21 | 22 | 23 | 24 | 25 |
|---|---|---|---|---|
| 이십일 | 이십이 | 이십삼 | 이십사 | 이십오 |

| 30 | 40 | 50 | 60 | 70 |
|---|---|---|---|---|
| 삼십 | 사십 | 오십 | 육십 | 칠십 |

| 80 | 90 | 100 | 1.000 | 10.000 |
|---|---|---|---|---|
| 팔십 | 구십 | 백 | 천 | 만 |

**Yuna**: Kannst du in dieser Tabelle etwas Auffälliges finden?

**Ich**: Hm... Es gibt extra ein Wort für 10.000! Wir haben so etwas nicht!

**Yuna**: Richtig! Darauf musst du achten, wenn du über 10.000 zählst. Das lernen wir aber ein anderes Mal (→ **Lektion 13**).

**Ich**: Wie kann ich nun das Datum sagen?

**Yuna**: Die Monate haben im Koreanischen keine eigenen Namen. Du brauchst nur eine sino-koreanische Zahl + 월 zu sagen. 월 bedeutet *Monat*.

### H81

| Januar | Februar | März | April | Mai | Juni* |
|---|---|---|---|---|---|
| 일월 | 이월 | 삼월 | 사월 | 오월 | 유월 |

| Juli | August | September | Oktober* | November | Dezember |
|---|---|---|---|---|---|
| 칠월 | 팔월 | 구월 | 시월 | 십일월 | 십이월 |

**Ich**: Was ist mit Juni und Oktober? Da sind die Zahlen 육 und 십 zu 유 und 시 verändert worden!
**Yuna**: Sehr gut beobachtet. Das sind Ausnahmen.
**Ich**: Okay, das merke ich mir. Wie ist es denn mit den Tagen?
**Yuna**: Für den Tag sagt man eine sino-koreanische Zahl + 일. Der erste heißt 일일, der zweite 이일, der 15. 십오일 usw. Wie lautet *21. Juli*?
**Ich**: 이십일일 칠월?
**Yuna**: Die Zahlen hast du richtig gesagt, aber leider ist die Abfolge falsch. Im Koreanischen ist die Reihenfolge beim Datum: Jahr – Monat – Tag.
**Ich**: Okay, dann 칠월 이십일일.
**Yuna**: Genau!
**Ich**: Wie sagt man ein Jahr?
**Yuna**: Jahreszahl + 년. Beim Jahr 2019 sagt man erstmal 2, danach 1.000, danach 19 und am Ende 년, also 이천십구년. Sag doch mal *15. Mai 2019.*
**Ich**: 이천십구년 오월 십오일.
**Yuna**: Perfekt! Wenn du zudem einen Wochentag nennen willst, sagst du ihn nach der Zahl für den Tag.

### H82

| Montag | Dienstag | Mittwoch | Donnerstag | Freitag | Samstag | Sonntag |
|---|---|---|---|---|---|---|
| 월요일 | 화요일 | 수요일 | 목요일 | 금요일 | 토요일 | 일요일 |

**Ich**: Was heißt 요일, das sich bei jedem Wort wiederholt?
**Yuna**: 요일 heißt *Wochentag*. Man kann mit diesem Wort auch nach einem Wochentag fragen: 무슨 요일이에요? Dabei heißt 무슨 *welche(r/s).*
**Ich**: Wie kann ich dann nach dem Datum fragen?
**Yuna**: 며칠이에요?

## H83

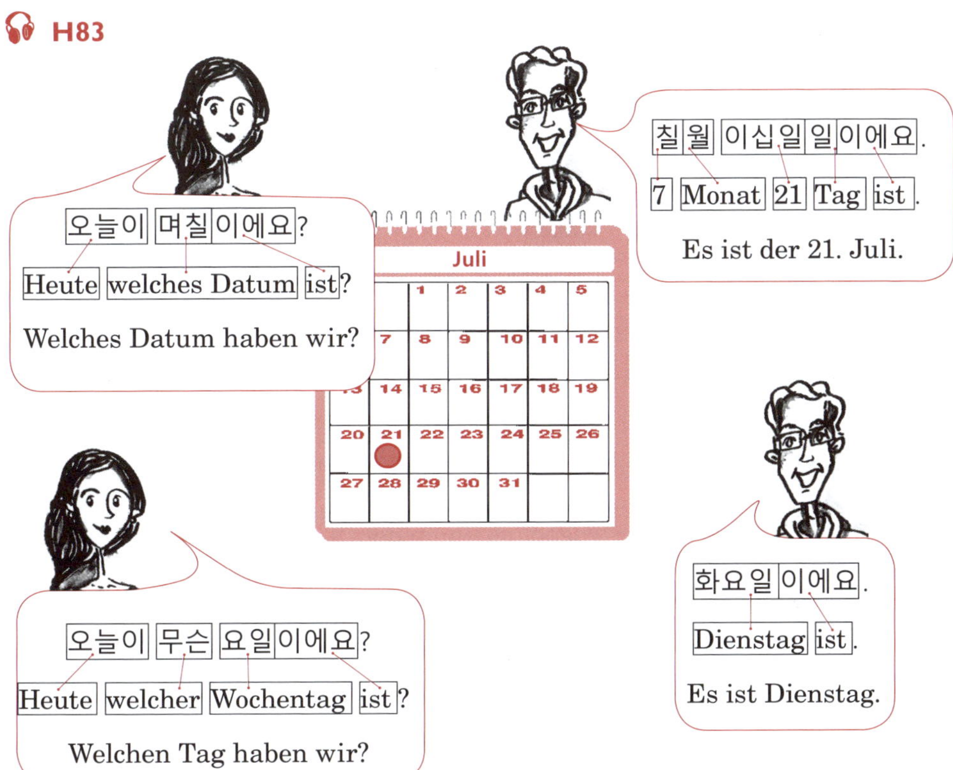


## H84

**Fragen Sie, welches Datum und welchen Wochentag wir haben, und antworten Sie darauf! Vergleichen Sie mit den Lösungen rechts.**

---

Mai

| So | Mo | Di | Mi | Do | Fr | Sa |
|---|---|---|---|---|---|---|
| | | | 1 | 2 | 3 | 4 |
| 5 | 6 | 7 | 8 | 9 | 10 | 11 |
| 12 | 13 | 14 | 15 | 16 | 17 | 18 |
| 19 | 20 | 21 | 22 | 23 | 24 | 25 |
| 26 | 27 | 28 | 29 | 30 | 31 | |

유나 : 오늘이 며칠이에요?
토마스: 오월 십육일이에요.
유나: 무슨 요일이에요?
토마스: 목요일이에요.

---

Juni

| So | Mo | Di | Mi | Do | Fr | Sa |
|---|---|---|---|---|---|---|
| | | | | | | 1 |
| 2 | 3 | 4 | 5 | 6 | 7 | 8 |
| 9 | 10 | 11 | 12 | 13 | 14 | 15 |
| 16 | 17 | 18 | 19 | 20 | 21 | 22 |
| 23 | 24 | 25 | 26 | 27 | 28 | 29 |
| 30 | | | | | | |

유나: 오늘이 며칠이에요?
토마스: 유월 칠일이에요.
유나: 무슨 요일이에요?
토마스: 금요일이에요.

---

| Oktober | |
|---|---|
| So Mo Di Mi Do Fr Sa<br>1 2 3 4 5<br>6 7 8 9 10 11 12<br>13 14 15 16 17 18 19<br>20 21 22 23 24 25 26<br>27 28 29 30 31 | 유나 : 오늘이 며칠이에요?<br>토마스: 시월 이십팔일이에요.<br>유나: 무슨 요일이에요?<br>토마스: 월요일이에요. |

| Dezember | |
|---|---|
| So Mo Di Mi Do Fr Sa<br>1 2 3 4 5 6 7<br>8 9 10 11 12 13 14<br>15 16 17 18 19 20 21<br>22 23 24 25 26 27 28 | 유나 : 오늘이 며칠이에요?<br>토마스: 십이월 십일일이에요.<br>유나: 무슨 요일이에요?<br>토마스: 수요일이에요. |

**Ich**: Jetzt kann ich *26. September* auf Koreanisch sagen: 구월 이십육일!

**Yuna**: Richtig!

**Ich**: Wie kann ich aber fragen, ob du an dem Tag Zeit hast?

**Yuna**: *Zeit* ist 시간, *haben* heißt… Das haben wir in → **Lektion 6** gelernt. Erinnerst du dich?

**Ich**: Ach, das! 있어요, oder?

**Yuna**: Genau! So sagt man *Hast du Zeit?* auf Koreanisch: 시간 있어요?

**Ich**: 유나 씨, 9월 26일 시간 있어요?

**Yuna**: Etwas fehlt noch: Du musst **nach** 26일 ein -에 hinzufügen. Auch im Deutschen brauchst du ja die Präposition *am*, wenn du sagst: *Hast du am 26. September Zeit?* -에 entspricht *am*. Das gilt auch für die Wochentage. So wie du auf Deutsch vor einem Wochentag *am* benutzt, brauchst du im Koreanischen auch -에, ebenfalls **nach** einem Wochentag.

**Ich**: *Ich arbeite am Montag* heißt dann 저는 월요일**에** 일해요, stimmts?

**Yuna**: Genau!

**Ich**: Alles klar! Lass mich dann nochmals fragen: 9월 26일**에** 시간 있어요?

**Yuna**: 아니요, 시간이 없어요. 다른 약속이 있어요.

 **H85**

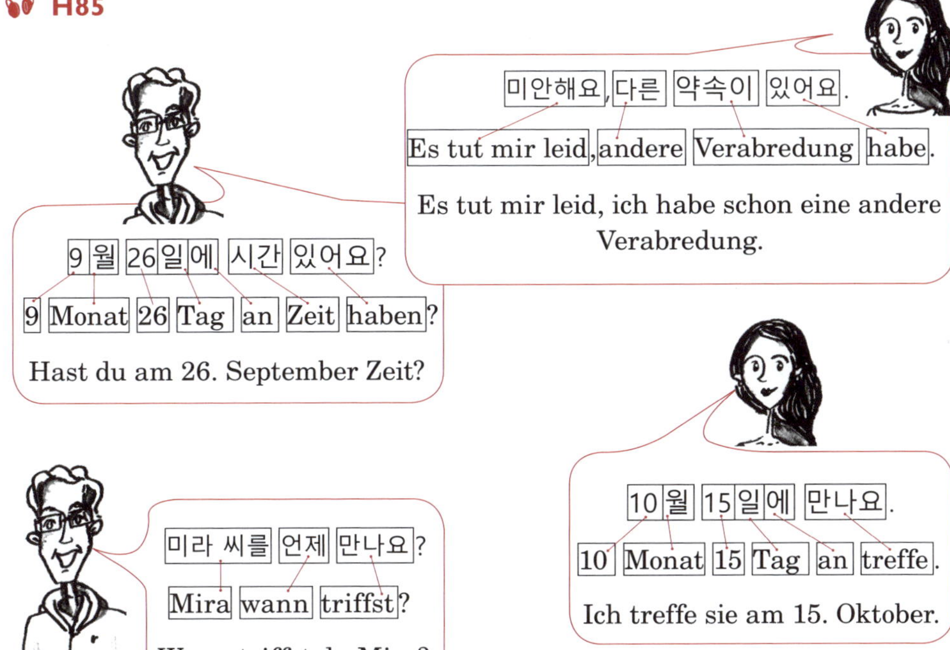


**Yuna**: Hier ist der Kalender von einer Beispielperson namens Lena. Frage sie bitte nach ihren Terminen.

**H86**

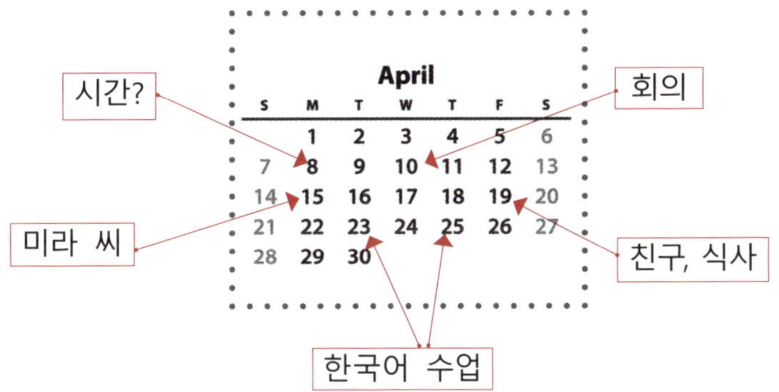

**Ich**: 4월 8일에 시간 있어요?
**Lena**: 네, 시간이 있어요. 왜요?

**Ich**: 4월 19일 금요일에 뭐 해요?
**Lena**: 친구하고 같이 식사해요.

**Ich**: 미라 씨를 언제 만나요?
**Lena**: 4월 15일에 만나요.

**Ich**: 한국어 수업이 무슨 요일에 있어요?
**Lena**: 화요일하고 목요일에 있어요.

**Ich**: 4월 10일에 시간 있어요?
**Lena**: 미안해요. 4월 10일에 회의가 있어요.

**Ich**: Yuna, ist es falsch zu sagen 화요일에하고 목요일에 있어요? Muss ich nicht nach jeder Zeitangabe -에 hinzufügen?

**Yuna**: Ja, es ist leider falsch. Wenn mehrere Zeitangaben gegeben werden, brauchst du nur einmal ganz am Ende 에 hinzuzufügen. Beispiel: *Ich treffe Mira am Montag, den 15. April.* = 저는 4월 15일 화요일**에** 미라 씨를 만나요.

**Ich**: Soll das Datum vor den Wochentag gesetzt werden?

**Yuna**: Die Reihenfolge einer vollständigen Zeitangabe ist: Datum – Wochentag – Uhrzeit. Auch in diesem Fall kommt -에 nur einmal ganz am Ende nach der Uhrzeit. Die Uhrzeit lernen wir in → **Lektion 16**.

## Grammatik im Überblick

### Sino-koreanische Zahlen und das Datum

Es gibt zwei verschiedene Arten von Zahlen: die traditionellen und die sino-koreanischen Zahlen. Erstere werden u.a. dafür verwendet, um Dinge zu zählen, letztere, um den Preis, das Datum, Zahlenwerte usw. zu sagen.

Das Datum sagt man in dieser Reihenfolge: Jahr, Monat, Tag und Wochentag. Für das Jahr, den Monat und den Tag fängt man mit den sino-koreanischen Zahlen an und hängt daran jeweils -년, -월, -일.

| **Jahr**: SK* Zahl + 년 | **Monat**: SK Zahl + 월 | **Tag**: SK Zahl + 일 |
|---|---|---|

*SK = sino-koreanisch

**Ausnahmen**: Juni (유월) und Oktober (시월).

## Partikel -에 für Zeitangaben

Wenn im Deutschen eine Präposition wie *im* oder *am* gebraucht wird, um einen Zeitpunkt anzugeben, benutzt man dafür im Koreanischen -에. Wenn ein Jahr, ein Monat, ein Tag und ein Wochentag zusammen stehen oder mehrere Daten angegeben werden, wird -에 nur einmal ganz am Ende angefügt, z.B.:

- 2019년 3월 3일 목요일에 약속이 있어요.
  (Ich habe eine Verabredung am Donnerstag, den 3. März 2019.)
- 화요일하고 목요일에 한국어 수업이 있어요.
  (Ich habe am Dienstag und am Donnerstag Koreanischunterricht.)

### H87
### Wörterliste

| Koreanisch | Deutsch |
|---|---|
| 같이 | /gachi/ zusammen |
| 공부하다 | lernen |
| 그래서 | deshalb, darum |
| 년 | Jahr |
| 다른 | andere(r/s) |
| 다니다 | (Schule, Kurse) besuchen |
| -도 | auch |
| 도서관 | Bibliothek |
| 두 사람 | zwei Menschen, beide |
| 만 | 10.000 |
| 만나다 | treffen |
| 며칠 | welches Datum |
| 무슨 | welche(r/s) |
| 미라 | ein koreanischer Name |
| 미안해요 | Es tut mir leid. |
| 미하엘 씨(의) 집* | Michaels Zuhause |
| 백 | 100 |
| 보통 | normalerweise |
| 빌다 | wünschen |
| 수업 | Unterricht |

| Koreanisch | Deutsch |
|---|---|
| 시간 | Zeit |
| 시험 | Prüfung |
| 식사 | Essen |
| 식사하다 | essen |
| 십 | 10 |
| 약속 | Verabredung |
| 언제 | wann |
| 오늘 | heute |
| 요일 | Wochentag |
| 왜요? | warum? |
| 월 | Monat |
| 일 | Tag |
| 일하다 | arbeiten |
| 있다 | haben; es gibt |
| 준비하다 | vorbereiten |
| 천 | 1.000 |
| -하고 | mit; und |
| 한국어 | Koreanisch |
| 행운 | Glück |
| 회의 | Meeting, Sitzung |

*Der Genitiv-Marker -의 wird in der Umgangssprache häufig ausgelassen.

## H88
### Text zur Lektion

| | |
|---|---|
| 미라 씨하고 미하엘 씨는 한국어 수업에 다녀요. | Mira und Michael besuchen einen Koreanischkurs. |
| 보통 수요일하고 금요일에 수업이 있어요. | Sie haben normalerweise am Mittwoch und am Freitag Unterricht. |
| 10월 5일 수요일에 한국어 시험이 있어요. | Sie haben am Mittwoch, den 5. Oktober, eine Koreanischprüfung. |
| 그래서 두 사람은 10월 2일에 도서관에서 만나요. | Deshalb treffen sich die beiden am 2. Oktober in der Bibliothek. |
| 같이 공부해요. | Sie lernen zusammen. |
| 두 사람은 10월 3일에도 만나요. | Die beiden treffen sich auch am 3. Oktober. |
| 같이 커피숍에 가요. | Sie gehen gemeinsam in ein Café. |
| 커피숍에서 커피를 마셔요. | Sie trinken Kaffee im Café. |
| 같이 한국어를 공부해요. | Sie lernen zusammen Koreanisch. |
| 미라 씨는 10월 4일에 미하엘 씨 집에 가요. | Mira geht am 4. Oktober zu Michael nach Hause. |
| 미하엘 씨 집에서 같이 한국어 시험을 준비해요. | Sie bereiten sich zusammen bei Michael auf die Prüfung vor. |
| 미라 씨, 미하엘 씨, 행운을 빌어요! | Ich wünsche Ihnen viel Glück, Mira und Michael! |

# Lektion 11

## Wie komme ich zur U-Bahnstation Hapjeong?

Ich möchte es auf eigene Faust zu meiner Pension schaffen.

Nachdem ich mich von Yuna verabschiedet habe, gehe ich zu einer Informationsstelle. Die Mitarbeiterin dort spricht fließend Englisch, aber ich möchte sie auf Koreanisch ansprechen, wie ich es im Flugzeug fleißig geübt habe. Meine Pension liegt in der Nähe der U-Bahnstation Hapjeong. Ich frage nach dem Weg.

H89

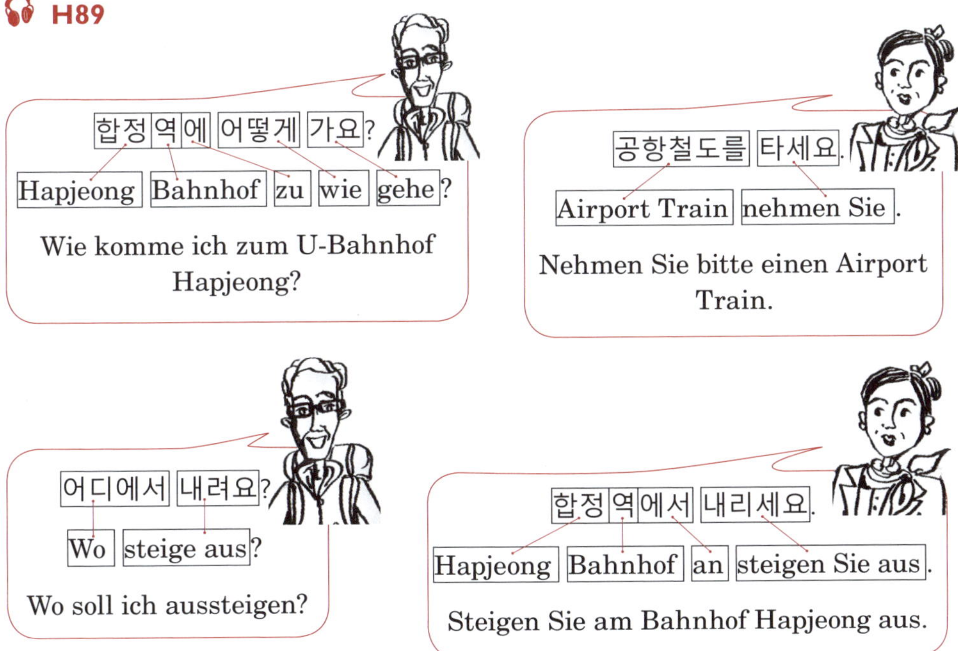


Wie man sieht, habe ich den Ausdruck ...에 어떻게 가요? verwendet, um nach dem Weg zu fragen. Sie brauchen nur an der Stelle des Auslassungszeichens im Satz einen Ort einzufügen. Das werden wir später üben.

Machen Sie sich dabei wegen der ursprünglichen Bedeutung von 가다, also *gehen*, keine Gedanken. Man kann damit unterschiedliche Fortbewegungsarten ausdrücken, wie *fahren*, *fliegen*, *zu Fuß gehen* usw.

Außerdem sagt man im Deutschen *Wie komme ich...*, also verwendet man *kommen*. Aber im Koreanischen muss man für diese Frage das Verb 가요 benutzen.

Wenn Sie einen Koreaner ...에 어떻게 가요? fragen, wird man Ihnen häufig mit ...을/를 타세요 antworten. Es wird das Verb 타다 verwendet, das mit *nehmen* bzw. *einsteigen* zu übersetzen ist. An die Stelle des Auslassungszeichens kommt ein Verkehrsmittel.

Nun schauen wir uns noch die Endung -세요 an. Sie wird verwendet, wenn man jemandem sagen möchte, was er machen soll. Diese Verbendung drückt den Imperativ aus und kommt bei höflichen Aufforderungen vor.

Verwendung: Wenn ein Verbstamm mit einem Batchim endet, wird -으세요 daran gehängt. Ohne Batchim: -세요.

Zu beachten sind die unregelmäßigen Veränderungen. Sie können diese an den mit einem Sternchen markierten Verben in der untenstehenden Tabelle erkennen.

**H90**

**Bilden Sie den Imperativ mit der Endung -(으)세요:**

| Infinitiv | Deutsch | Imperativ |
|---|---|---|
| 가다 | gehen | 가세요 |
| 먹다 | essen | 먹으세요 |
| 보다 | sehen | 보세요 |
| 읽다 | lesen | 읽으세요 |
| 주다 | geben | 주세요 |
| 듣다* | hören | 들으세요 |
| 만들다* | machen | 만드세요 |

* Hier unregelmäßig

듣다: Wegen des Batchim muss hier die Endung -으세요 benutzt werden. Aber 듣다 ist ein unregelmäßiges Verb, bei dem das Batchim ㄷ unter einer bestimmten Bedingung[1] zu ㄹ wird. So wird auch hier ㄷ zu ㄹ verändert, was 들으세요 ergibt.

만들다 gehört zu den sogenannten ㄹ-Verben, weil sein Verbstamm mit ㄹ endet. Diese Art von Verben verliert unter einer bestimmten Bedingung[2] das

1 Wenn auf die Silbe 듣 eine Silbe folgt, die mit dem Buchstaben ㅇ beginnt, wird ㄷ zu ㄹ.

2 ㄹ fällt weg, wenn darauf Silben folgen, die mit ㄴ, ㅂ, ㅅ beginnen. -(으)세요 ist eigentlich eine Variation von 세요, das mit ㅅ beginnt, und darum entfällt hier ㄹ.

Batchim ㄹ. -(으)세요 ist ein solcher Fall: Der Verbstamm 만들 verliert ㄹ und hat damit kein Batchim mehr, darum kommt -세요 dazu. So entsteht am Ende 만드세요.

## H91

**Welche Verkehrsmittel gibt es in Korea?**

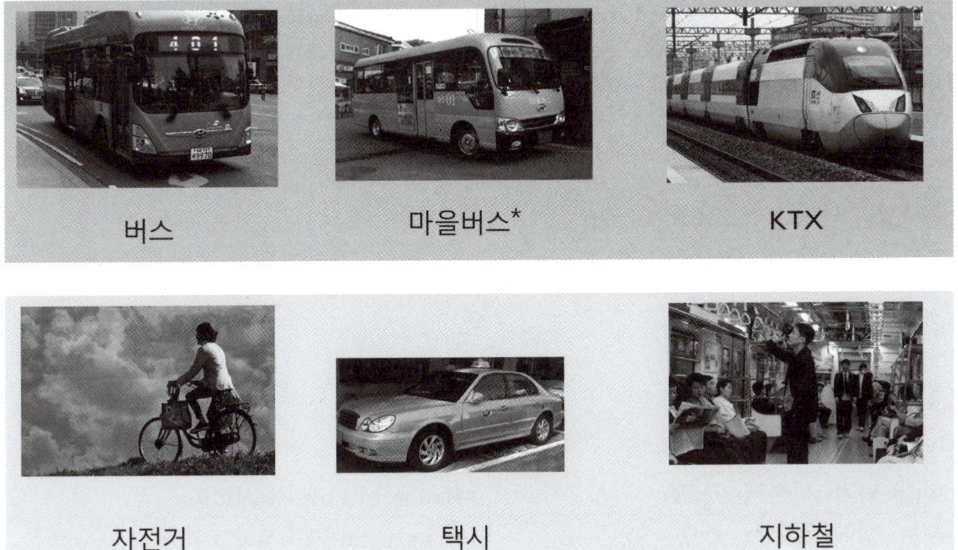


* 마을버스 ist ein Minibus, der kurze Strecken fährt.

In Korea bezeichnet man einen Bus in der Regel mit seiner Nummer und sagt dann 번. So heißt *Buslinie 100* auf Koreanisch 100 번 버스. Zur U-Bahnlinie sagt man aber 호선. So heißt z.B. *U-Bahnlinie 2* auf Koreanisch 지하철 2 호선. Es ist zwar etwas verwirrend, dass man 버스 nach der Busnummer sagt, während 지하철 vor der U-Bahnlinie steht. Aber so ist der Sprachgebrauch. Für die Nummern der Verkehrsmittel werden sino-koreanische Zahlen verwendet.

**Hier finden Sie nützliche Redewendungen zum Thema Verkehr. Sie können an der Stelle des Auslassungszeichens ein Verkehrsmittel einsetzen.**

| | |
|---|---|
| (...을/를) 타다 | (...) nehmen |
| (...을/를) 타고 가다 | (mit ...) hinfahren |
| (...을/를) 타고 오다 | (mit ...) herfahren |

 **H92**

**Beispiele:**

| 유나 씨가 택시를 타요. | Yuna nimmt ein Taxi. |
|---|---|
| 저는 지하철을 타고 가요. | Ich fahre mit der U-Bahn. |
| 미하엘 씨가 45번 버스를 타고 와요. | Michael kommt mit der Buslinie 45. |

**Bei den folgenden Verben müssen Sie an der Stelle des Auslassungszeichens einen Ort einsetzen. Bitte achten Sie darauf, welches Verb mit -에 und welches mit -에서 versehen wird.**

| (...에) 가다 | gehen | (...에서) 타다 | einsteigen |
|---|---|---|---|
| 걸어(서) 가다 | zu Fuß gehen | (...에서) 내리다 | aussteigen |
| 걸어(서) 오다 | zu Fuß kommen | (...에서) 갈아타다 | umsteigen |

**H93**

**Beispiele:**

| 미라 씨가 시청에 가요. | Mira geht zum Rathaus. |
|---|---|
| 저는 집에 걸어서 가요. | Ich gehe zu Fuß nach Hause. |
| 토비아스 씨가 걸어서 회사에 와요. | Tobias kommt zu Fuß zur Firma. |
| 파울 씨가 시청 앞에서 버스를 타요. | Paul nimmt den Bus vor dem Rathaus. |
| 저는 동물원 역에서 내려요. | Ich steige an der Station Zoologischer Garten aus. |
| 우리는 알렉산더 플라츠 역에서 지하철을 갈아타요. | Wir wechseln an der Station Alexanderplatz die U-Bahnlinie. |

 **H94**

**Sie sind am Potsdamer Platz in Berlin. Bitte helfen Sie mithilfe der Ausdrücke im Kasten einer Koreanerin, die nach dem Weg fragt!**

| | |
|---|---|
| 200 번 버스를 타세요. | 걸어서 가세요. |
| 오스트 반호프 역에서 내리세요. | |
| 지하철 2호선을 타고 가세요. | 달렘 역에서 내리세요. |

알렉산더 플라츠에 어떻게 가요?

올림픽 주경기장에 어떻게 가요?

슈프리 강에 어떻게 가요?

자유대학교에 가요. 어디에서 내려요?

이스트 사이드 갤러리에 가요. 어느 역에서 내려요?

**H95**

**Sie sind in Seoul. Antworten Sie mithilfe der Ausdrücke im Kasten auf die Fragen!**

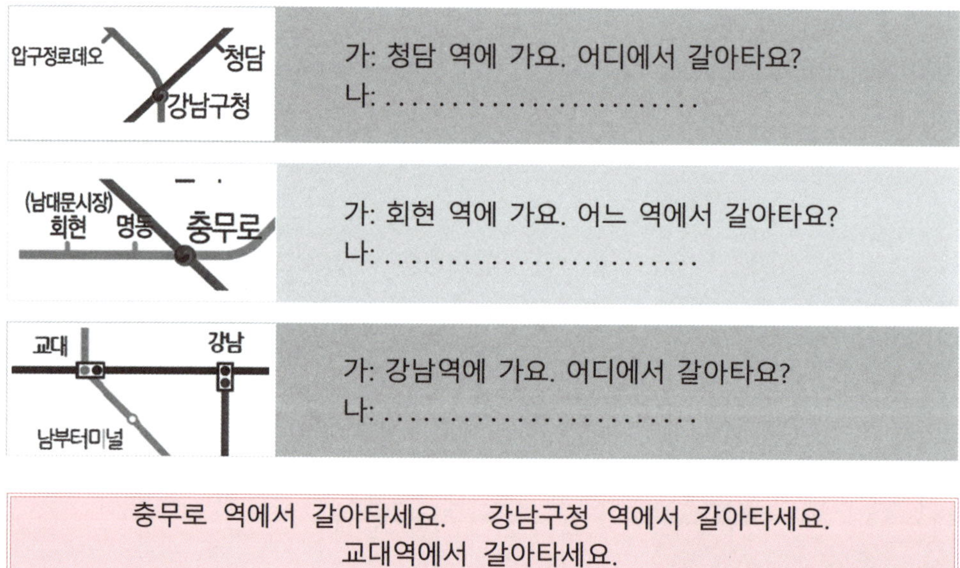


가: 청담 역에 가요. 어디에서 갈아타요?
나: ........................

가: 회현 역에 가요. 어느 역에서 갈아타요?
나: ........................

가: 강남역에 가요. 어디에서 갈아타요?
나: ........................

충무로 역에서 갈아타세요. 강남구청 역에서 갈아타세요.
교대역에서 갈아타세요.

Ich möchte Sie noch darüber informieren, wie man in Korea einen Ort findet. Wenn man nur eine Adresse hat, kommt man nicht weit. Wenn Sie dann nach dem Weg fragen, verweisen die Koreaner üblicherweise auf ein Gebäude oder einen Ort, das als Orientierungspunkt dient. Häufig sind das U-Bahnhöfe oder Bushaltestellen. Von dort an wird der Weg weiter beschrieben, z.B.: *von der U-Bahnstation ca. 100m geradeaus weiter und dann rechts*. Darüber werden Sie in → **Lektion 12** ausführlich informiert.

# Grammatik im Überblick

## Höfliche Aufforderung

-(으)세요 wird zu einem Verbstamm hinzugefügt, wenn eine höfliche Aufforderung oder ein Ratschlag erfolgen.

- Nach der letzten Silbe mit Batchim im Verbstamm: -으세요
- Nach der letzten Silbe ohne Batchim im Verbstamm: -세요
- Nach der letzten Silbe mit Batchim ㄹ im Verbstamm: -세요 (**Hier wird das Batchim ㄹ wegfallen.**)

## H96

### Wörterliste

| Koreanisch | Deutsch |
|---|---|
| KTX | Koreanischer Expresszug |
| 갈아타다 | umsteigen |
| 강 | Fluss |
| 강남구청 | Rathaus Bezirk Gangnam |
| 걸어(서) 가다 | zu Fuß gehen |
| 걸어(서) 오다 | zu Fuß kommen |
| 공항철도 | Airport Train |
| 교대 | Seoul Staatliche Universität für Erziehung |
| 그 다음에 | danach |
| 나가다 | hinausgehen |
| 내리다 | aussteigen |
| 대학교 | Universität |
| 도와드릴까요? | Soll ich Ihnen helfen? |
| 동물원 | Zoologischer Garten |
| 디지털미디어시티 | Ortsname (Digital Media City) |
| 마을버스 | Minibus, der kurze Strecken fährt |
| 먼저 | zuerst |
| 버스 | Bus |
| ... 번 | Nummer ... (zusammen mit einer Zahl) |
| 번호 | Nummer |
| 시청 | Rathaus |
| 알겠습니다 | Alles klar |
| 앞에서 | vor |
| 어느 | welche(r/s) |
| 어디에서 | wo |
| 어떻게 | wie |
| -에서 | in/an/auf... (lokale Präpositionen) |
| (Ort) 에서 갈아타다 | (in einem Ort) umsteigen |

| Koreanisch | Deutsch |
|---|---|
| 역 | Station. In dieser Bedeutung wird das Wort in der Regel zusammen mit einem anderen Wort verwendet, z.B. 동물원 역 (Station Zoologischer Garten), 지하철역 (U-Bahnstation/U-bahnhof); Bahnhof (Synonym: 기차역) |
| 올림픽 주경기장 | Olympiastadion |
| (Verkehrsmittel) (으)로 갈아타다 | in (Verkehrsmittel) umsteigen |
| ...을/를 | Akkusativ-Marker |
| 자유 | Freiheit |
| 자전거 | Fahrrad |

| Koreanisch | Deutsch |
|---|---|
| 지하철 | U-Bahn |
| 지하층 | Untergeschoss |
| 집 | Zuhause, Wohnung |
| 청담 | Ortsname |
| 출구 | Ausgang |
| 충무로 | Ortsname |
| (-을/를) 타고 가다 | hinfahren |
| (-을/를) 타고 오다 | herfahren |
| 타다 | nehmen (Verkehrsmittel); einsteigen |
| 택시 | Taxi |
| 하다 | tun |
| 합정 | Ortsname |
| ... 호선 | Linie ... (zusammen mit einer Zahl) |
| 회사 | Firma |
| 회현 | Ortsname |

 **H97**

**Text zur Lektion**

Thomas ist an der Information im Flughafen.

| | | |
|---|---|---|
| **Ich**: | 안녕하세요? | Guten Tag! |
| **Info**: | 안녕하세요?<br>무엇을 도와드릴까요? | Guten Tag!<br>Wie kann ich Ihnen helfen? |
| **Ich**: | 합정역에 어떻게 가요? | Wie komme ich zur U-Bahnstation Hapjeong? |
| **Info**: | 먼저 공항철도를 타세요. | Nehmen Sie zuerst den Airport Train. |
| **Ich**: | 공항철도는 어디에서 타요? | Wo soll ich ihn nehmen? |

| | | |
|---|---|---|
| **Info**: | 지하층에 공항철도 역이 있어요. | Im Untergeschoss ist die Station Airport Train. |
| **Ich**: | 어디에서 내려요? | Wo soll ich aussteigen? |
| **Info**: | 디지털미디어시티 역에서 내리세요. | Steigen Sie an der U-Bahnstation Digital Media City aus. |
| | 그 다음에 지하철 6 호선으로 갈아타세요. | Steigen Sie danach in die U-Bahnlinie 6 um. |
| **Ich**: | 어디에서 내려요? | Wo soll ich aussteigen? |
| **Info**: | 합정역에서 내리세요. | Steigen Sie an der U-Bahnstation Hapjeong aus. |
| **Ich**: | 그 다음에는 어떻게 해요? | Wie geht es weiter? |
| **Info**: | 3번 출구로 나가세요. | Nehmen Sie den Ausgang Nr. 3. |
| **Ich**: | 출구에 번호가 있어요? | Haben die Ausgänge eigene Nummern? |
| **Info**: | 네, 있어요. | Ja, haben sie. |
| **Ich**: | 네. 알겠습니다. 감사합니다. | Alles klar. Vielen Dank! |

# Lektion 12

## Gehen Sie geradeaus!

Die U-Bahn ist schnell, komfortabel und sauber. Ich steige am Bahnhof Hapjeong aus. Der U-Bahnhof ähnelt einem Labyrinth, da er viele Ausgänge hat. Schließlich muss ich jemanden fragen, um mich zu orientieren.

**Ich**: 3번 출구가 어디에 있어요?
**Passant 1**: 이쪽으로 쭉 가세요.
**Ich:** (*auf Englisch*) Es tut mir leid, aber ich kann Sie nicht gut verstehen. Sprechen Sie bitte nochmals!
**Passant 1**: 이쪽으로... 쭉...

Er kann weder Deutsch noch Englisch sprechen, und mein Koreanisch reicht nicht aus, um ihn zu verstehen. Als wir beide in Verlegenheit geraten, kommt uns ein anderer Passant zu Hilfe.

**Passant 2**: Suchen Sie nach dem Ausgang Nr. 3?
**Ich**: Ja. Sie sprechen Deutsch!?
**Passant 2**: Ich habe in der Schule Deutsch gelernt.
**Ich**: Wow! Dieser Mann will mir netterweise helfen, aber ich kann ihn leider nicht verstehen.
**Passant 2**: Er hat 이쪽으로 쭉 가세요 gesagt, also *Gehen Sie bitte in diese Richtung geradeaus.*
**Ich**: Ich höre so etwas wie ...으로..., aber ich verstehe es nicht.
**Passant 2**: Die Partikel -으로 entspricht einer Präposition im Deutschen, die auf eine Richtung verweist, wie *auf, in, nach* usw. 이쪽 bedeutet *diese Richtung*, 이쪽으로 heißt dann *in diese Richtung.*
**Ich**: Kann ich nach einem Wort immer -으로 sagen, um in eine Richtung zu weisen?
**Passant 2**: Nicht immer. Nach einer Silbe mit Batchim kommt -으로, aber nach einer Silbe ohne Batchim müssen Sie -로 sagen. Außerdem gibt es eine Ausnahme: Wenn eine Silbe das Batchim ㄹ hat, müssen Sie danach -로 sagen.
**Ich**: Alles klar! 감사합니다!

 **H98**

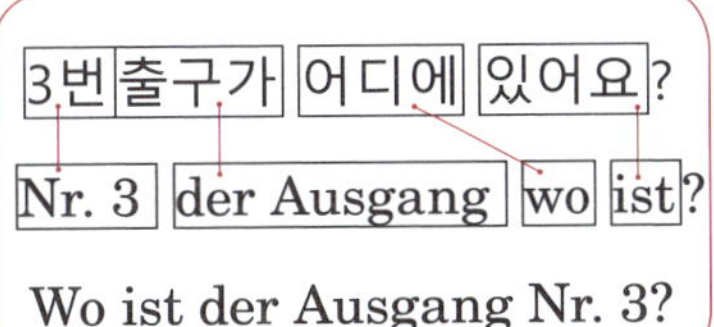


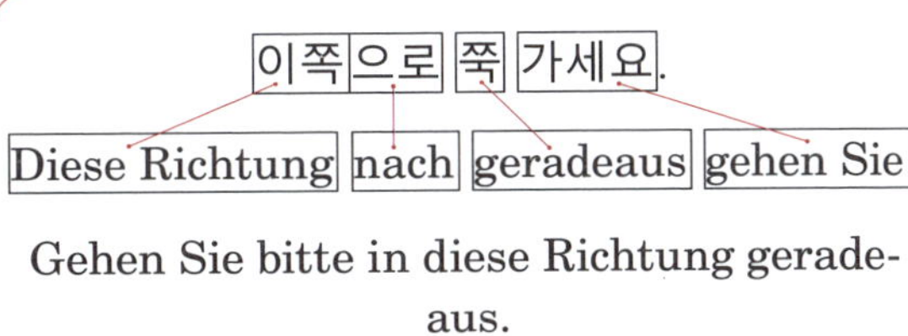

지하철역이 어디에 있어요?

Der U-Bahnhof wo ist?

Wo ist der U-Bahnhof?

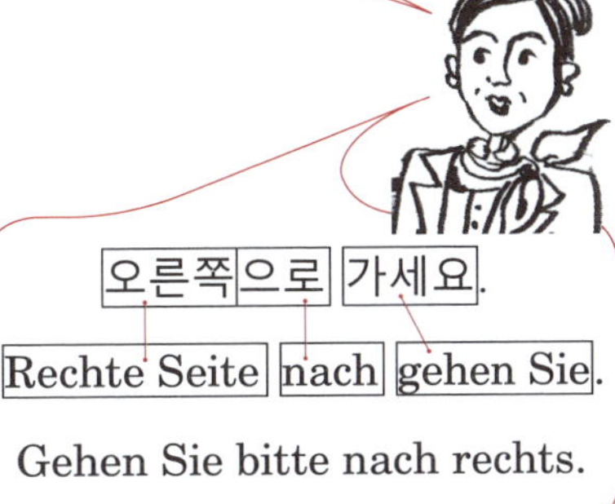


**H99**

**Üben Sie die Verwendung von -으로 und -로!**

## H100

**Sie können zur Beschreibung des Weges noch folgende Wörter verwenden:**

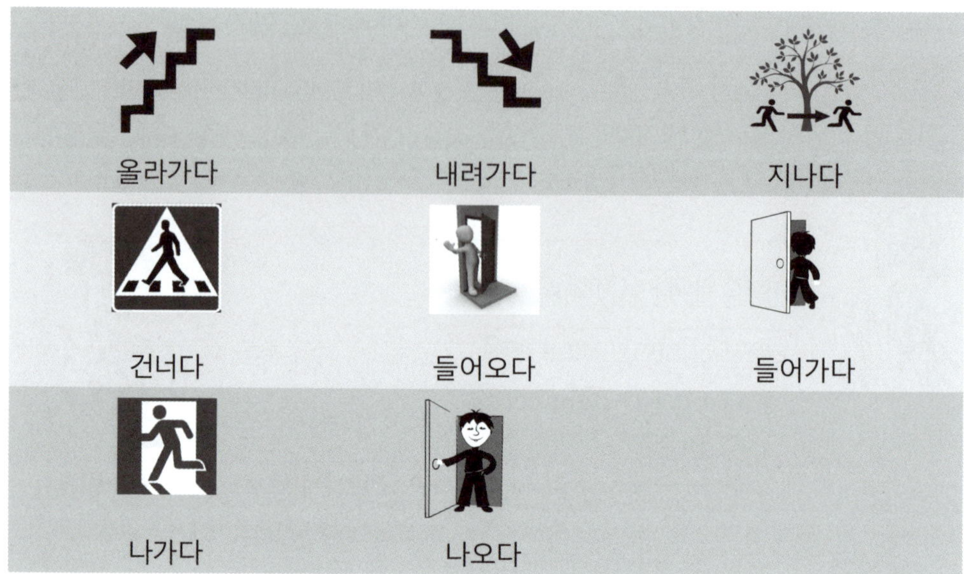

## H101

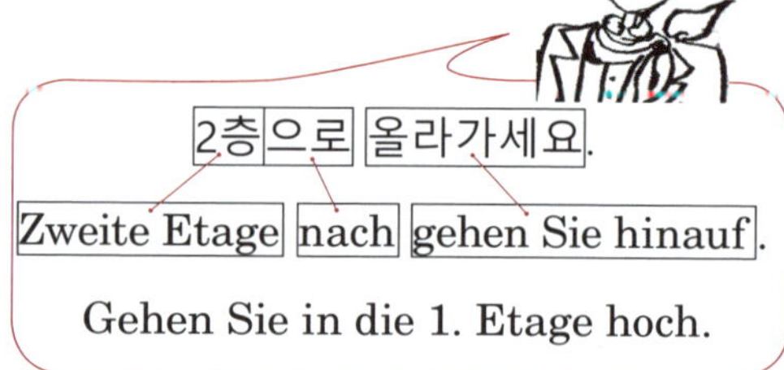


## H102

**Hier haben Sie einige Beispieldialoge. Lesen Sie die Dialoge mehrmals laut.**

| | | |
|---|---|---|
| 가: | 주차장이 어디에 있어요? | Wo ist der Parkplatz? |
| 나: | 지하층으로 내려가세요. | Gehen Sie in das Unterge-schoss hinunter. |

1 Haben Sie schon gewusst, dass man in Korea das Erdgeschoss mitzählt? Es gilt deshalb als das erste Geschoss.

| | | |
|---|---|---|
| 가: | 회의실이 어디에 있어요? | Wo ist der Konferenzraum? |
| 나: | 계단을 올라가세요. | Gehen Sie die Treppe hinauf. |
| | 그러면 화장실이 나와요. | Dann erscheint eine Toilette. |
| | 화장실에서 왼쪽으로 가세요. | Gehen Sie an der Toilette nach links. |

| | | |
|---|---|---|
| 가: | 휴게실이 어디에 있어요? | Wo ist der Pausenraum? |
| 나: | 이쪽으로 쭉 가세요. | Gehen Sie in die Richtung geradeaus. |
| | 그러면 계단이 나와요. | Dann erscheint die Treppe. |
| | 휴게실은 계단 옆에 있어요. | Der Pausenraum ist neben der Treppe. |

| | | |
|---|---|---|
| 가: | 사무실이 어디에 있어요? | Wo ist das Büro? |
| 나: | 이 건물 안으로 들어가세요. | Gehen Sie in das Gebäude hinein. |
| | 그리고 3층으로 올라가세요. | Gehen Sie anschließend in die 2. Etage hinauf. |
| | 사무실은 엘리베이터 옆에 있어요. | Das Büro ist neben dem Aufzug. |

### H103

**Sie sind beim Dreieckzeichen. Beschreiben Sie auf die Fragen hin den Weg. Vergleichen Sie Ihre Antworten mit den Beispielgesprächen.**

| | | |
|---|---|---|
| 가: | 은행이 어디에 있어요? | Wo ist die Bank? |
| 나: | 이쪽으로 쭉 가세요. | Gehen Sie in diese Richtung geradeaus. |

| | | |
|---|---|---|
| 가: | 커피숍이 어디에 있어요? | Wo ist das Café? |
| 나: | 이쪽으로 똑바로 가세요. | Gehen Sie in diese Richtung geradeaus. |
| | 사거리에서 오른쪽으로 가세요. | Gehen Sie an der Kreuzung nach rechts. |

| | | | |
|---|---|---|---|
| | 가: | 지하철 역이 어디에 있어요? | Wo ist der U-Bahnhof? |
| | 나: | 이쪽으로 쭉 가세요. | Gehen Sie in diese Richtung geradeaus. |
| | | 사거리에서 왼쪽으로 가세요. | Gehen Sie an der Kreuzung nach links. |
| | 가: | 편의점이 어디에 있어요? | Wo ist der Convenience Store? |
| | 나: | 이쪽으로 쭉 가세요. | Gehen Sie in diese Richtung geradeaus. |
| | | 두 번째* 사거리에서 오른쪽으로 가세요. | Gehen Sie an der zweiten* Kreuzung nach rechts. |
| | 가: | 서점이 어디에 있어요? | Wo ist die Buchhandlung? |
| | 나: | 길을 건너세요. 그러면 오른쪽에 있어요. | Überqueren Sie die Straße. Sie ist dann auf der rechten Seite. |
| | 가: | 버스 정류장이 어디에 있어요? | Wo ist die Bushaltestelle? |
| | 나: | 사거리에서 길을 건너세요. | Überqueren Sie an der Kreuzung die Straße. |
| | | 그 다음에 왼쪽으로 가세요. | Gehen Sie danach nach links. |
| | | 그리고 또 길을 건너세요. | Und überqueren Sie nochmal die Straße. |
| | | 그러면 오른쪽에 버스 정류장이 있어요. | Die Bushaltestelle ist dann auf der rechten Seite. |

* Die Ordnungszahlen lernen wir in → **Lektion 14** noch ausführlicher.

# Grammatik im Überblick

## Partikel für Richtungsangabe -로/으로

Diese Partikeln verweisen auf eine Richtung und funktionieren wie eine Präposition im Deutschen. Sie müssen wie auch die anderen bisher erlernten Partikeln an ein Wort gehängt werden. Die Anwendung ist folgendermaßen:

- Nach einer Silbe mit Bachim: -으로
- Nach einer Silbe ohne Batchim: -로
- Nach einer Silbe mit Batchim ㄹ: -로

## H104

### Wörterliste

| Koreanisch | Deutsch |
|---|---|
| 3(삼) 번 | Nr. 3 |
| 건너다 | überqueren |
| 건물 | Gebäude |
| 계단 | Treppe |
| 계속 | weiter |
| 그 다음에 | danach |
| 그러면 | (wenn) dann |
| 그리고 | und |
| 길 | Straße, Weg |
| 나가다 | hinausgehen |
| 나오다 | erscheinen; herauskommen |
| 내려가다 | hinuntergehen |
| 두 번째 | zweite(r/s) |
| 들어가다 | hineingehen |
| 들어오다 | hereinkommen |
| 또 | noch mal, wieder |
| 똑바로 | geradeaus |
| -로/으로 | Partikel für Richtungsangabe |
| 말씀해 주시다 | (Honorific) (jdn.) sprechen |

| Koreanisch | Deutsch |
|---|---|
| 미터 | Meter |
| 버스 정류장 | Bushaltestelle |
| 병원 | Arztpraxis; Krankenhaus |
| 사거리 | Kreuzung |
| 사무실 | Büro |
| 서점 | Buchhandlung |
| 실례합니다 | Entschuldigung! |
| 아래 | das Unten |
| 아이고 | Ach! (Interjektion) |
| 안 | Innenseite |
| -에서 | von/an; in/auf/zu (lokale Präp.) |
| 엘리베이터 | Aufzug |
| 옆에 | neben |
| 오른쪽 | rechte Seite |
| 올라가다 | hinaufgehen |
| 왼쪽 | linke Seite |
| 위 | das Oben |
| 은행 | Bank |
| 이쪽 | diese Seite |
| 이쪽으로 | in diese Richtung |

| Koreanisch | Deutsch |
|---|---|
| 저 | ähm (Interjektion); ich |
| 저쪽 | jene Seite |
| 조금만 | ein Stück; nur ein bisschen |
| 죄송한데 | Entschuldigen Sie bitte, aber... |
| 죄송합니다 | Verzeihen Sie bitte. |
| 주차장 | Parkplatz |
| 지나다 | vorbeigehen |
| 지하층 | Untergeschoss |
| 지하철 역 | U-Bahnhof |
| 쭉 | geradeaus, weiter |

| Koreanisch | Deutsch |
|---|---|
| 쯤 | circa |
| 천천히 | langsam |
| 출구 | Ausgang |
| 층 | Geschoss |
| 커피숍 | Café |
| 펜션 | Pension |
| 편의점 | Convenience Store / Gemischtwarenladen |
| 화장실 | Toilette |
| 회의실 | Konferenzraum |
| 횡단보도 | Zebrastreifen |
| 휴게실 | Pausenraum |

## H105
### Text zur Lektion

| | | |
|---|---|---|
| **Ich:** | 저, 실례합니다. | Ähm, Entschuldigung! |
| **Passant:** | 네. | Ja, bitte! |
| **Ich:** | 서울 펜션이 어디에 있어요? | Wo ist die Pension *Seoul*? |
| **Passant:** | 아, 서울 펜션이요? | Ach, die Pension *Seoul*? |
| | 이쪽으로 조금만 가세요. | Gehen Sie ein Stück in diese Richtung. |
| | 그러면 사거리가 나와요. | Dann erscheint eine Kreuzung. |
| | 사거리에 편의점이 있어요. | An dieser Kreuzung ist ein Convenience Store. |
| **Ich:** | 죄송한데, 조금만 천천히 말씀해 주세요. | Entschuldigen Sie, aber können Sie bitte ein bisschen langsamer sprechen? |

| | | |
|---|---|---|
| **Passant:** | 아이고, 죄송합니다. | Oh, verzeihen Sie, bitte! |
| | 이쪽으로 조금만 가세요. | Gehen Sie nur ein Stück in diese Richtung. |
| | 그러면 사거리가 나와요. | Dann erscheint eine Kreuzung. |
| | 사거리에 편의점이 있어요. | An dieser Kreuzung ist ein Convenience Store. |
| | 편의점에서 횡단보도를 건너세요. | Überqueren Sie am Convenience Store den Zebrastreifen. |
| | 그 다음에 왼쪽으로 200(이백) 미터쯤 계속 쭉 가세요. | Gehen Sie danach nach links und ca. 200m geradeaus weiter. |
| | 그러면 병원이 나와요. 병원 옆에 서울 펜션이 있어요. | Dann erscheint ein Krankenhaus. Die Pension *Seoul* ist neben dem Krankenhaus. |
| **Ich:** | 네, 알겠습니다. 감사합니다! | Alles klar! Dankeschön! |

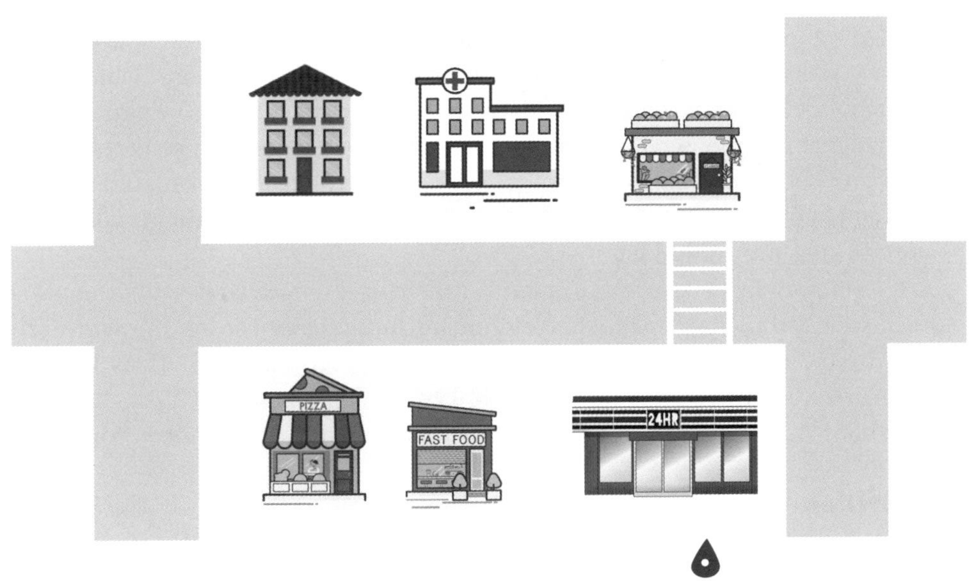

# Lektion 13

## Wie viel kostet das Wasser?

Endlich bin ich in meiner Pension. Mein Zimmer ist klein und sauber, aber – ohne Bett. Stattdessen liegt auf dem Boden eine dünne Matratze, die ich in Deutschland so noch nicht gesehen habe. Es gibt in der Pension auch Zimmer mit Betten, aber ich möchte auf traditionelle Weise untergebracht sein.

Das Haus soll schon seit mehreren Generationen existieren, was in Korea nicht üblich ist, da das Land in den vergangenen hundert Jahren die japanische Besatzung und den Koreakrieg erlebt hat.

Ich bin sehr müde und lege mich hin. Das ist eine lange Reise gewesen. Ich bin auf der anderen Seite der Erde, was ich mir bis vor einer Woche noch nicht habe vorstellen konnen...

Langsam lasse ich meinen Blick durch das Zimmer schweifen, während meine Gedanken zum geheimnisvollen Zettel aus dem Hut zurückkehren. Gleichzeitig fällt mir etwas ins Auge: der Schrank in der Ecke, genauer gesagt das Schloss, das daran hängt. Geformt wie ein Medaillon, hat es ein mir vertrautes Ornament...

Ich hole schnell meinen Zettel mit dem Gedicht hervor. Zu meiner Verblüffung hat der zur Hälfte zu sehende Stempel auf dem Zettel dasselbe Muster!

Ich gehe zur Rezeption, um danach zu fragen. Aber es ist niemand da, da es bereits spät am Abend ist.

Ich komme wieder zurück in mein Zimmer und denke weiter über den erstaunlichen Zufall nach. Da ich zunehmend hungrig geworden bin, gehe ich dann hinaus, um etwas einzukaufen. Zuversichtlich, dass ich etwas bekomme, bin ich aber nicht – es ist schon 23 Uhr! Doch ich habe Glück. Ein hell leuchtendes Aushängeschild verweist mich auf einen Convenience Store.

**Mitarbeiter**: 어서 오세요!
**Ich**: 안녕하세요? ...

Leider ist das alles, was ich in diesem Moment sagen kann. Ich habe ja erst vor zwei Wochen mit Koreanisch angefangen. Zum Glück kann unser Gespräch aber auf Englisch stattfinden...

**Ich**: Kann ich hier vielleicht etwas essen?
**Mitarbeiter**: Wir haben Fertigprodukte. Schauen Sie bitte im rechten Regal.

Es gibt im Kühlregal verschiedene Fertigprodukte: von Gimbap (Reisrolle mit verschiedenen Füllungen, eingewickelt in getrockneten Tang, *Gim*) oder Dosirak (Reis mit diversen Beilagen in einer Box) über Sandwiches bis hin zu Wurst. Man kann sein Fertigprodukt auf Wunsch in einer Mikrowelle im Laden selbst aufwärmen und gleich dort essen. Außerdem ist es auch möglich, Instantnudeln (Ramen, auf Koreanisch *Ramyeon*) mit dem bereitgestellten heißen Wasser zu essen. Ich nehme Instantnudeln und Wasser mit Kohlensäure.

**Ich**: Wie viel kostet das Wasser?
**Mitarbeiter**: Es kostet 1.000 Won.
**Ich**: Wie viel kosten die Instantnudeln?
**Mitarbeiter**: 1.500 Won.

## H106

**Und so sagt man das Ganze auf Koreanisch, wie ich später gelernt habe...**

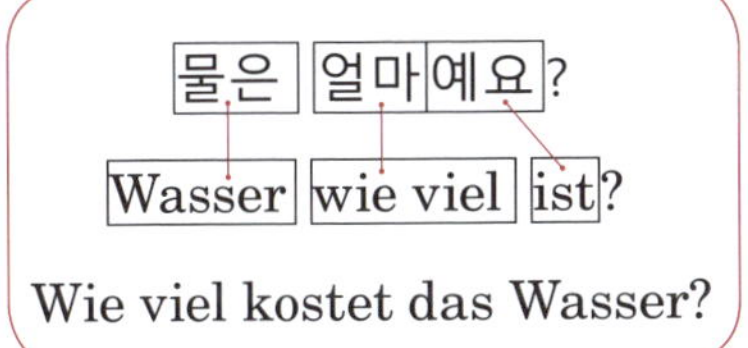


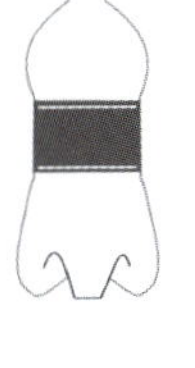

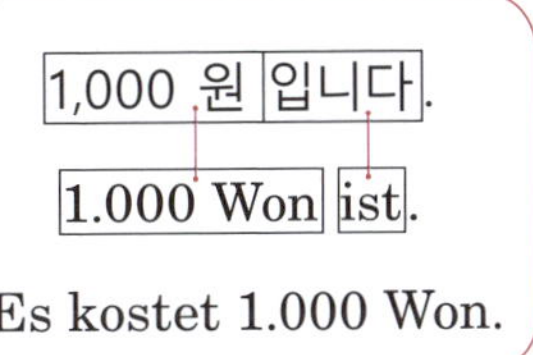


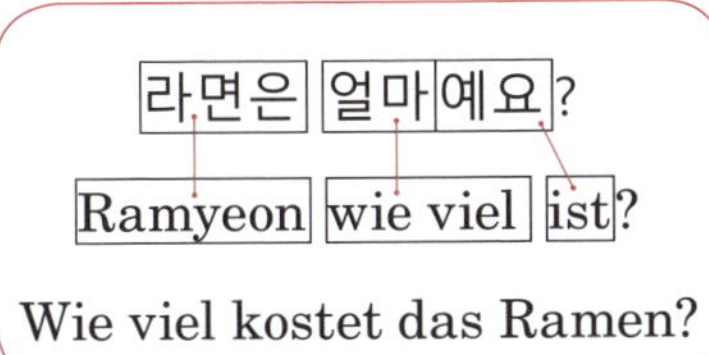

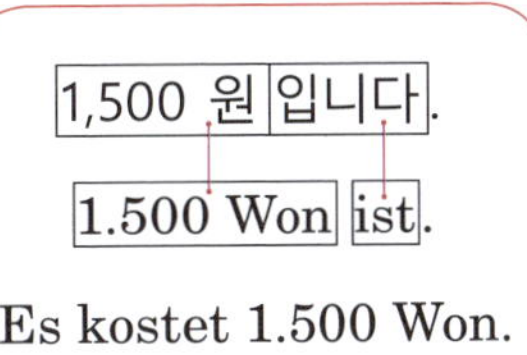


Die Aussprache von 입니다: Wenn nach dem Batchim ㅂ der Laut ㄴ folgt, wird ㅂ nicht mehr als /p/, sondern als /m/ ausgesprochen. Diese Regel gilt für die Fälle -ㅂ/습니다 und -ㅂ/습니까?.

## Preise im Koreanischen

Die meisten von Ihnen wissen bestimmt schon, dass die koreanische Währung 원 (Won) ist. Um Preise zu lesen und auszusprechen, brauchen Sie die sinokoreanischen Zahlen. Eine Herausforderung dabei ist, dass man es hier mit großen Zahlen zu tun hat. Aber wenn man bedenkt, dass 1 Euro momentan ca. 1.330 Won (Stand Frühjahr 2020) entspricht, wird es nachvollziehbar.

Erinnern Sie sich an diese Einheiten, die wir schon in → **Lektion 10** gelernt haben?

| 100 | 1.000 | 10.000 |
|---|---|---|
| 백 | 천 | 만 |

Die Zahlen von 100 bis 9.999 können Sie so wie im Deutschen sagen, z.B. für 200 lesen Sie zuerst 2 (이) und danach 100 (백), also 이백. Für 5.600 sagen Sie erst 5 (오), dann 1.000 (천), dann 6 (육) und 100 (백).

Zu beachten ist die Zahl 10.0000 (만), weil sie im Deutschen nicht als eigenes Wort vorhanden ist. Diese Einheit verwirrt deshalb oft deutsche MuttersprachlerInnen. So machen nicht wenige den Fehler, z.B. 50.000 mit 오십 천, also fünfzig Tausend, zu übersetzen. Richtigerweise muss man erst 5 (오) und danach 10.000 (만) sagen.

Wie wäre es mal mit 135.000? Die Reihenfolge ist 13 (십삼) x 10.000 (만) + 5.000 (오천), also 십삼만 오천. Sie können nach diesem System die Zahlen ab 10.000 sagen.

... Ich verrate Ihnen aber eine noch viel einfachere Variante:

- Erstens stellen Sie sich bitte nach vier Zifferstellen eine Linie vor. Beispiel: 13|5000.
- Zweitens sagen Sie die Zahlen vor der Linie, hier also 13 (십삼).
- Drittens sagen Sie für die Linie 만.
- Viertens sagen Sie die Zahlen nach der Linie so wie Sie eine Zahl auf Deutsch lesen, hier 5.000 mit 오천 .
- Das ergibt dann 십삼만 오천.

Anderes Beispiel: 40.320. Die Linie wird so gesetzt: 4|0320. Sagen Sie zuerst 4 (사), und danach für die Linie 만. Jetzt brauchen Sie nur den Rest zu lesen, also 320 (삼백이십). 40.320 lautet also 사만 삼백이십.

Worauf ich noch aufmerksam machen möchte, ist, dass Sie bei den Zahlen 100, 1.000, 10.000 usw. die 1 nicht nennen dürfen. Beispiel: 11.100 heißt 만 천백, **nicht** 일만 일천일백.

## H107

**Suchen Sie die passende Übersetzung für diese Preise.**

| | |
|---|---|
| 120 원 | 24.500 원 |
| 7.800 원 | 149.800 원 |
| 9.400 원 | 356.400 원 |
| 11.000 원 | 1.670.000 원 |

삼십오만 육천사백 원 백이십 원

이만 사천오백 원 십사만 구천팔백 원 구천사백 원

만 천 원 백육십칠만 원 칠천팔백 원

## H108

**Fragen Sie, wie teuer der Artikel ist, und suchen Sie danach einen dazu passenden Satz im Kasten aus.**

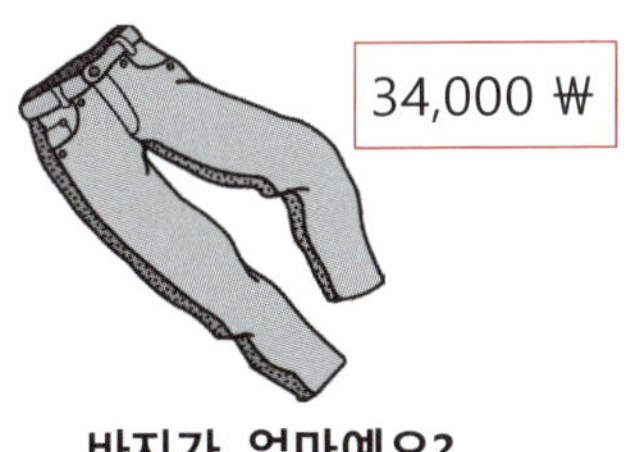


**바지가 얼마예요?**

**치마가 얼마예요?**

**티셔츠가 얼마예요?**

**스웨터가 얼마예요?**

| | |
|---|---|
| 오만 팔천 원이에요. | 만 육천 원이에요. |
| 삼만 사천 원이에요. | 이만 삼천 원이에요. |

## H109

**Was kann man noch einkaufen? Lernen Sie die Wörter!**

### Koreanische Währung

Ich möchte die Instantnudeln (컵라면) vor Ort essen. Aber ich weiß nicht, wie ich vorgehen soll. Der Verkäufer ist leider mit einem anderen Kunden beschäftigt. Da spricht mich eine Frau, die hier ebenfalls etwas essen will, auf Englisch an: *You should pour hot water into the cup.*

Sie zeigt auf einen Wasserspender. Ich gieße heißes Wasser in den Plastikbecher und warte ein paar Minuten, bis die Nudeln essfertig sind.

**Sie**: *Where are you from?*

Aha! Die Antwort darauf habe ich schon mal geübt.

**Ich**: 저는 독일 사람이에요.
**Sie**: 와, 한국말 잘하시네요! *(Wow, dein Koreanisch ist gut!)*

Dann führen wir unser Gespräch auf Englisch weiter.

**Ich**: 감사합니다! Kann ich vielleicht etwas fragen?
**Sie**: Ja, sicher!
**Ich**: Der Verkäufer hat vorhin gesagt: 1.000 원입니다. Was heißt 입니다?
**Sie**: Er hat die höffliche formelle Form benutzt. 입니다 ist eine Zusammensetzung aus dem Verb 이다 und der Verbendung -ㅂ/습니다 in der Gegenwart, mit der man einen Satz abschließt.
**Ich**: Ach, das Verb, das *sein* entspricht? Ich habe dieses Verb schon mit einer anderen Verbendung, nämlich -아/어요 , gelernt, also 예요/이에요 (→ **Lektion 2**).
**Sie**: -ㅂ/습니다 ist auch eine solche Verbendung, die man an ein Verb hängt. -ㅂ/습니다 ist allerdings noch formeller als -아/어요. Man verwendet sie überall da, wo ein formeller Ton gepflegt wird. Ein typisches Beispiel ist das Militär. Oder Unterschiede im sozialen Status. Ich verwende diese Form mit der honorativen Partikel (→ **Lektion 20**), wenn ich mit meinem Geschäftsführer spreche.

Während ich meine Nudeln schlürfe, lasse ich mir von der netten Dame erklären, wie die Bildungsregeln lauten:

| Verbstamm | Aussagesatz | Fragesatz |
|---|---|---|
| Verbstamm mit Batchim am Ende | + 습니다 | + 습니까? |
| Verbstamm ohne Batchim am Ende | + ㅂ니다 | + ㅂ니까? |
| Verbstamm, der mit Batchim ㄹ endet* | + ㅂ니다 | + ㅂ니까? |

* ㄹ fällt dabei weg (→ Lektion 11).

## H110

**Üben Sie mit diesen Beispielen!**

| Koreanisch | Deutsch | Aussagesatz | Fragesatz |
|---|---|---|---|
| 먹다 | essen | 먹습니다 | 먹습니까? |
| 마시다 | trinken | 마십니다 | 마십니까? |
| 있다 | vorhanden sein, sich befinden | 있습니다 | 있습니까? |
| 이다 | sein | 입니다 | 입니까? |
| 사다 | kaufen | 삽니다 | 삽니까? |
| 듣다 | hören | 듣습니다 | 듣습니까? |
| 살다* | leben | 삽니다 | 삽니까? |
| 만들다* | machen, herstellen | 만듭니다 | 만듭니까? |

* ㄹ fällt weg.

## H111

**Bitte antworten Sie mithilfe der Stichwörter unter dem Bild auf die Fragen. Suchen Sie dafür einen Satz im Kasten aus.**

| 무엇을 삽니까? | 무엇을 듣습니까? | 무엇을 만듭니까? |
|---|---|---|
| 바지 | 음악 | 김밥 |

| 얼마입니까? | 안녕하십니까? | 도시락 있습니까? |
|---|---|---|
| 20.000 원이다 | 안녕하시다 | 있다 |

| | | |
|---|---|---|
| 20,000 원입니다. | 네, 있습니다. | 김밥을 만듭니다. |
| 음악을 듣습니다. | 바지를 삽니다. | 안녕하십니까? |

# Grammatik im Überblick

## Große Zahlen ab 10.000

Von 100 bis 9.999 läuft die Benennung nach demselben System wie im Deutschen. Folgen Sie dieser Regel für die Zahlen ab 10.000:

Beispiel: 567.000

1) Eine Linie nach vier Ziffern ziehen: 56|7000
2) Die Zahlen vor der Linie benennen: 56 (오십육)
3) Für Linie 만 sagen
4) Die restlichen Zahlen benennen: 7.000 (칠천)
5) Ergebnis: 오십육만 칠천

Achtung: Bei 100, 1.000 und 10.000 wird die 1 nicht genannt. Wenn sie vor der Linie steht, z.B. 1|1000, sagen Sie die 1 **nicht** so: 일만 천, sondern: 만 천.

## Höfliche formelle Form mit den Verbendungen -ㅂ/습니다 und -ㅂ습니까? in der Gegenwart

In einer formellen Situation wird die Verbendung -ㅂ/습니다 verwendet. Die Formbildung ist folgendermaßen:

| Verbstamm | Aussagesatz | Fragesatz |
|---|---|---|
| Verbstamm mit Batchim am Ende | + 습니다 | + 습니까? |
| Verbstamm ohne Batchim am Ende | + ㅂ니다 | + ㅂ니까? |
| Verbstamm, der mit Batchim ㄹ endet, verliert ㄹ | + ㅂ니다 | + ㅂ니까? |

## H112

## Wörterliste

| Koreanisch | Deutsch |
|---|---|
| 가격 | Preis |
| 괜찮아요. | es ist okay; es ist nicht schlecht |
| 구두 | feine Schuhe |
| 그건 | (Kurzform von 그것은) das (Ding) dort |
| 그래도 | trotzdem |
| 그래서 | deshalb |
| 그런데 | aber |
| 그렇게 | so |
| 그럼 | also, dann |
| 김밥 | Kimbap |
| 꼭 | unbedingt |
| 너무 | so sehr; zu (hoch, groß etc.) |
| 다른 | andere(r/s) |
| 다시 | wieder |
| 다음에 | nächstes Mal |
| 도시락 | Lunchbox |
| 듣다 | hören |
| 디자인 | Design |
| 또 | wieder, noch einmal |
| 라면 | Instantnudeln |
| 마음에 들다 | jdm. gefallen |
| 목걸이 | Halskette |
| 목도리 | Schal |
| 바지 | Hose |
| 반지 | Ring |
| 보여주다 | zeigen |
| 비싸다 | teuer sein (beim Preis: hoch) |
| 색깔 | Farbe |
| 스웨터 | Pullover |
| 신발 | Schuhe |

| Koreanisch | Deutsch |
|---|---|
| 신상품 | neues Produkt |
| 아휴 | (Interjektion) drückt aus, dass einem etwas zuviel vorkommt |
| 안경 | Brille |
| 어떠세요? | (Honorific) Wie ist/wäre...? |
| 어떻습니까? | (Höflich formell) Wie ist/wäre...? |
| 어서 오세요 | Willkommen! (wörtl. : Kommen Sie eilig!) |
| 얼마 | wie viel |
| 얼마예요? | Wie viel kostet das? |
| 오다 | kommen, vorbeikommen |
| 올게요 | Ich werde vorbeikommen. |
| 외투 | Mantel |
| 요즘 | zur Zeit |
| 원 | Won (koreanische Währung) |
| 유행이다 | in Mode sein |
| 음악 | Musik |
| 이건 | (Kurzform von 이것은) das (Ding) hier |
| 이쪽으로 | in diese Richtung |
| 잠바 | Jacke |
| 저기요 | Hallo! (um Aufmerksamkeit zu erregen, kein Gruß) |
| 좀 | (Kurzform von 조금) ein bisschen; ein Wort, das die Tonart einer Bitte abmildert |
| 지갑 | Geldbeutel |
| 청바지 | Jeans |

| Koreanisch | Deutsch | Koreanisch | Deutsch |
|---|---|---|---|
| 치마 | Rock | 컵라면 | Instantnudeln im Becher |
| 커요 | konjugierte Gegenwartsform vom Infinitiv 크다 (groß sein) | 티셔츠 | T-Shirt |
| | | 파란색 | blau |

**H113**

### Text zur Lektion

| | | |
|---|---|---|
| **Verkäufer**: | 어서 오세요! | Willkommen! |
| **Kunde**: | 바지 있어요? | Haben Sie Hosen? |
| **Verkäufer**: | 네, 있습니다. 이쪽으로 오세요. | Ja, habe ich. Kommen Sie hierher mit. |
| | 이 바지 어떠세요? | Wie ist diese Hose? |
| **Kunde**: | 괜찮아요. 얼마예요? | Sie ist nicht schlecht. Wie viel kostet sie? |
| **Verkäufer**: | 107,000 원입니다. | 107.000 Won. |
| **Kunde**: | 가격이 좀 비싸요. | Der Preis ist ein bisschen hoch. |
| **Verkäufer**: | 그럼 이건 어떻습니까?<br>이건 80,000 원입니다. | Wie wäre dann diese hier?<br>Sie kostet 80.000 Won. |
| **Kunde**: | 그건 색깔이 좀...<br>다른 색깔은 없어요? | Die Farbe ist aber...<br>Haben Sie keine andere Farbe? |
| **Verkäufer**: | 있습니다. 파란색이 있습니다. | Doch. Wir haben blaue Hosen. |
| **Kunde**: | 파란색 바지 좀 보여주세요. | Zeigen Sie sie bitte. |
| **Verkäufer**: | 여기 있습니다. | Hier, bitteschön! |
| **Kunde**: | 이 바지는 너무 커요. | Diese Hose ist zu groß. |

| | | |
|---|---|---|
| **Verkäufer**: | 그럼, 이 바지는 어떻습니까?<br>신상품입니다. | Wie wäre es dann mit dieser?<br>Es ist ein neues Produkt. |
| **Kunde**: | 디자인은 마음에 들어요.<br>얼마예요? | Das Design gefällt mir.<br>Wie viel kostet es? |
| **Verkäufer**: | 그런데 이 바지는 좀 비쌉니다.<br>260,000 원입니다. | Diese Hose ist etwas teuer.<br>260.000 Won. |
| **Kunde**: | 네? 너무 비싸요. | Wie bitte? Das ist viel zu teuer. |
| **Verkäufer**: | 이 디자인이 요즘 유행입니다.<br><br>그래서... | Das Design ist gerade in Mode.<br>Deshalb... |
| **Kunde**: | 아휴, 그래도 너무 비싸요. | Ach, es ist trotzdem zu teuer. |
| **Verkäufer**: | 그럼 이 바지는... | Wie wäre dann diese? |
| **Kunde**: | 저기요, 다음에 다시 올게요. | Danke. Ich komme nächstes Mal wieder vorbei. |
| **Verkäufer**: | 네, 그렇게 하세요.<br>다음에 꼭 또 오세요. | Alles klar.<br>Kommen Sie unbedingt nächstes Mal wieder vorbei. |
| **Kunde**: | 네, 안녕히 계세요! | Alles klar. Auf Wiedersehen! |
| **Verkäufer**: | 네, 감사합니다. 안녕히 가세요! | Danke! Auf Wiedersehen! |

# Lektion 14

## Ich hätte gern drei Äpfel und eine Flasche Wasser.

Nachdem ich gegessen habe, schaue ich mich im Laden um. Hier gibt es nicht nur Fertigprodukte, sondern auch andere Waren wie z.B. frisches Obst und Gemüse oder Drogerieartikel. Ich greife nach einem Apfel und gehe zur Kasse.

**Ich**: 얼마예요?<br>
**Mitarbeiter**: 지금 1+1 행사 중입니다. 한 개 더 가져오세요. 값은 똑같습니다.

Ich verstehe kaum etwas und drehe mich hilfesuchend nach der Frau um, die mir vor kurzem geholfen hat.

**Sie**: Sie können noch einen zweiten Apfel dazunehmen. Das ist das Marketingevent 1+1, also zwei Dinge derselben Art zum Preis von einem. Das gibt es hier in Korea sehr oft.<br>
**Ich**: Danke für die Hilfe! 저는 토마스예요.<br>
**Sie**: 저는 민정이에요.<br>
**Ich**: 만나서 반가워요!<br>
**Sie**: 네, 저도요.<br>
**Ich**: Minjeong, was heißt 한 개? Das hat der Verkäufer gesagt.<br>
**Minjeong**: 한 개 heißt sinngemäß *ein Stück*.<br>
**Ich**: Warum sinngemäß?<br>
**Minjeong**: Na ja, es ist schwer, das wörtlich zu übersetzen. Im Koreanischen zählt man die Dinge anders als im Deutschen. Man verwendet nach einer Zahl zusätzlich eine Zähleinheit. So

ähnlich wie man auf Deutsch etwas mit *Stück* zählt: *ein Stück, zwei Stück, drei Stück* usw. 개 ist eine Zähleinheit, die man meist verwendet, um Dinge zu zählen.

**Ich**: Wie viele Zähleinheiten gibt es im Koreanischen?

**Minjeong**: Auf jeden Fall über 100.

**Ich**: Oh! Dann werde ich es ja nie im Leben schaffen, die alle zu lernen...

**Minjeong**: Keine Sorge! Wenn du die folgenden fünf Einheiten beherrschst, kommst du schon gut zurecht:

- Wenn du Dinge zählst, folgt dem Zahlwort die Einheit 개.
- Bei Personen folgt 명,
- bei Büchern oder etwas Buchähnlichem wie einem Notizbuch 권,
- bei Flaschen 병,
- bei Tassen/Gläsern 잔.

**Ich**: Okay, im Wort 한 개 ist 개 also eine Zähleinheit für Dinge. Was ist denn mit 한 davor? Das ist dann eine Zahl?

**Minjeong**: Genau. 한 heißt *eins*. Dessen ursprüngliche Form ist 하나, aber sie wird zu 한 verändert, wenn eine Zähleinheit folgt.

**Ich**: Ich habe aber nur die sino-koreanischen Zahlen 일, 이, 삼, 사... gelernt. Sind das dann die traditionellen Zahlen?

**Minjeong**: Ja, richtig. Um etwas zu zählen, verwendet man üblicherweise die traditionellen Zahlen. Sie gehen bis 99. Bei den Zahlen ab 100 verwendet man die sino-koreanischen Zahlen. Es kommt bei den traditionellen Zahlen dabei nicht so häufig vor, dass man Zahlen über 20 benutzen muss. Wollen wir also erstmal die Zahlen bis 20 lernen?

**H114**

| 하나 | 둘 | 셋 | 넷 | 다섯 |
|---|---|---|---|---|
| 여섯 | 일곱 | 여덟 | 아홉 | 열 |

| 열하나 | 열둘 | 열셋 | 열넷 | 열다섯 |
|---|---|---|---|---|
| 열여섯 | 열일곱 | 열여덟 | 열아홉 | 스물 |

**Minjeong**: Beim Zählen musst du darauf achten, dass man im Koreanischen zuerst das Nomen und dann die Zahl sagt. Wenn du *ein Apfel* sagen willst, musst du 사과 하나 sagen, nicht umgekehrt.

**Ich**: Muss ich hier nicht eine Zähleinheit dazusagen?

**Minjeong**: Meistens ja. Wenn man aber im Laden oder im Restaurant etwas bestellt, kann die Zähleinheit ausgelassen werden. Dann geht es mit 사과 so weiter: 사과 하나, 사과 둘, 사과 셋, 사과 넷 …

Wenn noch eine Zähleinheit dazukommt, ist die Reihenfolge folgendermaßen: Nomen + Zahl + Zähleinheit.

**Ich**: Also heißt *fünf Äpfel*: 사과 다섯 개.

**Minjeong**: Genau.

**Ich**: Was ist aber mit 한? Du sagtest, dass es eine Veränderung gibt.

**Minjeong**: Ja, die Wörter von 1 bis 4 ändern sich, wenn eine Zähleinheit folgt:

1: 하나 → 한　　2: 둘→ 두　　3: 셋 → 세　　4: 넷→ 네

**Üben wir zuerst mit der Wasserflasche.**

| 물 한 병 | 물 두 병 | 물 세 병 |
|---|---|---|
| 물 네 병 | 물 다섯 병 | 물 여섯 병 |

**Minjeong**: Ab 5 geht es bis 10 normal weiter. Aber von 11 bis 14 wiederholen sich diese Veränderungen.

**Ich**: Wie soll ich 덟 in 여덟 (*acht*) aussprechen? Die Silbe hat zwei Batchims.

**Minjeong**: 덟 wird genauso wie 덜 ausgesprochen. Du kannst das ㅂ im Batchim komplett ignorieren.

**Ich**: Was ist mit dem Plural? Muss ich nicht eine Pluralform verwenden?

**Minjeong**: Eine Pluralform ist beim Aufzählen nicht nötig.

**Ich**: Eine Frage noch, Minjeong: Was heißt *Wie viel(e) Wasserflaschen gibt es*?

**Minjeong**: *Wie viel(e)* heißt 몇. Auch für diese Frage gilt die Reihenfolge der Wörter, die wir geübt haben. Da brauchst du nur anstelle einer Zahl 몇 zu sagen.

**Ich**: Also sage ich *Wasser* 물 , dann *wie viele* 몇 und dazu die Zähleinheit für Flaschen 병, schließlich das Verb *es gibt* 있어요: 물 몇 병 있어요?

**Minjeong**: Ja, genau! In diesem Fall kannst du zu 물 auch die Nominativ-Partikel -이 hinzufügen, musst es aber nicht, weil man sie in der Umgangssprache weglassen kann.

H116

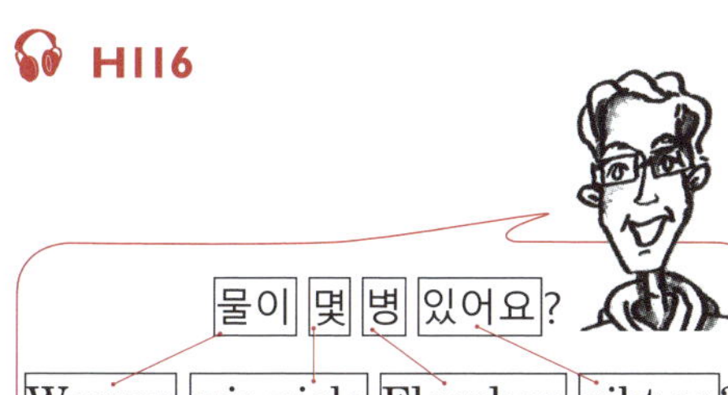

**Ich**: Was muss ich sagen, wenn ich unterschiedliche Sachen kaufe, z.B. *drei Äpfel* und *eine Flasche Wasser*?

**Minjeong**: Du kannst dann die Partikel -하고 verwenden – *und*[1]. Das Wort kann allerdings nicht eigenständig verwendet werden, sondern nur angehängt an ein Nomen.

**Ich**: Dann sage ich: 사과 세 개하고 물 한 병?

**Minjeong**: Genau.

**Ich**: Ich sage 사과 세 개를 주세요, wenn ich drei Äpfel kaufe. Wo soll ich aber den Akkusativ-Marker -을/를 platzieren, wenn ich drei Äpfel und eine Flasche Wasser kaufe?

**Minjeong**: Ein Marker darf nur einmal benutzt werden – nach dem letzten Nomen.

**Ich**: Also: 사과 세 개 하고 물 한 병을 주세요.

**Minjeong**: Ja, genau! Der Marker wird in der Umgangssprache aber häufig weggelassen. Man sagt also üblicherweise: 사과 세 개 하고 물 한 병 주세요.

---

1 Diese Partikel hat noch die Bedeutung *mit* (→ **Wörterliste Lektion 8, 10**).

## H117

무엇을 사요?

Was kaufst?

Was kaufst du?

사과 두 개하고 물 한 병을 사요.

Apfel 2 Stücke und Wasser eine Flasche kaufe.

Ich kaufe zwei Äpfel und eine Flasche Wasser.

무엇을 드릴까요?

Was soll ich Ihnen geben?

Was darf es sein?

사과 세 개하고 물 네 병 주세요.

Apfel 3 Stücke und Wasser vier Flaschen geben Sie.

Ich hätte gern drei Äpfel und vier Flaschen Wasser.

## H118

**Antworten Sie mithilfe der Bilder auf die Fragen! Suchen Sie dafür einen Satz im Kasten aus.**

무엇을 사요?

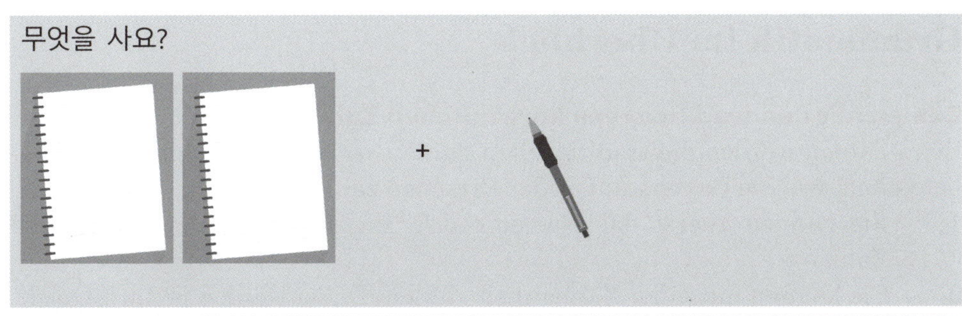

교실에 누가 몇 명 있어요?

무엇을 마셔요?

선생님 한 명하고 학생 여섯 명이 있어요.

주스 네 잔하고 녹차 두 잔을 마셔요.

사과 다섯 개하고 물 두 병 주세요.

공책 두 권하고 볼펜 한 개를 사요.

**Minjeong**: Thomas, ich muss wieder zur Arbeit gehen.
**Ich**: So spät arbeitest du noch?
**Minjeong**: Ja, wir Koreaner arbeiten häufig bis spät abends.
**Ich**: Vielen Dank für alles, Minjeong!
**Minjeong**: 괜찮아요! (*Keine Ursache!*) 그럼, 좋은 여행 되세요! (*Gute Reise!*)
**Ich**: 고마워요.

# Grammatik im Überblick

## Zählen mit den traditionellen koreanischen Zahlen

Beim Zählen werden die traditionellen Zahlen verwendet. Es gibt zwei Möglichkeiten, wie Sie Gegenstände oder Personen zählen können:

1. Sie nennen zuerst das Nomen (i.d.R. im Singular) und danach die Zahl.
2. Sie können mit einer Zähleinheit zählen. Dabei werden je nach Objekt unterschiedliche Zähleinheiten eingesetzt. Unten finden Sie einen Überblick über die am meisten verwendeten Zähleinheiten. Sie müssen auch hier auf der Reihenfolge der Wörter achten: **Nomen + Zahl + Zähleinheit**. Zu beachten ist, dass sich die Wörter für 1 bis 4 verändern, wenn eine Zähleinheit folgt.

H119

| | 개<br>Sachen | 명<br>Personen | 병<br>Flaschen | 권<br>Bücher u.ä. | 잔<br>Gläser/Tassen |
|---|---|---|---|---|---|
| 1 | 사과 한 개 | 학생 한 명 | 맥주 한 병 | 책 한 권 | 녹차 한 잔 |
| 2 | 사과 두 개 | 학생 두 명 | 맥주 두 병 | 책 두 권 | 녹차 두 잔 |
| 3 | 사과 세 개 | 학생 세 명 | 맥주 세 병 | 책 세 권 | 녹차 세 잔 |
| 4 | 사과 네 개 | 학생 네 명 | 맥주 네 병 | 책 네 권 | 녹차 네 잔 |
| 5 | 사과 다섯 개 | 학생 다섯 명 | 맥주 다섯 병 | 책 다섯 권 | 녹차 다섯 잔 |

## Partikel -하고 (*und*)

Sie kann nicht eigenständig verwendet werden, sondern wird immer an ein Nomen gehängt.

## Ordnungszahlen

Hier finden Sie eine Tabelle mit den koreanischen Ordnungszahlen. Sie basiert auf den traditionellen Zahlen. Bildung:

traditionelle Zahl + 번째

번째 funktioniert dabei wie eine Zähleinheit und die Regel, dass sich die Wörter für 1 bis 4 verändern, gilt auch hier.

Merke: Für *der/die/das erste* wird ein eigenes Wort verwendet: 첫.

## H120

| erste | 첫 번째 |
|---|---|
| zweite | 두 번째 |
| dritte | 세 번째 |
| vierte | 네 번째 |
| fünfte | 다섯 번째 |

| sechste | 여섯 번째 |
|---|---|
| siebte | 일곱 번째 |
| achte | 여덟 번째 |
| neunte | 아홉 번째 |
| zehnte | 열 번째 |

## H121

### Wörterliste

| Koreanisch | Deutsch |
|---|---|
| 가져오다 | bringen |
| 값 | Preis |
| 고마워요 | Danke |
| 공책 | Notizbuch |
| 괜찮다 | in Ordnung sein |
| 교실 | Klassenzimmer |
| 녹차 | grüner Tee |
| 누가 | wer |
| 되다 | werden |
| 더 | mehr |
| 드릴게요 | ich gebe Ihnen |
| ... 드릴까요? | Was / Wie viel/e Stück/e etc. soll ich Ihnen geben? |
| 또 | wieder |
| 똑같다 | gleich sein (= gleiche Eigenschaften haben) |

| Koreanisch | Deutsch |
|---|---|
| 마시다 | trinken |
| 맥주 | Bier |
| 몇 | wie viele |
| 모두 | insgesamt |
| 볼펜 | Kugelschreiber |
| 사다 | kaufen |
| 싸다 | billig/günstig sein |
| 여기 | hier |
| 여행 | Reise |
| 오늘 | heute |
| 오다 | kommen |
| 와 | wow, oh |
| 좋은 | gut |
| 주다 | geben |
| -중이다 | in/im (z.B. Angebot, Unterricht) sein |
| 지금 | jetzt, gerade |
| 행사 | Event, Veranstaltung |

 H122

**Text zu Lektion**

| | | |
|---|---|---|
| **Mitarbeiter:** | 어서 오세요! 뭐 드릴까요? | Willkommen!<br>Was darf es sein? |
| **Ich:** | 물 있어요? | Haben Sie Wasser? |
| **Mitarbeiter:** | 네, 있습니다. | Ja, haben wir. |
| **Ich:** | 물 주세요. | Ich hätte gern Wasser. |
| **Mitarbeiter:** | 몇 병 드릴까요? | Wie viele Flaschen sollen es sein? |
| **Ich:** | 한 병 주세요. | Eine Flasche, bitte! |
| **Mitarbeiter:** | 네, 지금 1+1 행사 중이에요.<br>한 병 더 드릴게요. | Wir machen gerade das Marketingevent 1+1. Wir schenken Ihnen noch eine Flasche Wasser dazu. |
| **Ich:** | 와, 감사합니다!<br>바나나 있어요? | Oh, Dankeschön!<br>Haben Sie Bananen? |
| **Mitarbeiter:** | 네, 있습니다.<br>몇 개 드릴까요? | Ja, haben wir.<br>Wie viele sollen es sein? |
| **Ich:** | 세 개 주세요. | Drei, bitte! |
| **Mitarbeiter:** | 오늘 사과가 싸요. | Heute sind die Äpfel günstig. |
| **Ich:** | 그래요?<br>그럼 사과도 주세요. | Ach ja?<br>Dann hätte ich gern auch Äpfel. |
| **Mitarbeiter:** | 몇 개 드릴까요? | Wie viele sollen es sein? |
| **Ich:** | 두 개 주세요.<br>모두 얼마예요? | Zwei, bitte!<br>Wie viel kostet es insgesamt? |
| **Mitarbeiter:** | 12,800 원입니다. | 12.800 Won, bitte. |
| **Ich:** | 여기 있습니다. | Hier, bitteschön. |
| **Mitarbeiter:** | 네, 감사합니다.<br>또 오세요! | Ich danke Ihnen. Besuchen Sie uns wieder! |

# Lektion 15

## Was hast du gestern gemacht?

Am nächsten Tag gehe ich noch mal zur Rezeption, aber sie ist wieder nicht besetzt. Ein wenig enttäuscht gehe ich zum Frühstücken in den Essraum. Ein paar Gäste sitzen schon am Tisch. Ich setze mich dazu und grüße sie. Der Mann neben mir spricht mich auf Koreanisch an.

**Nachbar**: 안녕하세요? 저는 폴이에요.
**Ich**: 안녕하세요, 저는 토마스예요.
**Paul**: 한국에 언제 왔어요?

Schon komme ich mit meinen Kenntnissen nicht weiter und setze das Gespräch auf Englisch fort.

**Ich**: Ich verstehe leider nicht. Was heißt 왔어요?
**Paul**: Das heißt *bist gekommen*, ist also eine Vergangenheitsform.
**Ich**: Du kannst gut Koreanisch.
**Paul**: Ich lerne Koreanisch seit drei Jahren.

Freundlicherweise erklärt mir Paul die Bildung der Vergangenheitsformen.

H123

**Paul**: Um die Vergangenheitsform zu bilden, brauchst du drei verschiedene Endungen: -았어요, -했어요, -었어요. Die Grundregel für die Bildung geht so (ich empfehle dir aber, sie erstmal nur zu überfliegen):

| **Bedingung** | **Bildung** | **Beispiele** |
|---|---|---|
| wenn die letzte Silbe des Verbstamms den Vokal ㅏ oder ㅗ hat | Verbstamm + -았어요 | 받다 → 받았어요<br>가다 → 갔어요<br>보다 → 봤어요 |
| wenn ein Verb im Infinitiv mit 하다 endet | -하다 → -했어요 | 공부하다 → 공부했어요<br>운동하다 → 운동했어요 |
| wenn die letzte Silbe des Verbstamms weder den Vokal ㅏ noch ㅗ hat und ein Verb nicht mit 하다 endet | Verbstamm + -었어요 | 먹다 → 먹었어요<br>마시다 → 마셨어요<br>주다 → 줬어요 |

**Ich**: Okay, das ist so ähnlich wie in der Gegenwart.

**Paul**: Eigentlich ja. Hier gilt deshalb auch die Regel der Kontraktion. (→ **Lektion 8)** Kennst du sie?

**Ich**: Aber natürlich!

**Paul**: Du weißt ja, dass die Verschmelzung nur dann erfolgt, wenn die letzte Silbe im Verbstamm keinen Batchim hat. Ich erkläre dir erstmal, wie diese Regel bei der Vergangenheitsbildung funktioniert, damit du einen Überblick hast. Aber bitte keine Panik! Ich werde dir nachher einen Geheimtipp verraten, mit dem du die Vergangenheit viel einfacher bilden kannst. Trotzdem schauen wir uns das Grundprinzip an:

1. Wenn dem Vokal ㅏ im Verbstamm 았어요 folgt, werden ㅏ und 았 zusammengezogen und am Ende bleibt nur 았. Z.B. 가다 (*gehen*) hat den Verbstamm 가 und wegen des Vokals ㅏ bei 가 kommt danach 았어요. 가 und 았 werden dabei zusammengelegt, und am Ende bleibt nur 갔어요.
   - Die Regel: ㅏ + 아 = ㅏ
2. Der Vokal ㅗ und 았어요 werden zusammengelegt. Wenn z.B. nach dem Verbstamm 보 von 보다 (*sehen*) 았어요 kommt, werden 보 und 았어요 zu 봤어요.
   - Die Regel: ㅗ + 아 = ㅘ
3. Im Fall von 마시다 (*trinken*) wird die letzte Silbe 시 im Verbstamm mit 었어요 zu 셨어요 zusammengelegt.
   - Die Regel: ㅣ + 어=ㅕ
4. Der Verbstamm 주 von 주다 (*geben*) wird mit 었어요 zu 줬어요.
   - Die Regel: ㅜ+어=ㅝ

**Ich**: Das ist soweit alles logisch. Aber beim Sprechen kann ich doch nicht so viel auf einmal berücksichtigen...

**Paul**: Dann wird dir mein Geheimtipp helfen. Dabei gibt es aber eine Voraussetzung: Du musst die Konjugation in der Gegenwart gut beherrschen. Der Geheimtipp ist also wie folgt:

1. Man bildet eine Gegenwartsform mit der Verbendung -아/어요.
2. Man entfernt 요.
3. Man fügt unter der letzten Silbe (von oben gesehen) das Batchim ㅆ hinzu.
4. Man fügt dahinter 어요 an.

**Beispiel 오다 (*kommen*):**
1. Gegenwart mit der Verbendung -아/어요: 와요.
2. 요 wird entfernt, es bleibt nur 와.
3. Setzen Sie darunter ㅆ: 왔.
4. Am Ende 어요 hinzufügen: 왔어요. Fertig!

**Ich**: Das ist wirklich einfacher! ... Aber ich muss dafür die Bildung der Gegenwart auffrischen.

**Paul**: Du kannst die Vergangenheit auch mit der formellen Endung -ㅂ/습니다 bilden. Dabei gehst du wie oben vor und brauchst nur bei Nr. 4 습니다 statt 어요 hinzuzufügen. Schau mal hier:

| Infinitiv | Deutsch | Gegenwart | Vergangenheit -아/어요 | Vergangenheit -ㅂ/습니다 |
|---|---|---|---|---|
| 가다 | gehen | 가요 | 갔어요 | 갔습니다 |
| 오다 | kommen | 와요 | 왔어요 | 왔습니다 |
| 읽다 | lesen | 읽어요 | 읽었어요 | 읽었습니다 |
| 마시다 | trinken | 마셔요 | 마셨어요 | 마셨습니다 |
| 주다 | geben | 줘요 | 줬어요 | 줬습니다 |
| 가르치다 | lehren | 가르쳐요 | 가르쳤어요 | 가르쳤습니다 |
| 공부하다 | lernen | 공부해요 | 공부했어요 | 공부했습니다 |
| 운동하다 | Sport machen | 운동해요 | 운동했어요 | 운동했습니다 |
| 만들다 | herstellen | 만들어요 | 만들었어요 | 만들었습니다 |

| Infinitiv | Deutsch | Gegenwart | Vergangenheit -아/어요 | Vergangenheit -ㅂ/습니다 |
|---|---|---|---|---|
| 듣다* | hören | 들어요 | 들었어요 | 들었습니다 |
| 쓰다** | schreiben | 써요 | 썼어요 | 썼습니다 |
| 쉬다*** | sich ausruhen | 쉬어요 | 쉬었어요 | 쉬었습니다 |

* 듣다 ist hier unregelmäßig. Batchim ㄷ wird zu ㄹ.

** Hier unregelmäßig. Bei der Konjugation wird der Vokal — der letzten Silbe im Verbstamm ausfallen. Daran wird -어요 gehängt.

*** 쉬다 ist auch ein Sonderfall. Obwohl 쉬 kein Batchim hat, entsteht hier keine Verschmelzung zwischen ㅟ und 어요.

**Paul**: 토마스, 언제 한국에 왔어요?
**Ich**: Jetzt verstehe ich! 어제 한국에 왔어요.
**Ich**: 파울, 어제 뭐 했어요?
**Paul**: 친구를 만났어요.
**Ich**: Du hast gestern Freunde getroffen!

## H125

**주말에 뭐 했어요? Was hast du am Wochenende gemacht?**
**Bitte suchen Sie zu jedem Bild den passenden Satz aus und lesen Sie ihn laut vor. Beim zweiten Durchgang versuchen Sie die Sätze anhand der Bilder selbst zu formulieren.**

파티를 했어요. 빨래했어요. 장 봤어요.
여자 친구/남자 친구를 만났어요. 쉬었어요. 청소했어요.

# Grammatik im Überblick

## Vergangenheit

1. Man bildet eine Gegenwartsform mit der Verbendung -아/어요.
2. Man entfernt 요.
3. Man fügt unter der letzten Silbe (von oben gesehen) das Batchim ㅆ hinzu.
4. Man fügt dahinter 어요 an.

Beispiel 오다 (*kommen*):
1. Gegenwart mit der Verbendung -아/어요: 와요.
2. 요 wird entfernt, es bleibt nur 와.
3. Setzen Sie darunter ㅆ: 왔.
4. Am Ende 어요 hinzufügen: 왔어요. Fertig!

Bei der Bildung der Vergangenheit mit der formellen Endung -ㅂ/습니다 geht man wie oben vor und muss nur bei Nr. 4 습니다 statt 어요 hinzufügen.

 **H126**

**Wörterliste**

| Koreanisch | Deutsch |
|---|---|
| BTS | koreanische Band |
| 고물상 | Trödelladen |
| 그 | jene(r/s) |
| 남자 친구 | Freund in fester Beziehung |
| 더 | mehr |
| 독일 | Deutschland |
| 드라마 | Serien (z.B. Fernsehserien) |
| 때문에 | wegen |
| 만나다 | treffen |
| 많이 | viel |
| 멋있다 | schick sein |
| 모자 | Hut, Mütze |
| 미국 | USA |
| 방학 | Ferien |

| Koreanisch | Deutsch |
|---|---|
| 배우 | Schauspieler(in) |
| 베트남 | Vietnam |
| 빨래하다 | Wäsche waschen |
| 쉬다 | sich ausruhen |
| 아주 | sehr |
| 안에 | in |
| 알고 싶다 | wissen wollen |
| 어제 | gestern |
| 언제 | wann |
| -에 대해서 | über |
| -에서 | in, auf, zu; von |
| 여자 친구 | Freundin in einer festen Beziehung |
| 영화 | Film |
| 옛날 | frühere Zeit |

| Koreanisch | Deutsch |
|---|---|
| 음식 | Essen |
| 음악 | Musik |
| -의 | Genitiv-Endung |
| 이 | diese(r/s) |
| 이번 | dieses Mal |
| 이번에 | diesmal |
| 일본 | Japan |
| 장 보다 | (Lebensmittel) einkaufen |
| 재미있다 | Spaß machen |
| 제 | mein(e) |

| Koreanisch | Deutsch |
|---|---|
| 좋다 | gut sein |
| 좋아하다 | mögen |
| 주말 | Wochenende |
| 쪽지 | Zettel |
| 처음 | zum ersten Mal |
| 청소하다 | putzen |
| 초대하다 | einladen |
| 파티를 하다 | Party machen |
| 하다 | tun, machen |
| 한국말로 | auf Koreanisch (= 한국어로) |

 **H127**

**Text zur Lektion**

Finden Sie zu den koreanischen Varianten die deutschen Entsprechungen.

안녕하세요? 저는 토마스예요.
독일에서 왔어요.
저는 옛날 모자 때문에 한국에 왔어요.
이 모자 이름은 한국말로 «갓»이에요.
저는 이 모자를 고물상에서 샀어요.
모자 안에 쪽지가 있었어요.
저는 이 쪽지에 대해서 더 알고 싶어요.

안녕하세요? 저는 안이에요.
베트남 사람이에요.
저는 *BTS* 의 음악을 들었어요.
그 음악이 아주 좋았어요.
저는 한국 영화를 많이 봤어요.
한국 영화도 재미있었어요.

안녕하세요?
제 이름은 폴이에요.
미국 사람이에요.
이번에 한국에 처음 왔어요.
저는 한국 친구가 한 명 있어요.
우리는 학교에서 처음 만났어요.
제 친구가 이번 방학에 저를 한국에 초대했어요.

안녕하세요?
저는 사나에예요.
일본에서 왔어요.
저는 한국 드라마를 많이 봤어요.
아주 재미있었어요. 한국 배우들이 멋있었어요.
또 저는 한국 음식도 좋아해요.

Hallo! Ich bin Ahn aus Vietnam.
Ich habe die Musik von BTS gehört.
Sie hat mir sehr gut gefallen.
Ich habe viele koreanische Filme gesehen.
Sie waren auch interessant.

Hallo, ich bin Sanae.
Ich komme aus Japan.
Ich habe viele koreanische Serien gesehen.
Das war sehr interessant.
Die Schauspieler waren cool.
Ich esse außerdem auch gern koreanisches Essen.

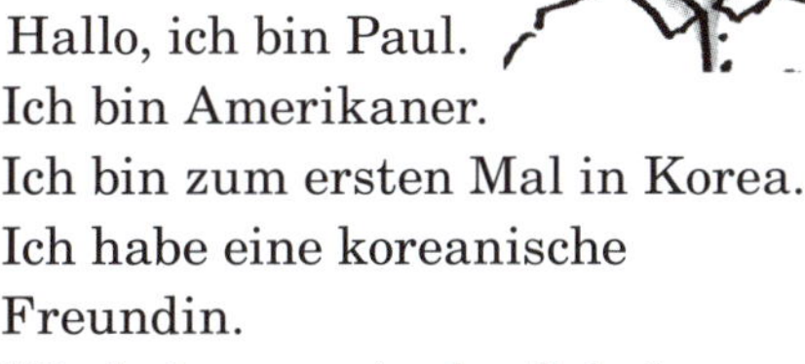

Hallo, ich bin Paul.
Ich bin Amerikaner.
Ich bin zum ersten Mal in Korea.
Ich habe eine koreanische Freundin.
Wir haben uns in der Schule kennengelernt.
Sie hat mich in diesen Ferien nach Korea eingeladen.

Hallo! Ich bin Thomas.
Ich komme aus Deutschland.
Ich bin nach Korea wegen eines alten Hutes gekommen.
Der Hut heißt auf Koreanisch «Gat».
Ich habe ihn in einem Trödelladen gekauft.
In dem Hut war ein Zettel.
Ich möchte mehr darüber wissen.

# Lektion 16

## Ich treffe Yuna um 15 Uhr.

Das Telefon klingelt.

**Ich**: Hallo, Yuna!

**Yuna**: Hi, Thomas. Wie war deine erste Nacht in Seoul?

**Ich**: Na ja, wegen der Zeitverschiebung konnte ich erst sehr spät einschlafen.

**Yuna**: Wie sieht es aus? Können wir uns heute treffen?

**Ich**: Na klar! Wie wäre es mit 15 Uhr?

H128

Wir besuchen zusammen ein traditionelles Viertel in Seoul. Auf dem Weg stelle ich weitere Fragen.

**Ich**: Yuna, kannst du mir beibringen, wie man Uhrzeiten sagt?

**Yuna**: Gerne. Du brauchst diese Grundlage: ---시 ---분. 시 heißt Uhr, 분 ist Minute. So wie man im Deutschen nach einer Stundenangabe Uhr sagt, sagt man im Koreanischen 시. Bei der Minutenangabe gibt es aber einen Unterschied: Man sagt im Deutschen nach einer Minutenangabe normalerweise nichts, aber im Koreanischen sagst du immer 분.
Man verwendet außerdem nicht den Ausdruck *viertel* beim Uhrlesen. Also sagt man nicht z.B. *viertel nach fünf.* In solchen Fällen liest man *viertel* einfach als *fünfzehn*.

**Ich**: Okay! Das klingt ja nicht so kompliziert.

**Yuna**: Leider kommt dir das nur so vor. Du musst nämlich für die Stunden und die Minuten unterschiedliche Zahlensysteme anwenden: für Stunden die traditionellen koreanischen Zahlen, für Minuten die sino-koreanischen Zahlen.

**Ich**: Oha!

**Yuna**: Kannst du vielleicht schon 5:15 Uhr auf Koreanisch sagen?

**Ich**: Also, 5 heißt mit traditionellen Zahlen 다섯, 15 mit sino-koreanischen Zahlen 십오...다섯 시 십오 분, stimmts?

**Yuna**: Richtig! Du lernst sehr schnell! 7:30 Uhr?

**Ich**: 일곱 시 삼십 분?

**Yuna**: Super! 삼십 분 kann man durch 반 ersetzen. Also kann man auch 일곱 시 반 sagen. 반 heißt *eine Hälfte* bzw. *halb*. Wie ist es mit 3:30 Uhr?

**Ich**: 셋 시 반?

**Yuna**: Leider ist es diesmal falsch. Hier gilt nämlich auch die Regel, dass sich die Form der Zahlwörter von 1 bis 4 verändert, wenn dem Zahlwort eine Zähleinheit folgt. (→ **Lektion 14**)

**Ich**: Du meinst, 시 gilt auch als eine Zähleinheit?

**Yuna**: Genau. Darum sagt man nicht 셋 시 반, sondern 세 시 반.

**Ich**: Dann sagt man für 1 Uhr 한 시?

**Yuna**: Richtig!

**Ich**: 2 Uhr ist 두 시, 3 ist Uhr 세 시, 4 Uhr ist 네 시... Ab 5 Uhr kommen die ursprünglichen Formen?

**Yuna**: Ja, richtig. Aber für 11 Uhr und 12 Uhr musst du wieder umdenken und 열한 시 und 열두 시 sagen.

**Ich**: Alles klar!

**Yuna**: Wie wäre es mit *20 Uhr* auf Koreanisch?

**Ich**: 스물 시?

**Yuna**: Nein. Ich gebe dir einen Hinweis. In Korea ist die 2-mal-12-Stunden-Zählung üblich.

**Ich**: Ach so! Dann 여덟 시!

**Yuna**: Genau!

**Ich**: Gibt es eine Möglichkeit, 8 Uhr und 20 Uhr unterschiedlich zu formulieren?

**Yuna**: Klar! Man teilt die 24 Stunden in zwei Hälften ein, so wie a.m. und p.m. im Englischen. Dann sagt man vor einer Zeitangabe 오전 (*Vormittag*) oder 오후 (*Nachmittag*).

**Ich**: 3:30 Uhr ist dann 오전 세 시 삼십 분. 15:30 Uhr ist 오후 세 시 삼십 분.

**Yuna**: Genau. Wenn du noch genauer unterscheiden willst, kannst du vor einer Zeitangabe jeweils 아침 (*Morgen*), 저녁 (*Abend*) oder 밤 (*Nacht*) sagen.

**Ich**: Alles klar. Wie kann ich fragen, wie spät es ist?

**Yuna**: 몇 시예요? Zu beachten ist, dass man auf die Frage mit dem Verb 예요 oder 이에요 antworten muss. Wie wir wissen, muss 예요 folgen, wenn die vorherige Silbe kein Batchim hat, und 이에요, wenn sie ein Batchim hat.

### H129

**몇 시예요? Wie spät ist es? Suchen Sie die passende Zeit! Nennen Sie die Uhrzeiten beim zweiten Durchgang selbst.**

| | |
|---|---|
| 오후 네 시예요. | 오전 아홉 시 이십오 분이에요. |
| 밤 열 시 십 분이에요. | 저녁 다섯 시 삼십 분이에요. |

**Ich**: Wie kann ich sagen, dass ich etwas zu einer bestimmten Uhrzeit mache, z.B. *Ich gehe um 7 Uhr zur Schule*?

**Yuna**: Du kannst so wie im Deutschen vor *zur Schule gehen* eine Uhrzeit nennen, wobei nach der Zeitangabe die Partikel -에 angehängt wird. Das ist vergleichbar mit *um* im Deutschen.

**Ich**: Also, 저는 일곱 시에 학교에 가요.

**Yuna**: Genau!

## H130

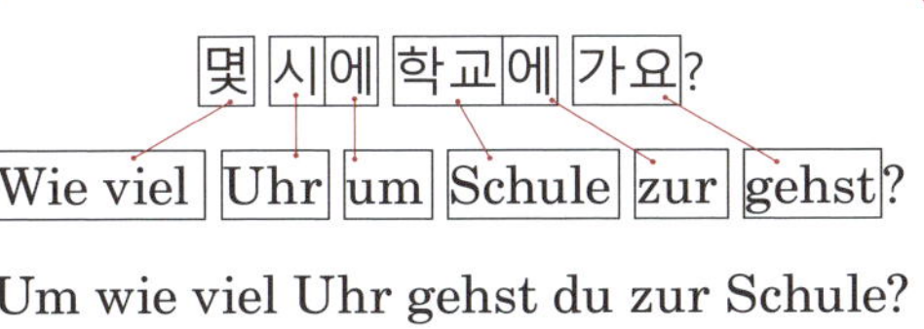


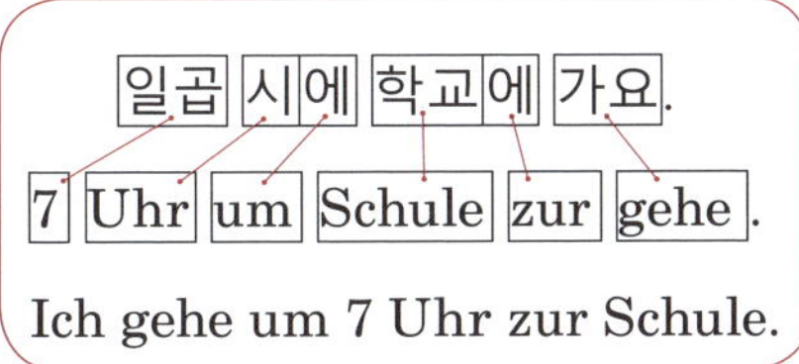


## H131

**몇 시에 뭐 해요? Was machst du um wie viel Uhr? Suchen Sie im Kasten den passenden Satz aus.**

몇 시에 일어나요?

몇 시에 아침을 먹어요?

보통 몇 시에 점심을 먹어요?

몇 시에 저녁을 먹어요?

보통 몇 시에 자요?

| 여섯 시 삼십 분에 아침을 먹어요. 열두 시에 먹어요. 여섯 시에 일어나요. |
|---|
| 보통 열한 시에 자요. 일곱 시에 먹어요. |

**Ich**: Ich möchte gern vorschlagen, dass wir uns mal kurz irgendwo hinsetzen. Wie kann ich Vorschläge ausdrücken?

**Yuna**: Es gibt unterschiedliche Möglichkeiten. Hier ist eine davon:

H132

> Die Aussprache von 좋아요: Wenn dem Batchim ㅎ der Laut ㅇ /ø/ folgt, wird ㅎ nicht ausgesprochen. 좋아요 wird darum als /조아요/ ausgesprochen.

**Yuna**: -ㄹ/을까요? hat die Bedeutung *wollen wir...?* und kann dazu dienen, einen Vorschlag zu machen. Üben wir zuerst die Formbildung. Wenn der Verbstamm ohne Batchim auf einen Vokal endet, musst du -ㄹ까요? hinzufügen. Wenn der Verbstamm mit Batchim auf einen Konsonanten endet, folgt -을까요?.

**Ich**: Bei z.B. 마시다 muss ich zum Verbstamm 마시 die Verbendung -ㄹ까요? hinzufügen, also 마실까요? Und bei 먹다 füge ich zu 먹 dann -을까요? hinzu, also 먹을까요?, richtig?

**Yuna**: Ja, genau. Du musst aber bei den Verben, die im Verbstamm mit ㄹ enden, vorsichtig sein. Hier wird nach dem Verbstamm nicht -을까요?, sondern nur -까요? angehängt, obwohl der Verbstamm ein Batchim hat.

## H133
**Üben Sie die Verbendung -ㄹ/을까요?.**

| Koreanisch | Deutsch | -ㄹ/을까요? |
|---|---|---|
| 가다 | gehen | 갈까요? |
| 보다 | sehen | 볼까요? |
| 읽다* | lesen | 읽을까요? |
| 앉다** | sich setzen | 앉을까요? |
| 청소하다 | putzen | 청소할까요? |
| 산책하다 | spazieren | 산책할까요? |
| 만들다*** | herstellen | 만들까요? |
| 놀다*** | spielen | 놀까요? |
| 듣다*** | hören | 들을까요? |
| 걷다*** | laufen | 걸을까요? |
| 쉬다 | sich ausruhen | 쉴까요? |

* Aussprache: 읽다 /익따/, 읽어요 /일거요/, 읽을까요? /일글까요/
** Aussprache: 앉다 /안따/, 앉아요 /안자요/, 앉을까요? /안즐까요/
*** Hier unregelmäßig

**Yuna**: Wenn ㄹ/을까요? mit einem Fragewort verwendet wird, bekommt der Satz eine leicht abweichende Bedeutung, z.B. ist 우리 언제 만날까요? weniger ein unmittelbarer Vorschlag, sondern eher eine Frage nach der Meinung des Gegenübers, wann der Sprecher und der Hörer sich treffen sollen. Für diese Endung kann die zweite Person allerdings nicht als Subjekt verwendet werden.
**Ich**: Verstanden. 우리 이제 뭐 할까요? 저는 배가 고파요.
**Yuna**: 그럼, 식당에 갈까요?

## H134
**Stellen Sie mit den Wörtern unter den Bildern eine Frage und antworten Sie darauf! Suchen Sie in den Kästen den passenden Satz aus.**

*Für die Fragen*

어디에서 만날까요? 오늘 우리 뭐 할까요? 같이 산책할까요?
뭐 먹을까요? 영화 볼까요? 오늘 같이 청소할까요?

같이, 산책하다 | 오늘, 같이, 청소하다 | 뭐, 먹다

영화, 보다 | 오늘, 우리, 뭐, 하다 | 어디, 만나다

*Für die Antworten*

| | | |
|---|---|---|
| 비빔밥 어때요? | 네, 좋아요. | 같이 요리할까요? |
| 커피숍에서 만날까요? | 미안해요. 오늘은 좀 바빠요. | 좋아요! |

## Grammatik im Überblick

### Uhrzeiten

- Stundenangabe: traditionelle Zahl + 시 (*Uhr*)
- Minutenangabe: sino-koreanische Zahl + 분 (*Minute*) → nicht vergessen!

- In Korea ist die 2-mal-12-Stunden-Zählung üblich, darum werden vor einer Zeitangabe oft präzisierende Wörter wie 오전, 오후, 아침, 저녁 oder 밤 verwendet.
- In einer Zeitangabe wie z.B. 6.30 kann 30 분 (*30 Minuten*) durch 반 (*halb*) ersetzt werden.

- Bei 1 Uhr, 2 Uhr, 3 Uhr, 4 Uhr, 11 Uhr und 12 Uhr verändern sich die Formen der Zahlwörter vor 시 wie folgt: 하나 → 한, 둘 → 두, 셋 → 세, 넷→ 네, 열하나 → 열한, 열둘 → 열두. Ergebnis:

| 1 Uhr | 2 Uhr | 3 Uhr | 4 Uhr | 11 Uhr | 12 Uhr |
|---|---|---|---|---|---|
| 한 시 | 두 시 | 세 시 | 네 시 | 열한 시 | 열두 시 |

## Verbendung -ㄹ/을까요? (Vorschlag machen, nach Meinung fragen)

**Formbildung:**

- Verbstamm mit Batchim am Ende: -을까요?
- Verbstamm ohne Batchim am Ende: -ㄹ까요?
- Verbstamm mit ㄹ am Ende: -까요?

## H135
### Wörterliste

| Koreanisch | Deutsch |
|---|---|
| 괜찮다 | okay sein |
| 그때 | zu der Zeit |
| 그러면 | (wenn) dann |
| 그런데 | aber |
| 내일 | morgen |
| 다른 | andere(r/s) |
| 몇 시 | wie viel Uhr |
| 반 | Hälfte, halb (Uhrzeit) |
| 밤 | Nacht |
| 배가 고프다 | Hunger haben |
| 보통 | normalerweise |
| 분 | Minute(n) (bei Zeitangabe); (z.B. mit einem Demonstrativpron. oder Adj.) Person |
| 산책하다 | spazieren |

| Koreanisch | Deutsch |
|---|---|
| 시 | Uhr (bei Zeitangabe) |
| 시간 | Zeit |
| 아침 | Morgen |
| 아침(을) 먹다 | frühstücken |
| 앉다 | sitzen |
| 약속 | Verabredung; Versprechen |
| 어때요? | Wie ist…? |
| 어떡하죠? | (Verlegenheit) Was soll ich tun? |
| 에구 | (Interjektion) drückt Verlegenheit oder Überraschung aus |
| 여보세요 | (beim Telefonat) Hallo |
| 오전 | Vormittag |
| 오후 | Nachmittag |

| Koreanisch | Deutsch |
|---|---|
| 요리하다 | kochen |
| 우리 | wir |
| 이제 | nun, jetzt |
| 일어나다 | aufstehen |
| 저녁 | Abend |
| 저녁(을) 먹다 | zu Abend essen |

| Koreanisch | Deutsch |
|---|---|
| 점심(을) 먹다 | zu Mittag essen |
| 점심 식사(를) 하다 | zu Mittag essen |
| 좋다 | gut sein |
| 좋은 생각 | gute Idee |
| 청소하다 | putzen |
| 하다 | (Film) laufen |

## Text zur Lektion

Das Telefon klingelt.

| | | |
|---|---|---|
| **Ich:** | 여보세요. | Hallo. |
| **Yuna:** | 여보세요. | Hallo. |
| **Ich:** | 유나 씨, 저 토마스예요. | Yuna, hier ist Thomas. |
| **Yuna:** | 안녕하세요? 토마스 씨. | Hallo, Thomas! |
| **Ich:** | 유나 씨, 내일 시간 있어요? | Yuna, hast du morgen Zeit? |
| **Yuna:** | 왜요? | Wieso? |
| **Ich:** | 우리 같이 영화 볼까요? | Wollen wir zusammen einen Film schauen? |
| **Yuna:** | 아, 좋아요.<br>그런데 영화가 몇 시에 해요? | Gut!<br>Um wie viel Uhr fängt er an? |
| **Ich:** | 밤 8시에 해요. | Er läuft um 20 Uhr. |
| **Yuna:** | 에구, 미안해요.<br>8 시에는 친구들이 집에 와요. | Oh, es tut mir leid.<br>Um 20 Uhr kommen meine Freunde zu mir nach Hause. |

| | | |
|---|---|---|
| **Ich:** | 아, 그래요. 유나 씨, 그러면 주말은 어때요? 주말에 만날까요? | Ah ja. Yuna, wie ist es dann mit dem Wochenende? Wollen wir uns am Wochenende treffen? |
| | 토요일 저녁 5 시에 시간 있어요? | Hast du am Samstag um 17 Uhr Zeit? |
| **Yuna:** | 아, 어떡하죠? 그때는 다른 약속이 있어요. | Oh [wörtl.: Was soll ich tun?], leider habe ich da schon eine andere Verabredung. |
| **Ich:** | 그럼 일요일은 어때요? | Wie wäre dann der Sonntag? |
| **Yuna:** | 일요일은 괜찮아요. 몇 시에 만날까요? | Sonntag ist okay! Um wie viel Uhr sollen wir uns treffen? |
| **Ich:** | 한 시 어때요? | Wie wäre 13 Uhr? |
| **Yuna:** | 네, 좋아요. 그때 같이 점심 식사도 할까요? | Ja, das ist okay. Gut. Wollen wir da auch zusammen Mittag essen? |
| **Ich:** | 좋은 생각이에요. 어디에서 만날까요? | Gute Idee! Wo sollen wir uns treffen? |
| **Yuna:** | 강남역 5번 출구에서 만날까요? | Wollen wir uns am Ausgang Nr. 5 der U-Bahnstation Gangnam treffen? |
| **Ich:** | 좋아요. 일요일 한 시 강남역 5번 출구에서 만나요. | Gut! Treffen wir uns am Sonntag um 1 Uhr am Ausgang Nr. 5 der U-Bahnstation Gangnam. |
| **Yuna:** | 그때 봐요. | Bis dann! |
| **Ich:** | 네, 그때 봐요. | Ja, bis dann! |

# Lektion 17

## Nein, ich mag das nicht besonders.

Yuna und ich sehen uns das traditionelle Viertel *Insa-dong* an. Es liegt mitten in der Stadt, wo die Hochhäuser dicht nebeneinanderstehen. Auch innerhalb Insa-dongs sind viele moderne Gebäude und Geschäfte zu sehen, doch Spuren der alten Zeit sind geblieben: Es gibt viele enge Gassen mit gebogenem Verlauf, die an unvorhergesehenen Stellen mit anderen Gassen verbunden sind, und etliche alte Häuser sind noch erhalten.

Wir bummeln durch die Straßen und schauen uns die unterschiedlichen Läden an: alte traditionelle Gemälde, moderne Bilder, Kalligraphiepinsel, Souvenirs, traditionelle Kleidung (*Hanbok*), Antiquitäten...

Ein Trödelladen zieht meine Aufmerksamkeit auf sich, und wir gehen hinein. So viele exotische Gegenstände! Ich kann mir bei vielen von ihnen gar nicht vorstellen, welchen Verwendungszweck sie haben. Da sehe ich in einem Regal eine dünne metallische Scheibe, die in zwei Teile zerbrochen ist.

**Ich**: 유나 씨, 이게 뭐예요?

**Yuna**: Das ist ein Spiegel aus Bronze.

**Ich**: Aber er ist ja kaputt – warum wird er dann noch zum Verkauf angeboten?

**Yuna**: Sein Zustand hat einen Sinn. Wenn ein Liebespaar sich früher für eine bestimmte Zeit nicht sehen können würde, brach es einen Spiegel in zwei Teile und jeder behielt eine Hälfte für sich.

Was für eine bewegende Hintergrundgeschichte. Ich finde den Spiegel schön und kaufe ihn, während Yuna nach draußen geht, um einen Anruf anzunehmen.

Als ich aus dem Laden trete, fragt Yuna mich: 배고파요? (*Hast du Hunger?*)

**Ich**: 네.
**Yuna**: Worauf hast du Appetit? Isst du gern Fleisch?
**Ich**: Nein, ich esse kein Fleisch.

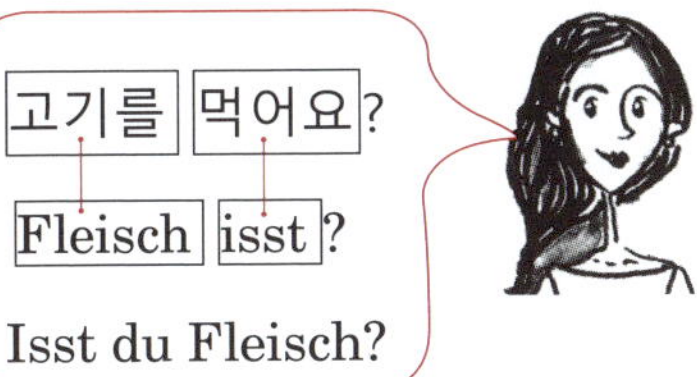


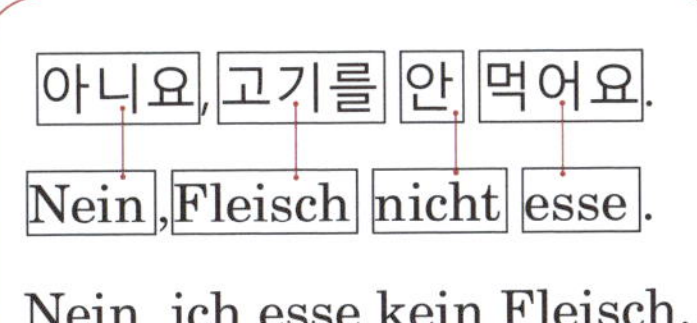


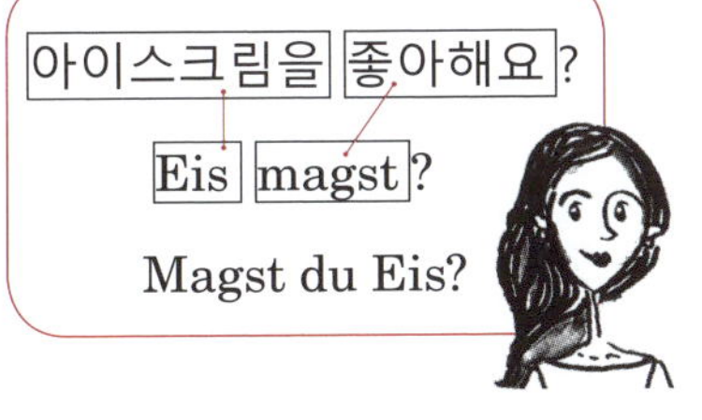


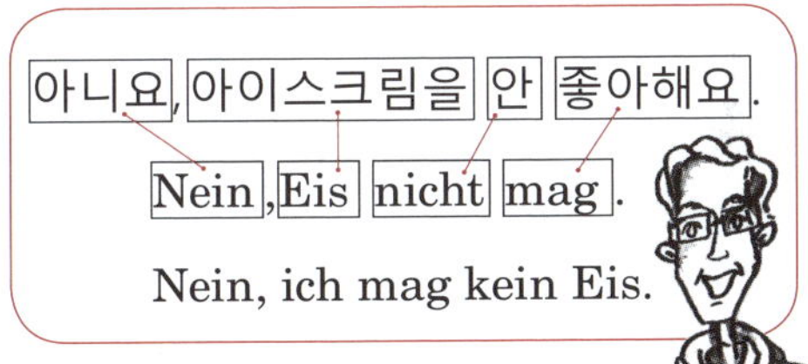

☛ Die Aussprache von 좋아해요: Wenn dem Batchim ㅎ der Laut o /ø/ folgt, wird ㅎ nicht ausgesprochen. 좋아해요 wird darum als [조아해요] ausgesprochen.

**Ich**: Wie kann ich sagen, dass ich etwas nicht mag oder nicht esse?
**Yuna**: Sag einfach direkt vor dem Verb: 안.
**Ich**: 안 좋아해요, 안 먹어요, 안 가요, 안 사요. So?
**Yuna**: Ja, genau! Du musst dabei auf die Verben achten, die im Infinitiv mit 하다 enden. Diese Verben lassen sich in zwei Gruppen einteilen: die zerlegbaren und die nicht zerlegbaren Verben. Sie werden unterschiedlich verneint.

- Wenn ein Verb ein Handlungsverb ist und aus einem Nomen und 하다 besteht, kann es zerlegt werden. Handlungsverben sind z.B. 가다 (*gehen*), 먹다 (*essen*), 공부하다 (*lernen*) usw. Da hat 하다 die Bedeutung *tun/machen*. Zum Beispiel lässt sich 공부하다 in das Nomen 공부 und 하다 zerlegen. Du machst nämlich 공부 (*das Lernen*). Im Vergleich dazu kannst du 좋아하다 (*mögen*) nicht zerlegen. Denn 좋아하다 ist zwar im Koreanischen ein Handlungsverb, aber 좋아 ist kein Nomen.
- Andererseits gibt es auch Verben mit 하다, die zu den Eigenschaftsverben gehören und auch nicht zerlegt werden. Ein Eigenschaftsverb drückt einen Zustand aus – wie ein Adjektiv im Deutschen. Zum Beispiel ist 피곤하다 (*müde sein*) ein solches Verb.

**Ich**: Wie kann ich das Handlungsverb vom Eigenschaftsverb unterscheiden? Kann ich sie an einem formellen Merkmal erkennen?

**Yuna**: Das wäre praktisch, aber leider muss man sie auswendiglernen.

**Ich**: Okay, wie soll ich solche Verben dann verneinen?

**Yuna**: Zur Verneinung der nicht zerlegbaren 하다-Verben kommt **안** vor das Verb. Die Verneinung von 좋아하다 ist dann...?

**Ich**: **안** 좋아하다.

**Yuna**: Genau! Für die zerlegbaren 하다-Verben kommt **안** zwischen das Nomen und 하다. Die Verneinung von 공부하다 ist...?

**Ich**: 공부 **안** 하다.

**Yuna**: Bingo! Bei den zerlegbaren 하다-Verben kann optional außerdem ein Akkusativ-Marker ans Nomen gehängt werden. So kannst du sowohl 공부하다 als auch 공부를 하다 sagen, die Bedeutung bleibt gleich.

**Ich**: Also kann ich für 운동하다 auch 운동을 하다 sagen?

**Yuna**: Ja, richtig. Wie sagst du *Ich mache keinen Sport* auf Koreanisch?

**Ich**: 운동 안 해요 oder 운동을 안 해요.

**Yuna**: Genau! Zur Verneinung gibt es noch eine weitere Form, die ein bisschen länger ist.

**Ich**: Länger? Ich will dann lieber bei der kürzeren bleiben.

**Yuna**: Die längere Form hat aber einen Vorteil. Du musst nicht lange grübeln, ob ein Verb zerlegbar ist oder nicht, sondern kannst unabhängig davon zu einem Verbstamm die entsprechende Endung hinzufügen. Außerdem ist die Formbildung einfach: Du brauchst nur jedes Mal -지 않다 anzuhängen.

**Ich**: Gut! Gibt es keinen Bedeutungsunterschied zwischen den beiden Verneinungsformen?

**Yuna**: Nein. Aber -지 않다 wird öfter im Schriftlichen verwendet. Üben wir mit der folgenden Tabelle.

## H138

**Bitte verdecken Sie zunächst die zwei rechten Spalten und bilden Sie die beiden Negationsformen. Gleichen Sie Ihre Antworten mit denen in der Tabelle ab.**

| Infinitiv | Deutsch | 안 | -지 않다 |
|---|---|---|---|
| 먹다 | essen | 안 먹어요 | 먹지 않아요 |
| 만나다 | treffen | 안 만나요 | 만나지 않아요 |
| 보다 | sehen | 안 봐요 | 보지 않아요 |
| 듣다* | hören | 안 들어요 | 듣지 않아요 |
| 만들다 | herstellen | 안 만들어요 | 만들지 않아요 |
| 바쁘다** | beschäftigt sein | 안 바빠요 | 바쁘지 않아요 |
| 공부하다 | lernen | 공부(를) 안 해요 | 공부하지 않아요 |
| 운동하다 | Sport machen | 운동(을) 안 해요 | 운동하지 않아요 |
| 전화하다 | telefonieren | 전화(를) 안 해요 | 전화하지 않아요 |
| 좋아하다 | mögen | 안 좋아해요 | 좋아하지 않아요 |
| 깨끗하다 | sauber sein | 안 깨끗해요 | 깨끗하지 않아요 |
| 피곤하다 | müde sein | 안 피곤해요 | 피곤하지 않아요 |
| 재미있다 | Spaß machen | 재미없어요 | 재미있지 않아요 |

* Unregelmäßiges Verb: Bei jeder Konjugation wird das Batchim ㄷ im Verbstamm zu ㄹ, wenn ihm ein Laut folgt, der mit einem Vokal anfängt.

** Unregelmäßiges Verb: Bei der Konjugation fällt der Vokal ㅡ in der letzten Silbe im Verbstamm aus, wenn ihm ein Laut folgt, der mit einem Vokal anfängt. An den Verbstamm wird -아요 gehängt, weil die vorletzte Silbe 바 den Vokal ㅏ hat.

**Yuna**: Achte auf die Verneinung von 있다 und 없다: **nicht** 안 있다 oder 안 없다. Die Verneinung von 있다 ist 없다 und umgekehrt. Beide Verben können alternativ aber auch einfach mit 지 않다 verneint werden.

## H139

**Antworten Sie auf die Fragen! Suchen Sie den passenden Satz im Kasten aus.**

텔레비전을 봐요? | 요즘 바빠요? | 고기를 자주 먹어요?

- 아니요, 바쁘지 않아요. 시간이 많아요.
- 아니요, 운동을 안 좋아해요. 운동은 힘들어요.
- 아니요, 고기를 자주 안 먹어요. 채소를 자주 먹어요.
- 아니요, 극장에 자주 가지 않아요. 집에서 영화를 봐요.
- 아니요, 텔레비전을 안 봐요. 책을 읽어요.
- 아니요, 커피를 안 마셔요. 차를 마셔요.

**Ich**: Mir ist die Positionierung von 자주 noch unklar. Wo steht es im Satz?

**Yuna**: 자주 gehört zu den Adverbien, die die Häufigkeit einer Handlung bzw. eines Geschehens kennzeichnen. Es gibt keine feste Regel zur Position von diesen Adverbien, es sei denn, es kommt nach einem Verb. So sind alle diese Satzvarianten möglich:

- **자주** 저는 커피를 마셔요.
- 저는 **자주** 커피를 마셔요.
- 저는 커피를 **자주** 마셔요.

Diese Adverbien stehen aber i.d.R. vor dem Wort, das sie näher beschreiben. Wenn 자주 allerdings mit einem Kennzeichen der Negation wie 안 oder -지 않다 verwendet wird, darf es nicht nach ihnen stehen. Dann ergeben sich z.B. folgende Sätze:

- 커피를 **자주** 안 마셔요. 커피를 **자주** 마시**지 않아요**.
- **Falsch** sind 커피를 안 자주 마셔요 und 커피를 마시지 자주 않아요.

Es gibt noch weitere nützliche Adverbien aus dieser Kategorie: 언제나/항상 (*immer*), 자주 (*oft*), 가끔 (*manchmal*). Die Gegenteile dazu lauten 전혀, 거의, 별로. Zu beachten ist dabei, dass die drei Adverbien 전혀, 거의 und 별로 i.d.R. mit einem Kennzeichen der Verneinung wie z.B. 안, -지 않다 verwendet werden müssen. So bedeutet 전혀 mit 안 oder -지 않다 *gar nicht*, 거의 mit 안 oder -지 않다 *fast nicht*, 별로 mit 안 oder -지 않다 *nicht besonders oft*.

 HI40

0% 전혀 거의 별로 가끔 자주 언제나/항상 100%

**Ich**: Gehört 별로 (*besonders*) auch zu den Adverbien der Häufigkeit?

**Yuna**: 별로 beschreibt sowohl die Häufigkeit als auch ihren Grad. Für *Ich mache nicht besonders oft Sport* sagt man auf Koreanisch 저는 운동을 별로 안 해요. Dabei bezeichnet 별로 die Häufigkeit. Für *Der Film ist nicht besonders gut* sagt man 그 영화는 별로 안 좋아요. In diesem Fall geht es um den Grad, also inwieweit er gut ist.

**Ich**: Verstanden. Kannst du mir noch mehr Beispiele zur Vertiefung nennen?

**Yuna**: Sehr gern!

- *Ich gehe nicht besonders oft spazieren.* → 저는 산책을 별로 안 해요.
- *Ich mag Sport nicht besonders.* → 저는 운동을 별로 안 좋아해요.

**Ich**: Danke! Gibt es eigentlich zwischen 별로 안 (*nicht besonders*) und 거의 안 (*kaum*) einen Unterschied? Sie klingen ja fast gleich.

**Yuna**: Stimmt, aber letzterer klingt negativer. Füge doch mal die Adverbien in diese Sätze ein. Vergleiche danach mit den Lösungen im Kasten.

HI41

- 저는 일찍 일어나요. (언제나/항상)
- 우도 씨는 영화관에 가요. (자주)
- 토비아스 씨는 어머니에게 전화를 해요. (가끔)
- 저는 운동을 좋아해요. (별로)
- 제 동생은 컴퓨터 게임을 해요. (거의)
- 우리 어머니는 운동을 해요. (전혀)

저는 **언제나/항상** 일찍 일어나요*. 우도 씨는 **자주** 영화관에 가요**. 토비아스 씨는 어머니에게 **가끔** 전화를 해요***. 저는 운동을 **별로 안** 좋아해요. 제 동생은 컴퓨터 게임을 **거의** 안 해요. 우리 어머니는 운동을 **전혀 안** 해요.

* Alternativ: 언제나/항상 저는 일찍 일어나요.

** Alternativ: 자주 우도 씨는 영화관에 가요; 우도 씨는 영화관에 자주 가요.

*** Alternativ: 토비아스 씨는 가끔 어머니에게 전화를 해요; 가끔 토비아스 씨는 어머니에게 전화를 해요.

 **H142**

**Fragen Sie mithilfe der Wörter im Kasten eine/n (fiktive/n) PartnerIn, ob er/sie diese Tätigkeiten oft ausführt.**
**Ein Beispiel: 수영을 자주 해요? (*Schwimmen Sie oft?*) Antworten Sie nun selber auf die Fragen mit den Hinweisen, die unter den Bildern stehen, und suchen Sie den passenden Satz im Kasten unten aus.**

| 수영을 하다 | 그림을 그리다 | 기타를 치다 | 춤을 추다 |
|---|---|---|---|
| 배드민턴을 치다 | 등산을 하다 | 공연을 보다 | 피아노를 치다 |

자주

전혀

가끔

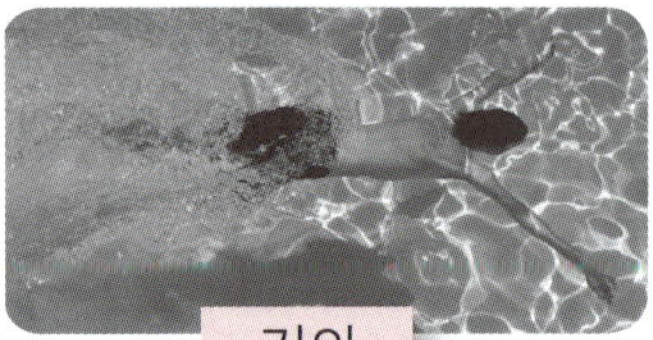

거의

자주

전혀

별로

가끔

| | |
|---|---|
| 아니요, (공연을) 별로 안 봐요. | 네, (피아노를) 자주 쳐요. |
| 아니요, (배드민턴을) 가끔 쳐요. | 아니요, (수영을) 거의 안 해요. |
| 네, (등산을) 자주 해요. | 아니요, (그림을) 전혀 안 그려요. |
| 아니요, (춤을) 가끔 춰요. | 아니요, (기타를) 전혀 안 쳐요. |

# Grammatik im Überblick

## Handlungsverb und Eigenschaftsverb

- Handlungsverb: drückt eine Handlung aus.

Beispiele: 먹다 (*essen*), 자다 (*schlafen*), 공부하다 (*lernen*)

- Eigenschaftsverb: drückt einen Zustand oder eine Eigenschaft aus.

Beispiele: 크다 (*groß sein*), 바쁘다 (*beschäftigt sein*), 좋다 (*gut sein*)

## Verneinung

- **mit 안**

Um einen Satz zu verneinen, kommt 안 vor das Verb. Wenn es sich um ein Handlungsverb handelt, das in ein Nomen und 하다 zerlegt werden kann, kommt 안 zwischen das Nomen und 하다. Wenn ein Handlungsverb nicht trennbar ist, kommt 안 davor. Wenn ein Verb zwar mit 하다 endet, aber ein Eigenschaftsverb ist, ist es nicht zu zerlegen. In diesem Fall kommt 안 auch vor das Verb.

- **mit -지 않다**

Diese Endung wird einfach hinten an den Verbstamm gehängt.
→ Diese zwei Arten der Verneinung haben keinen Bedeutungsunterschied. Aber -지 않다 wird mehr im Schriftlichen verwendet.

## Adverbien der Häufigkeit

Es gibt für sie keine feste Position, aber sie stehen i.d.R. vor dem Wort, das sie näher beschreiben. Sie dürfen dabei nicht nach einem Kennzeichen der Verneinung (안, -지 않다) stehen. Die Adverbien 전혀, 거의 und 별로 müssen i.d.R. mit einem Kennzeichen der Verneinung verwendet werden.

## H143

### Wörterliste

| Koreanisch | Deutsch |
|---|---|
| 가끔 | manchmal |
| 거의 ... 안 | fast nie |
| 게임을 하다 | ein Spiel spielen |
| 고기 | Fleisch |
| 공연 | Konzert, Aufführung |
| 그리다 | zeichnen, malen |
| 그림 | Bild |
| 극장 | Kino |
| 기타를 치다 | Gitarre spielen |
| 동생 | jüngeres Geschwister |
| 등산 | das Besteigen des Bergs |
| 등산(을) 하다 | Berg besteigen |
| 또 다른 | noch ein(e) andere(s/r) |
| 많다 | viel sein |
| 바쁘다 | beschäftigt sein |
| 배드민턴을 치다 | Badminton spielen |
| 별로 ... 안 | nicht besonders |
| 산 | Berg |
| 수영 | das Schwimmen |
| 수영(을) 하다 | schwimmen |

| Koreanisch | Deutsch |
|---|---|
| 아이스크림 | Eis |
| 어떤 | welche(s/r) |
| 어머니 | Mutter |
| 언제나 | immer |
| -에게 | Dativ-Marker |
| 영화관 | Kino |
| 요즘 | zur Zeit |
| 이제 | jetzt, nunmehr |
| 일어나다 | aufstehen |
| 일찍 | früh |
| 자주 | oft |
| 재미없다 | keinen Spaß machen |
| 전혀 ... 안 | gar nicht |
| 전화하다 | telefonieren |
| 채소 | Gemüse |
| 춤을 추다 | tanzen |
| 취미 | Hobby |
| 텔레비전 | TV |
| 피곤하다 | müde sein |
| 피아노를 치다 | Klavier spielen |
| 항상 | immer |
| 핸드볼 | Handball |

## H144

### Text zur Lektion

**Yuna**: 토마스 씨는 취미가 뭐예요? — Thomas, was ist dein Hobby?

**Ich**: 저는 영화를 좋아해요. — Ich mag gern Filme.
유나 씨도 영화를 좋아해요? — Yuna, magst du auch Filme?

| | | |
|---|---|---|
| **Yuna**: | 아니요, 저는 영화는 자주 안 봐요. | Nein, ich schaue nicht oft Filme. |
| | 저는 드라마를 자주 봐요. | Ich schaue eher Serien. |
| **Ich**: | 아, 그래요. 저는 드라마는 좋아하지 않아요. | Ach so. Ich mag keine Serien. |
| **Yuna**: | 또 다른 취미가 있어요? | Hast du noch ein anderes Hobby? |
| **Ich**: | 네, 저는 핸드볼을 좋아해요.<br>유나 씨도 핸드볼을 좋아해요? | Ja, ich mag gern Handball.<br>Magst du auch Handball? |
| **Yuna**: | 저는 핸드볼을 별로 좋아하지 않아요. | Ich mag Handball nicht besonders. |
| | 저는 수영을 좋아해요.<br>그리고 저는 등산을 좋아해요. | Ich mag Schwimmen.<br>Und ich besteige gern Berge. |
| **Ich**: | 저는 등산을 안 해요.<br>베를린에는 산이 없어요. | Ich besteige keine Berge.<br>In Berlin gibt es keine Berge. |
| **Yuna**: | 그리고 저는 요리를 자주 해요. | Und ich koche oft. |
| **Ich**: | 저는 요리를 전혀 안 해요. 재미없어요. | Ich koche gar nicht. Das macht mir keinen Spaß. |
| | 유나 씨는 어떤 음식을 자주 요리해요? | Welches Essen kochst du oft? |
| **Yuna**: | 저는 한국 음식을 자주 요리해요. | Ich koche oft koreanisches Essen. |
| **Ich**: | 그런데, 유나 씨, 저 배가 고파요. | Yuna, ich habe übrigens Hunger. |
| **Yuna**: | 하하, 저도요. 우리 이제 식당에 갈까요? | Haha, ich auch. Wollen wir jetzt ins Restaurant gehen? |
| **Ich**: | 좋아요! | Gut! |

# Lektion 18

## Was willst du essen?

Yuna hat mich in ein Restaurant gebracht, das für sein traditionelles Essen bekannt ist.

**Yuna**: Was möchtest du bestellen?

**Ich**: Hm... Hier in der Speisekarte steht 불고기. Was für ein Essen ist das?

**Yuna**: Das ist Bulgogi, ein typisches koreanisches Gericht aus Rindfleisch.

**Ich**: Das sieht gut aus. Aber ich esse ja kein Fleisch.

**Yuna**: Wie wäre es dann mit Bibimbap? Das ist auch typisch koreanisch und wird u.a. mit Gemüse, Reis und Gochujang zubereitet. Es gibt viele Varianten davon, auch vegetarische.

**Ich**: Was ist Gochujang?

**Yuna**: Gochujang ist eine traditionelle scharfe Gewürzpaste aus Klebreismehl. Verträgst du scharfes Essen?

**Ich**: Natürlich, ich liebe den scharfen Geschmack. Ich nehme es!

**H145**

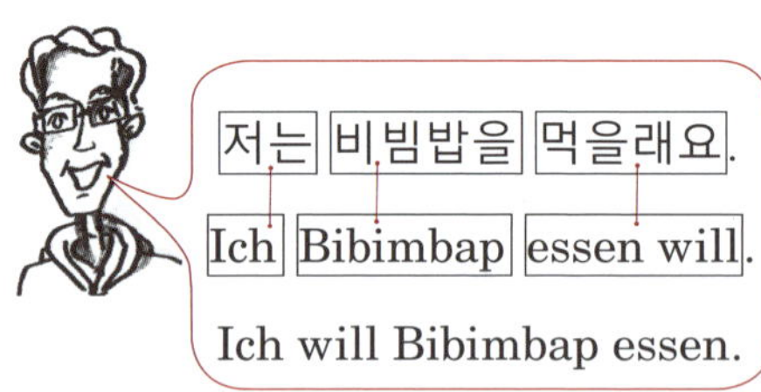


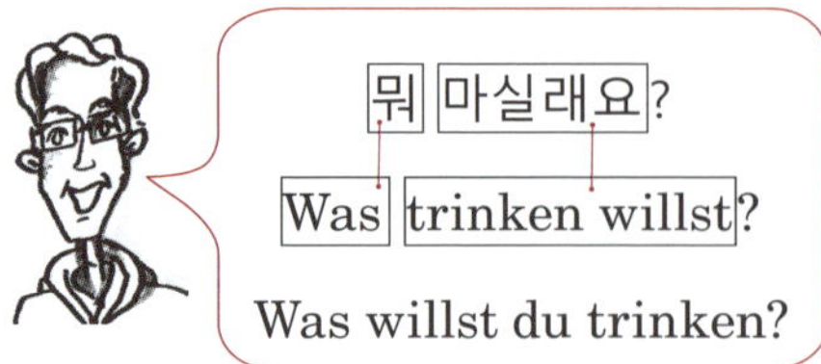


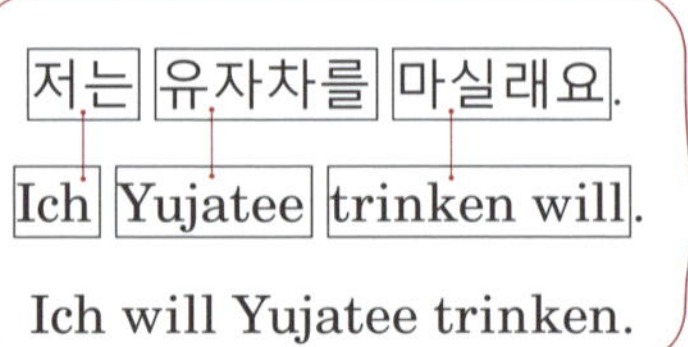

**Ich**: Du hast die Endung -ㄹ/을래요 verwendet, um mich zu fragen, was ich nehmen will, oder?

**Yuna**: Ja, richtig. Das ist eine Verbendung, mit der man nach dem Wunsch bzw. der Meinung des Gegenübers fragen kann.

**Ich**: Also etwas Ähnliches wie die Verbendung -ㄹ/을까요? aus → **Lektion 16.** Was ist der Unterschied zwischen den beiden?

**Yuna**: -ㄹ/을까요? wird nicht verwendet, wenn das Subjekt die zweite Person ist. Darum klingt es ungewöhnlich, wenn ich dich fragen würde: 토마스 씨는 뭐 먹을까요? Im Vergleich dazu kann bei -ㄹ/을래요? die zweite Person das Subjekt sein, darum klingt 토마스 씨는 뭐 먹을래요? natürlich.

Es gibt außerdem noch einen weiteren Unterschied: -ㄹ/을까요? lässt sich nur in einer Frage benutzen, wohingegen -ㄹ/을래요 sowohl für eine Frage als auch für eine Aussage (→ **Hörübung 145**) verwendet wird.

**Ich**: Verstanden. Wie soll ich die Form bauen? Kommt auch diesmal -을래요 nach einer Silbe mit Batchim und -ㄹ래요 ohne Batchim?

**Yuna**: Ja, genau! Und zu dem Verbstamm, der mit dem Batchim ㄹ endet, wird nur 래요 hinzugefügt. Üben wir mit der folgenden Tabelle.

## H146

**Bitte decken Sie die rechte Spalte ab und bilden Sie die Formen mit -ㄹ/을래요. Gleichen Sie Ihre Antworten mit denen in der Tabelle ab.**

| Koreanisch | Deutsch | -ㄹ/을래요 |
|---|---|---|
| 먹다 | essen | 먹을래요 |
| 구경하다 | anschauen | 구경할래요 |
| 사진 찍다 | Fotos machen | 사진 찍을래요 |
| 쉬다 | sich ausruhen | 쉴래요 |
| 산책하다 | spazieren | 산책할래요 |
| 도와주다 | helfen | 도와줄래요 |
| 듣다* | hören | 들을래요 |
| 놀다* | spielen | 놀래요 |
| 만들다* | machen | 만들래요 |

* Hier unregelmäßig

 **H147**

**Stellen Sie mithilfe der Bilder eine zu der Antwort passende Frage und suchen Sie im Kasten den passenden Satz aus.**

MENÜ
비빔밥 10,000원
불고기 12,000원

가: .........................
나: 저는 비빔밥 먹을래요.

가: .........................
나: 네, 감사합니다.

Komm, wir gehn ins KINO

가: .........................
나: 미안해요. 약속이 있어요.

가: .........................
나: 아니요, 괜찮습니다.

가: .........................
나: 네, 좋아요!

| 음료수 마실래요? | | 뭐 먹을래요? |
|---|---|---|
| | 과자 먹을래요? | |
| 내일 제 생일 파티에 올래요? | | 영화 볼래요? |

**Yuna**: -ㄹ/을래요 dient auch dazu, einen Vorschlag zu machen. In diesem Fall kommen häufig Wörter wie 우리 (*wir*) oder 같이 (*zusammen*) vor.

**H148**

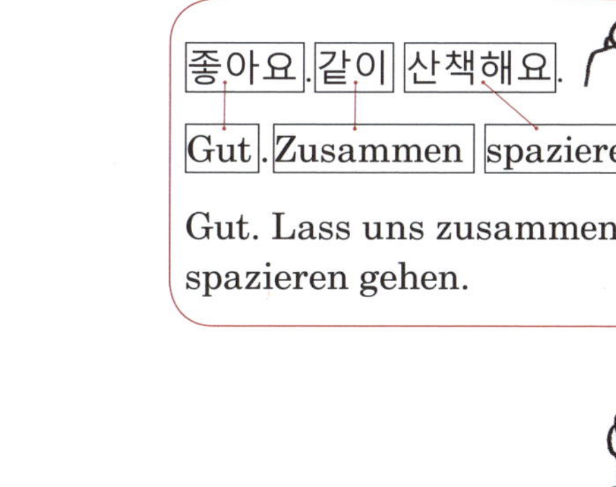

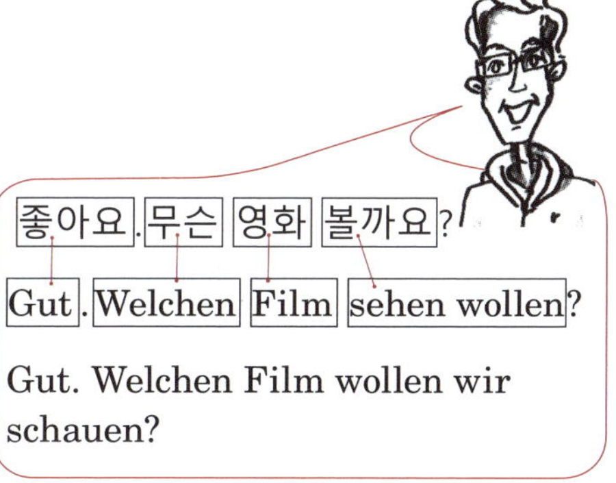


**Ich**: Gibt es noch weitere Möglichkeiten, einen Vorschlag zu formulieren?

**Yuna**: Du kannst dafür auch die Endung -아/어요 verwenden.

**Ich**: Meinst du die Endungen, die wir in → **Lektion 8** für die Gegenwart gelernt haben, also 먹어요, 읽어요, 봐요...?

**Yuna**: Genau.

**Ich**: Dieselbe Form wird mal für eine Aussage und mal für einen Vorschlag verwendet?!

**Yuna**: Ja, du hast richtig verstanden. Die Unterscheidung der beiden hängt stark vom Kontext ab und ist in gewisser Weise an der Intonation zu hören.

**H149**

**Machen Sie mithilfe der Bilder einen Vorschlag und suchen Sie im Kasten den passenden Satz aus.**

가: ........................
나: 미안해요. 오늘은 좀 피곤해요.

가: ........................
나: 좋아요. 무슨 게임을 할까요?

가: ........................
나: 좋아요. 이따가 백화점 앞에서 만나요.

가: ........................
나: 미안해요. 오늘은 집에서 쉴래요.

가: ........................
나: 네, 같이 춰요.

| | | |
|---|---|---|
| 같이 쇼핑해요! | | 저녁에 같이 한잔할래요? |
| | 오늘 같이 운동해요. | |
| 우리 같이 컴퓨터 게임 해요. | | 같이 춤출래요? |

# Grammatik im Überblick

## Verbendung -ㄹ/을래요

Die Verbendung -ㄹ/을래요 wird sowohl im Frage- als auch im Aussagesatz benutzt und dient dazu, nach dem Wunsch bzw. der Meinung des Gegenübers zu fragen oder einen Vorschlag zu machen. Diese Endung kann sich nur an ein Handlungsverb anschließen.

- Nach Verbstamm mit Batchim am Ende: -을래요
- Nach Verbstamm ohne Batchim am Ende: -ㄹ래요
- Nach Verbstamm mit Batchim ㄹ am Ende: -래요

## Verbendung -아/어요

Diese Endung gleicht jener, die für die Gegenwart mit -아/어요 (→ **Lektion 8**) verwendet wird, und kann ebenfalls für die Formulierung eines Vorschlags benutzt werden.

### Wörterliste

| Koreanisch | Deutsch |
|---|---|
| 강 | Fluss |
| Verbstamm 고 | und |
| 과자 | Keks |
| 구경하다 | anschauen |
| 맥주 | Bier |
| 무슨 | welche(r/s) |
| 밤 경치 | Aussicht bei Nacht |
| 백화점 | Kaufhaus |
| 불고기 | Bulgogi |
| 비빔밥 | Bibimbap |
| 생일 파티 | Geburtstagsparty |
| 쇼핑하다 | shoppen |
| 없으세요? | (Honorific) Haben Sie nicht...? |

| Koreanisch | Deutsch |
|---|---|
| 여기요! | wörtl.: Hier, bitte! (wenn man die Bedienung ruft) |
| 영화 보다 | Film schauen |
| 유자차 | Yujatee |
| 음료수 | Getränk |
| 이따가 | später |
| 작은 | klein |
| 주문하시다 | Honorific von 주문하다 (*bestellen*) |
| 춤추다 | (= 춤을 추다) tanzen |
| 컴퓨터 게임하다 | Computerspiele spielen |
| 피곤하다 | müde sein |
| 필요한 거 | etwas, das man braucht |
| 한잔하다 | einen trinken (ugs.) |

## H151
**Text zur Lektion**

| | | |
|---|---|---|
| **Yuna**: | 토마스 씨, 뭐 먹을래요? | Thomas, was willst du essen? |
| **Ich**: | 저는 비빔밥을 먹을래요.<br>유나 씨는요? | Ich nehme Bibimbap. Und du, Yuna? |
| **Yuna**: | 저는 불고기를 먹을래요. | Ich nehme Bulgogi. |
| **Ich**: | 뭐 마실래요?<br>맥주 마실래요? | Was willst du trinken?<br>Willst du Bier? |
| **Yuna**: | 아니요, 저는 유자차를 마실래요. | Nein, ich will Yujatee. |
| **Ich**: | 그럼 저도 유자차를 마실래요. | Ich nehme dann auch Yujatee. |
| **Yuna**: | 여기요! | Hallo! |
| **Bedienung**: | 네! 주문하실래요? | Ja, bitte. Wollen Sie bestellen? |
| **Yuna**: | 네, 비빔밥 하나하고 불고기 하나,<br>그리고 유자차 두 잔 주세요. | Ja, wir hätten gern ein Bibimbap, ein Bulgogi und zwei Tassen Yujatee. |
| **Bedienung**: | 비빔밥 하나하고 불고기 하나,<br>유자차 둘... 네, 알겠습니다. | Ein Bibimbap, ein Bulgogi und zwei Yujatee... alles klar! |
| | 뭐 더 필요한 거 없으세요? | Brauchen Sie nichts mehr? |
| **Yuna**: | 아니요, 괜찮습니다. | Nein, danke. |
| **Bedienung**: | 네, 감사합니다. | Dankeschön! |
| **Yuna**: | 토마스 씨, 이따가 우리 같이<br>청계천에 갈래요? | Thomas, wollen wir später zum *Cheong Gye Cheon* gehen? |

| | | |
|---|---|---|
| **Ich**: | 청계천이 뭐예요? | Was ist der Cheong Gye Cheon? |
| **Yuna:** | 청계천은 작은 강이에요. | Cheong Gye Cheon ist ein kleiner Fluss[1]. |
| **Ich**: | 청계천은 뭐가 좋아요? | Was ist an Cheong Gye Cheon gut? |
| **Yuna**: | 청계천은 밤 경치가 좋아요. | Dort ist bei Nacht eine schöne Aussicht. |
| **Ich**: | 좋아요. 청계천에 가요. | Gut! Gehen wir zum Cheong Gye Cheon! |
| | 청계천에서 뭐 할까요? | Was wollen wir am Cheong Gye Cheon machen? |
| **Yuna**: | 사진도 찍고 밤 경치도 구경해요. | Machen wir Fotos und schauen wir uns auch die Aussicht bei Nacht an! |

Cheong Gye Cheon ist ein kleiner Fluss, der in der Mitte von Seoul fließt. Sein Wasser ist sehr klar, sodass man im Sommer ohne Bedenken die Füße darin abkühlen kann. Der Fluss befindet sich etwa zwei Meter tiefer als die Straßen mit ihren modernen, vielgeschossigen Gebäuden, die sich dicht aneinander drängen.

Nach dem Essen setzen wir uns ans Ufer des Cheong Gye Cheon und hören einem Straßenmusikanten beim Spielen zu.

1 Auch heißt so der Erholungsraum, der sich um den Fluss gebildet hat.

# Lektion 19

## Ich werde morgen nach Jeonju fahren.

Als ich in meine Pension zurückkehre, begegne ich endlich dem Geschäftsführer der Unterkunft. Ich frage ihn nach dem Ornament, das auf dem Schloss am Schrank in meinem Zimmer zu sehen ist. Es ähnelt schließlich auf verblüffende Weise dem halben Stempel auf dem Zettel, den ich im Gat gefunden habe.

Der Geschäftsführer weiß zwar natürlich von der Existenz des Schrankes, aber zum Schloss kann er nichts sagen. Einen Anhaltspunkt gibt er mir trotzdem: Er hat den Schrank von einem alten Bekannten geschenkt bekommen. Dieser wohnt in Jeonju, einer Großstadt ca. 230 km südlich von Seoul. Kurzentschlossen rufe ich Yuna an und erzähle ihr vom Bekannten des Geschäftsführers, den ich morgen in Jeonju aufsuchen möchte. Glücklicherweise hat sie Zeit und Lust mich zu begleiten.

H152

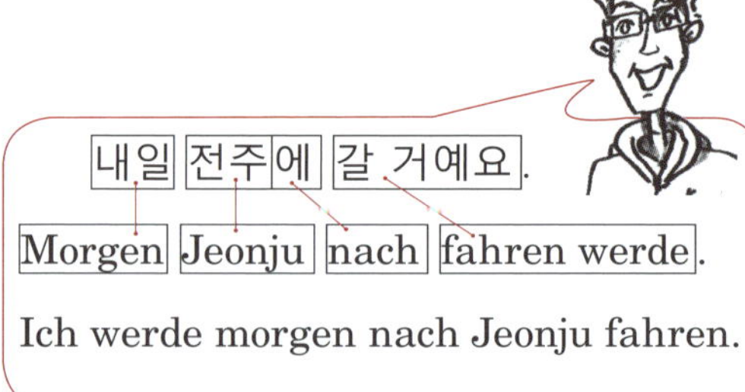


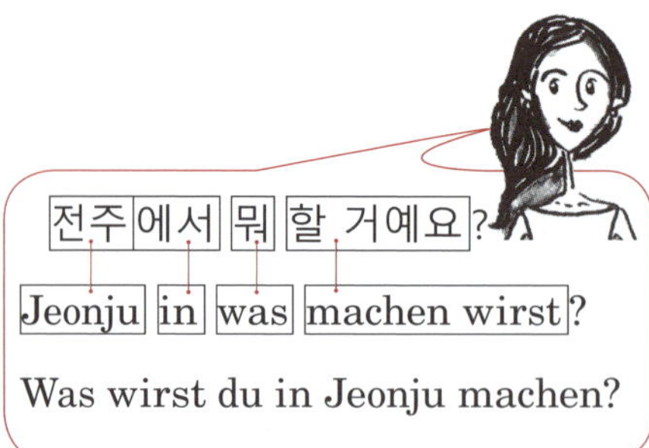


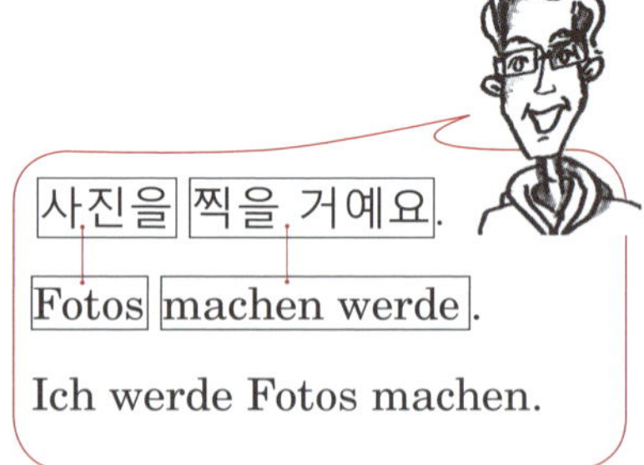

**Ich**: Wie drückt man auf Koreanisch die Zukunft aus?

**Yuna**: Die Zukunft kann mit der Verbendung -ㄹ/을 것이다 ausgedrückt werden. Das ist der Infinitiv. Wenn er mit der Endung -아/어요 kombiniert wird, entsteht -ㄹ/을 거예요.

**Ich**: Das sieht dem Infinitiv ja gar nicht mehr ähnlich.

**Yuna**: Es stimmt. ㅅ von 것 im Infinitiv ist verschwunden, und außerdem kommt 예요, also eine konjugierte Form von 이다, hinzu, da 거 kein mehr Batchim hat.

**Ich**: Verstehe. Wie soll ich die Form anwenden?

**Yuna**: Nach einem Verbstamm mit Batchim kommt -을 거예요 und ohne Batchim -ㄹ 거예요. Nach einer Silbe mit dem Batchim ㄹ fügst du nur 거예요 hinzu.

**Ich**: Kann ich den Infinitiv auch mit der höflichen formellen Endung -ㅂ/습니다 verbinden?

**Yuna**: Klar. Die konjugierte Form sieht dann so aus: -ㄹ/을 것입니다. Nach einem Verbstamm mit Batchim kommt -을 것입니다 und ohne Batchim -ㄹ 것입니다. Nach einer Silbe mit dem Batchim ㄹ fügst du nur 것입니다 hinzu. 것입니다 wird sehr häufig zu 겁니다 verkürzt. Üben wir mit diesen Verben die Formbildung.

## H153

**Bitte verdecken Sie die zwei rechten Spalten und bilden Sie die beiden Futurformen. Gleichen Sie Ihre Antworten mit denen in der Tabelle ab.**

| Koreanisch | Deutsch | Zukunft -아/어요* | Zukunft -ㅂ/습니다* |
|---|---|---|---|
| 먹다 | essen | 먹을 거예요 | 먹을 겁니다 |
| 읽다 | lesen | 읽을 거예요 | 읽을 겁니다 |
| 마시다 | trinken | 마실 거예요 | 마실 겁니다 |
| 보다 | sehen | 볼 거예요 | 볼 겁니다 |
| 여행하다 | reisen | 여행할 거예요 | 여행할 겁니다 |
| 듣다** | hören | 들을 거예요 | 들을 겁니다 |
| 만들다** | herstellen | 만들 거예요 | 만들 겁니다 |
| 살다** | wohnen | 살 거예요 | 살 겁니다 |
| 춥다** | kalt sein | 추울 거예요 | 추울 겁니다 |
| 덥다** | warm sein | 더울 거예요 | 더울 겁니다 |

* -아/어요 → Lektion 8 und -ㅂ/습니다 → Lektion 13

** Hier unregelmäßig

**Ich**: Die Verben 춥다 und 덥다 verändern sich auf eine sonderbare Weise!

**Yuna**: Ja, stimmt. Sie gehören zu den unregelmäßigen Verben mit dem Batchim ㅂ. Nicht alle, aber viele Verben, deren Verbstamm mit dem Batchim ㅂ endet, weisen unregelmäßige Veränderungen auf. Bei solchen Verben wird das Batchim ㅂ zu 우, wenn auf dessen Verbstamm eine Silbe mit dem Buchstaben ㅇ folgt. Beispielsweise wird 춥 von 춥다 zu 추우, das dann als Verbstamm dient. Wie ist die Gegenwartsform von 춥다 mit der Verbendung -아/어요?

**Ich**: 춥 wird zu 추우, weil die Endung mit dem Buchstaben ㅇ anfängt. Die letzte Silbe von 추우 hat den Vokal 우. Dann muss hierzu die Endung -어요 kommen, und 우 und 어 werden zusammengelegt… Also: 추워요!

**Yuna**: Richtig! Wie wäre es dann mit der Zukunft? Achte dabei darauf, dass die Endung -ㄹ 거예요 eine Variante von 을 거예요 ist, das mit einer Silbe mit ㅇ beginnt.

**Ich**: 춥 muss in diesem Fall auch zu 추우 werden. Die letzte Silbe 우 hat kein Batchim, daher kommt -ㄹ 거예요 hinzu, also: 추울 거예요.

**Yuna**: Sehr gut! Üben wir mit der folgenden Tabelle.

H154

| Koreanisch | Deutsch | Gegenwart | Vergangenheit | Zukunft |
|---|---|---|---|---|
| 덥다 | warm sein | 더워요 | 더웠어요 | 더울 거예요 |
| 춥다 | kalt sein | 추워요 | 추웠어요 | 추울 거예요 |
| 어렵다 | schwierig sein | 어려워요 | 어려웠어요 | 어려울 거예요 |
| 쉽다 | einfach sein | 쉬워요 | 쉬웠어요 | 쉬울 거예요 |
| 가볍다 | leicht sein | 가벼워요 | 가벼웠어요 | 가벼울 거예요 |
| 무겁다 | schwer sein | 무거워요 | 무거웠어요 | 무거울 거예요 |

**Ich**: Kann man das auch mit der Endung -ㅂ/습니다 formulieren?

**Yuna**: Klar. Sieh dir dazu die folgende Tabelle an. Du musst auf die Gegenwartsform achten: Dabei beginnt die Verbendung mit einem Konsonanten, sodass der Verbstamm sich nicht verändert. Du kannst erst die Formen bilden und deine Lösungen dann mit den drei rechten Spalten vergleichen.

## H155

| Koreanisch | Deutsch | Gegenwart | Vergangenheit | Zukunft |
|---|---|---|---|---|
| 덥다 | warm sein | 덥습니다 | 더웠습니다 | 더울 겁니다 |
| 춥다 | kalt sein | 춥습니다 | 추웠습니다 | 추울 겁니다 |
| 어렵다 | schwierig sein | 어렵습니다 | 어려웠습니다 | 어려울 겁니다 |
| 쉽다 | einfach sein | 쉽습니다 | 쉬웠습니다 | 쉬울 겁니다 |
| 가볍다 | leicht sein | 가볍습니다 | 가벼웠습니다 | 가벼울 겁니다 |
| 무겁다 | schwer sein | 무겁습니다 | 무거웠습니다 | 무거울 겁니다 |

**Yuna**: Die Zukunft kann auch für Vermutungen verwendet werden. Schau her.

## H156

**Wie ist das Wetter morgen? Machen Sie mit den Bildern eine Prognose und suchen Sie im Kasten den passenden Satz aus.**

| | | |
|---|---|---|
| 맑을 거예요. | 눈이 올 거예요. | 시원할 거예요. |
| 따뜻할 거예요. | 더울 거예요. | 비가 올 거예요. |
| 추울 거예요. | 바람이 불 거예요. | 흐릴 거예요. |

 **H157**

**So sagt man die vier Jahreszeiten auf Koreanisch:**

봄 여름

가을 겨울

## Grammatik im Überblick

### Zukunft bilden mit den Verbendungen -ㄹ/을 거예요 und -ㄹ/을 겁니다

Diese Endung wird auch zur Formulierung von Vermutungen benutzt. Die Formbildung ist folgendermaßen:

- Nach Verbstamm mit Batchim am Ende: -을 거예요 / -을 겁니다
- Nach Verbstamm ohne Batchim am Ende: -ㄹ 거예요 / -ㄹ 겁니다
- Nach Verbstamm mit Batchim ㄹ am Ende: 거예요 / 겁니다

### Unregelmäßige Verben mit Batchim ㅂ

Wenn ein Verb zu den unregelmäßigen Verben mit dem Batchim ㅂ gehört und auf dessen Verbstamm ein vokalischer Laut folgt, wandelt sich das Batchim ㅂ in der letzten Silbe im Verbstamm in die eigenständige Silbe 우 um. Siehe die Tabellen oben (→ **Hörübung 154**).

## Wörterliste

| Koreanisch | Deutsch |
|---|---|
| -고 싶다 | mögen im Konj. II; wollen |
| 가을 | Herbst |
| 가져오다 | mitbringen |
| 갑자기 | plötzlich |
| 겨울 | Winter |
| 고속버스 | Expressbus |
| 구경을 하다 | anschauen, sich umsehen |
| 그리고 | und |
| 날씨 | Wetter |
| 내일 | morgen |
| 누구 | jemand/wer |
| 눈이 오다 | schneien |
| 덥다 | heiß/warm sein |
| 돌아오다 | zurückkommen |
| 따뜻하다 | angenehm warm sein |
| 또 | noch, außerdem |
| 맑다 | klar sein (Himmel) |
| 먼저 | zuerst |
| 모레 | übermorgen |
| 묵다 | übernachten |
| 바람이 불다 | windig sein (wörtlich: wehen [Wind]) |

| Koreanisch | Deutsch |
|---|---|
| 박물관 | Museum |
| 봄 | Frühling |
| 비가 오다 | regnen |
| 사장님 | Herr Geschäftsführer |
| 사진을 찍다 | Fotos machen |
| 시내 | Innenstadt |
| 시원하다 | erfrischend kühl sein |
| 여름 | Sommer |
| 왜요? | (gewöhnliche höfliche Form) warum? |
| 우산 | Regenschirm |
| 재미있다 | Spaß machen |
| 전주 | Jeonju (Stadt in Südkorea) |
| 정말 | wirklich |
| 출발하다 | losfahren |
| 춥다 | kalt sein |
| 타고 가다 | hinfahren |
| 하다 | tun, machen |
| 호텔 | Hotel |
| 흐리다 | stark bewölkt sein |

### 🎧 H159
### Text zur Lektion

Das Telefon klingelt.

| | | |
|---|---|---|
| **Ich:** | 여보세요, 유나 씨? | Hallo, Yuna? |
| **Yuna:** | 네, 저예요. | Ja, ich bin es. |
| **Ich:** | 유나 씨, 저 전주에 갈 거예요. | Yuna, ich werde nach Jeonju fahren. |
| **Yuna:** | 네? 갑자기 왜요? | Ja? Warum so plötzlich? |
| **Ich:** | 전주에서 누구를 좀 만날 거예요. | Ich werde in Jeonju jemanden treffen. |
| **Yuna:** | 언제 출발할 거예요? | Wann wirst du losfahren? |
| **Ich:** | 내일 아침에 출발할 거예요. | Ich werde morgen früh losfahren. |
| **Yuna:** | 언제 돌아올 거예요? | Wann kommst du zurück? |
| **Ich:** | 모레 돌아올 거예요. | Ich komme übermorgen zurück. |
| **Yuna:** | 어디에서 묵을 거예요? | Wo wirst du übernachten? |
| **Ich:** | 호텔에서 묵을 거예요. | Ich werde in einem Hotel übernachten. |
| **Yuna:** | 무엇을 타고 갈 거예요? | Womit wirst du hinfahren? |
| **Ich:** | 고속버스를 타고 갈 거예요. | Ich nehme den Expressbus. |
| **Yuna:** | 전주에서 뭐 할 거예요? | Was wirst du in Jeonju machen? |
| **Ich:** | 먼저 김 사장님을 만날 거예요. | Ich werde zuerst Herrn Geschäftsführer Kim treffen. |
| **Yuna:** | 그리고 또 뭐 할 거예요? | Was wirst du noch machen? |

| | | |
|---|---|---|
| **Ich:** | 박물관에 갈 거예요. | Ich werde in ein Museum gehen. |
| **Yuna:** | 그리고 또 뭐 할 거예요? | Was wirst du noch machen? |
| **Ich:** | 시내 구경을 할 거예요.<br>그리고 사진도 찍을 거예요. | Ich werde die Innenstadt anschauen. Und ich werde auch Fotos machen. |
| **Yuna:** | 토마스 씨, 저 내일 시간이 있어요. 저도 전주에 같이 가고 싶어요. | Thomas, ich habe morgen Zeit. Ich möchte auch nach Jeonju mitfahren. |
| **Ich:** | 정말요? 그럼 우리 같이 가요! | Ach, wirklich? Fahren wir dann zusammen! |
| | 재미있을 거예요. | Das wird Spaß machen. |
| **Yuna:** | 그런데 토마스 씨, 내일 날씨가 안 좋을 거예요.<br>우산을 가져오세요. | Übrigens, Thomas, morgen wird das Wetter nicht gut sein.<br>Bring einen Regenschirm mit! |
| **Ich:** | 네, 알겠어요. 그럼 내일 봐요! | Alles klar! Dann sehen wir uns morgen! |
| **Yuna:** | 네, 내일 만나요! | Ja, bis morgen! |

# Lektion 20

## Mein Vater wohnt in Hamburg.

Die Fahrt mit dem Expressbus ist sehr angenehm verlaufen. Jeonju ist im Vergleich zu Seoul weniger entwickelt, aber dafür findet man mehr Spuren alter Traditionen. Yuna und ich machen uns auf den Weg zu Herrn Kim, welcher dem Geschäftsführer meiner Pension den Schrank mit dem interessanten Schloss geschenkt hat. Er wohnt in einem Viertel mit vielen alten Häusern.

Eine Frau öffnet uns die Tür. Dahinter erstreckt sich ein geräumiger Hof mit einem einstöckigen Haus, das nach alter Tradition gebaut ist. Die Frau führt uns hinein, denn in einem der Zimmer erwartet uns ein älterer Mann. Ich verbeuge mich so tief, wie Yuna es mir zuvor beigebracht hat.

Er empfängt uns sehr herzlich und stellt sich vor: 안녕하세요, 김장수입니다.

Die Frau bringt in diesem Moment Tee herein.

**Er**: 녹차 좋아하세요?
**Yuna**: 네, 좋아해요. 감사합니다.

H160

Ich frage Yuna hinterher: Was ist 세? Warum hat er nicht 좋아해요, sondern 좋아하세요 gesagt?

**Yuna**: Das nennt man 존댓말. Das ist eine Redeweise, mit der man dem Gegenüber besonderen Respekt erweist – der sog. Honorific[1] (bereits zuvor in Wörterlisten erwähnt). Wenn du z.B. mit älteren Leuten wie deinen Großeltern oder Eltern sprichst, musst du prinzipiell diese Form verwenden.

**Ich**: Sprechen wir denn nicht schon die ganze Zeit in der höflichen Form? Die Verbendungen -아/어요 und -ㅂ/습니다 sind doch höfliche Formen (→ **Lektion 3**, **8**, **13**). Was ist 존댓말 dann genau?

**Yuna**: Schön, dass dir das immer noch bewusst ist! Es stimmt, beide sind Formen der Höflichkeit. 존댓말, der Honorific, drückt allerdings im Gegensatz zur gewöhnlichen höflichen Form besonders starken Respekt aus.

**Ich**: Verstanden! Herr Kim ist übrigens deutlich älter als wir und hat trotzdem diese Respektform verwendet. Warum?

**Yuna**: Erwachsene reden einander üblicherweise mit der Respektform an, wenn sie sich nicht kennen. Das kann sich dann im Laufe der Zeit ändern, je nach dem wie sich die Beziehung entwickelt. Wenn Erwachsene sich schon etwas besser kennen, reden die Älteren miteinander und zu den Jüngeren in der gewöhnlichen höflichen Form. Die Jüngeren müssen bei den Älteren den Honorific benutzen.

1 → Einiges vorweg: Besonderheiten der koreanischen Sprache, Punkt 8

**Ich**: Erstaunlich, wie viele Feinheiten in den Umgang miteinander einfließen… und etwas gewöhnungsbedürftig.

**Yuna**: Es mag einem am Anfang noch kompliziert vorkommen, wann man den Honorific und wann die gewöhnliche höfliche Form verwenden soll. Dabei spielt die Dynamik der sozialen Beziehungen eine große Rolle. Du wirst den Gebrauch der Höflichkeitsformen besser verstehen, wenn du dich mit der koreanischen Kultur mehr vertraut machst.

**Ich**: Wie bildet man 존댓말?

**Yuna**: Das ist zum Glück nicht schwer! Wenn du den Honorific bei Verben in der Gegenwartsform mit der Verbendung -아/어요 ausdrücken willst, brauchst du nur zum Verbstamm -세요 oder -으세요 hinzuzufügen.

**Ich**: Diese Endung hatten wir doch schon mal in → **Lektion 11** für die höfliche Aufforderung.

**Yuna**: Richtig. Die Form ist gleich, aber die Anwendung ist jetzt anders. Auch hier gilt die Regel: Nach einer Silbe mit Batchim -으세요 und ohne Batchim -세요.

Bei der Vergangenheit fügst du nach einer Silbe mit Batchim -으셨어요 und ohne Batchim -셨어요 hinzu.

Bei der Zukunft fügst du nach einer Silbe mit Batchim -으실 거예요 und ohne Batchim -실 거예요 hinzu.

Zu beachten sind die Verben, die in der letzten Silbe im Verbstamm das Batchim ㄹ haben, also die sog. ㄹ-Verben. Sie verlieren dieses Batchim und ihnen folgen die Endungen -세요, -셨어요 oder -실 거예요.

**Bitte verdecken Sie die drei rechten Spalten und bilden Sie den Honorific in den verschiedenen Zeitformen.**

| **Neutrale Form** | | **Honorific** | | |
|---|---|---|---|---|
| Infinitiv | Deutsch | Gegenwart<br>-아/어요 | Vergangenheit<br>-아/어요 | Zukunft<br>-아/어요 |
| 받다 | bekommen | 받으세요 | 받으셨어요 | 받으실 거예요 |
| 가다 | gehen | 가세요 | 가셨어요 | 가실 거예요 |
| 좋아하다 | mögen | 좋아하세요 | 좋아하셨어요 | 좋아하실 거예요 |
| 읽다 | lesen | 읽으세요 | 읽으셨어요 | 읽으실 거예요 |
| 보다 | sehen | 보세요 | 보셨어요 | 보실 거예요 |
| 오다 | kommen | 오세요 | 오셨어요 | 오실 거예요 |
| 공부하다 | lernen | 공부하세요 | 공부하셨어요 | 공부하실 거예요 |
| 듣다* | hören | 들으세요 | 들으셨어요 | 들으실 거예요 |
| 만들다* | herstellen | 만드세요 | 만드셨어요 | 만드실 거예요 |
| 살다* | wohnen | 사세요 | 사셨어요 | 사실 거예요 |
| 있다 | haben | 있으세요 | 있으셨어요 | 있으실 거예요 |
| 이다* | sein | (이)세요 | (이)셨어요 | (이)실 거예요 |

* Hier unregelmäßig

**Yuna**: Auch hier musst du auf die unregelmäßigen Verben achten. 듣다 wird zu 들으세요, das Batchim ㄷ im Verbstamm wird zu ㄹ. 만들다 und 살다 gehören zu den sog. ㄹ-Verben. Bei 이다 kannst du 이 auslassen, wenn eine Silbe davor ohne Batchim endet.

**Ich**: Also sagt man: 어머니는 의사세요 (*Meine Mutter ist Ärztin.*); 아버지는 경찰이세요 (*Mein Vater ist Polizist.*).

**Yuna**: Perfekt! Üben wir noch mit den folgenden Beispielen.

## H162

**누가 무엇을 하세요? Wer macht was? Antworten Sie mithilfe der Bilder auf die Fragen und suchen Sie den passenden Satz im Kasten aus.**

할머니가 뭐 하세요?

아버지가 뭐 하세요?

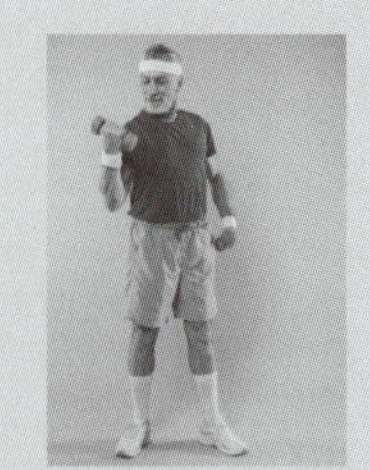

할아버지가 뭐 하세요?

어머니가 뭐 하세요?

아버지가 뭐 하세요?

부모님은 어디에 사세요?

| | | |
|---|---|---|
| 장을 보세요. | 텔레비전을 보세요. | 운동하세요. |
| 고향에 사세요. | 신문을 읽으세요. | 음악을 들으세요. |

**Yuna**: Noch etwas Wichtiges! Sätze, die mit *ich* beginnen, dürfen nicht im Honorific stehen. Beispielsweise soll man nicht sagen: 저는 학생이세요. Das klingt dann so, als ob du dich selbst «verehrst»... Wenn dein Gesprächspartner dich mit dem Honorific anspricht, heißt das nicht, dass du ihn auf dich selbst ebenfalls anwenden darfst. Wie würdest du also antworten, wenn ich dich frage: 토마스 씨, 지금 뭐 하세요?

**Ich**: 저는 한국어를 공부해요.

**Yuna**: Richtig! Wenn ich aber frage: 토마스 씨 어머니는 지금 뭐 하세요?

**Ich**: Ich weiß nicht, was meine Mutter gerade macht, aber vielleicht: 어머니는 책을 읽으세요.

**Yuna**: Super!

**Ich**: Okay, dann kann ich jetzt problemlos höflich kommunizieren!

**Yuna**: Leider noch nicht… Es gibt noch einige Vokabeln zu lernen, die von der Formbildung des Honorific abweichen und eigene spezielle Formen bilden.

**Ich**: Wie bitte? Noch mehr? Es ist wirklich nicht einfach, in Korea höflich zu sein...

**Yuna**: Nur nicht aufgeben, Thomas! Schau dir mal diese häufig verwendeten Verben an.

| Neutrale Form | | Honorific | | | |
|---|---|---|---|---|---|
| Infinitiv | Deutsch | Infinitiv | Gegenwart -아/어요 | Vergangenheit -아/어요 | Zukunft -아/어요 |
| 먹다 | essen | 드시다 | 드세요 | 드셨어요 | 드실 거예요 |
| 마시다 | trinken | 드시다 | 드세요 | 드셨어요 | 드실 거예요 |
| 자다 | schlafen | 주무시다 | 주무세요 | 주무셨어요 | 주무실 거예요 |
| 있다 | sich befinden | 계시다 | 계세요 | 계셨어요 | 계실 거예요 |
| 말하다 | sprechen | 말씀하시다 | 말씀하세요 | 말씀하셨어요 | 말씀하실 거예요 |
| 아프다 | krank sein | 편찮으시다 | 편찮으세요 | 편찮으셨어요 | 편찮으실 거예요 |
| 죽다 | sterben | 돌아가시다 | 돌아가세요 | 돌아가셨어요 | 돌아가실 거예요. |

**Ich**: Die Formen des Honorific sehen meistens ganz anders aus als die neutralen Formen des Infinitivs. Und verwendet man im Honorific wirklich dasselbe Wort für *essen* und *trinken*?

**Yuna**: Ja, allerdings.

**Ich**: Wie soll ich diese Verben konjugieren?

**Yuna**: Wenn du dir die Verben oben genau anschaust, wirst du merken, dass in allen Infinitivformen, die im Honorific stehen (3. Spalte), die Partikel 시 bzw. 으시 enthalten ist. Diese Partikel bezeichnet den Respekt. Im Prinzip werden bei der Bildung des Honorific zum Verbstamm die Partikel 시 oder 으시 und noch jeweils -아/어요, -았/었어요 oder -ㄹ/을 거예요 hinzugefügt.

**Ich**: Hilfe... Das sieht mir aber doch sehr kompliziert aus.

**Yuna**: Es kommt drauf an. Wir können es uns einfacher machen, diesmal ist es sogar besonders einfach. Zuerst gehst du vom Honorific im Infinitiv aus. Alle Verben enthalten am Ende -시다. Du musst es entfernen. Nehmen wir zum Beispiel 드시다. Dann entfernst du 시다. In unserem Beispiel bleibt jetzt also nur 드. Als Nächstes fügst du diese Endungen hinzu: für die Gegenwart -세요, für die Vergangenheit -셨어요 und für die Zukunft -실 거예요. Hier gibt es also für jede Zeit nur eine Form.

**Ich**: Dann muss zu 드 also 세요 hinzukommen, was 드세요 ergibt.

**Yuna**: Genau. Hier im Folgenden kannst du sehen, welcher Teil der Verben bei → **Hörübung 163** als Grundlage fungiert, an die die Endungen für den Honorific, -세요, -셨어요 und -실 거예요, angeschlossen werden sollen.

| Infinitiv im Honorific | 드시다 | 드시다 | 주무시다 | 계시다 | 말씀하시다 | 편찮으시다 | 돌아가시다 |
|---|---|---|---|---|---|---|---|
| Grundlage | 드 | 드 | 주무 | 계 | 말씀하 | 편찮으 | 돌아가 |

## H164

**누가 무엇을 하세요? Wer macht was?**

**Formulieren Sie die Sätze zuerst nur mithilfe der Bilder und suchen Sie dann im Kasten einen passenden Satz aus.**

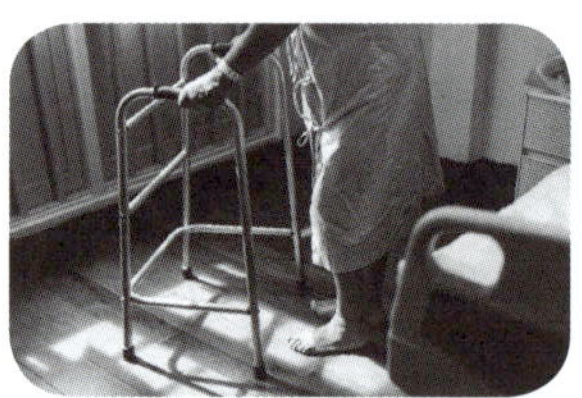

| 어머니가 주무세요. | 사장님이 말씀하세요. | 선생님이 편찮으세요. |
|---|---|---|
| 할아버지가 병원에 계세요. | 부모님이 아침을 드세요. | 할머니가 커피를 드세요. |

**Ich**: Yuna, ich habe eine Frage. 계시다 ist eine Respektform für 있다, stimmts?

**Yuna**: Ja, richtig.

**Ich**: Es gibt aber noch eine andere Respektform dafür – 있으시다, also den Infinitiv von 있으세요, nicht wahr?

**Yuna**: Ja, das stimmt. Es gibt aber einen Unterschied zwischen den Formen. Erinnerst du dich daran, dass 있다 mehrere Bedeutungen hat? 있다 bedeutet *sich befinden* und gleichzeitig *haben*. Daher gibt es zwei unterschiedliche Respektformen für das Wort. Wenn du sagen willst, dass eine Person sich irgendwo befindet, musst du 계시다 sagen. Aber wenn es darum geht, dass die Person etwas hat, sagst du 있으시다. Kannst du *Meine Großmutter ist auf dem Markt* sagen?

**Ich**: 할머니가 시장에 계세요.

**Yuna**: Richtig! Wie sagt man dann *Meine Großmutter hat viel Zeit*?

**Ich**: 할머니가 시간이 많이 있으세요.

**Yuna**: Genau! Es gibt außerdem auch Nomen in der Respektform. Den Geburtstag von Freunden nennt man 생일, aber den der Eltern 생신. Schau hier:

**H165**

| Neutrale Form des Nomens | Deutsch | Respektform |
|---|---|---|
| 생일 | Geburtstag | 생신 |
| 밥 | Essen | 진지 |
| 집 | Zuhause | 댁 |
| 이름 | Name | 성함 |
| 나이 | Alter | 연세 |

**H166**

**Üben wir mit den Beispielen.**

| | |
|---|---|
| 오늘이 어머니 생신이에요. | Heute hat meine Mutter Geburtstag. |
| 이번 주말에 부모님 댁에 갈 거예요. | Ich werde dieses Wochenende zu meinen Eltern nach Hause gehen. |
| 할아버지, 진지 드셨어요? | Opa, hast du gegessen? |
| 연세가 어떻게 되세요?* | Wie alt sind Sie? |
| 성함이 어떻게 되세요?* | Wie ist Ihr Name? |

* So fragt man mit der Respektform nach dem Alter oder dem Namen.

**Ich**: Kann die Respektform auch mit der Endung -ㅂ/습니다 (→ **Lektion 13**) verbunden werden?

**Yuna**: Klar! Achte dabei auf diese Regel: Bei der Gegenwart folgt einer Silbe mit Batchim im Verbstamm -으십니다, einer Silbe ohne Batchim -십니다. Wenn die letzte Silbe mit dem Batchim ㄹ endet, fällt ㄹ weg und -십니다 kommt hinzu. Schau dir mal die folgende Tabelle an:

| Neutrale Form | Honorific | | |
|---|---|---|---|
| Infinitiv | Gegenwart -ㅂ/습니다 | Vergangenheit -ㅂ/습니다 | Zukunft -ㅂ/습니다 |
| 가다 | 가십니다 | 가셨습니다 | 가실 겁니다 |
| 좋아하다 | 좋아하십니다 | 좋아하셨습니다 | 좋아하실 겁니다 |
| 읽다 | 읽으십니다 | 읽으셨습니다 | 읽으실 겁니다 |
| 듣다* | 들으십니다 | 들으셨습니다 | 들으실 겁니다 |
| 만들다* | 만드십니다 | 만드셨습니다 | 만드실 겁니다 |
| 있다 | 있으십니다 | 있으셨습니다 | 있으실 겁니다 |
| 이다* | (이)십니다 | (이)셨습니다 | (이)실 겁니다 |

* Hier unregelmäßig. Für diese Verben gilt dieselbe Regel wie für die Endung -아/어요 (s. oben).

**H168**

**Dies sind Verben, die nicht von der neutralen Form des Infinitivs abgeleitet werden, sondern eigene Honorific-Formen haben. Entfernen Sie zuerst -시다. Fügen Sie danach für die Gegenwart -십니다, für die Vergangenheit -셨습니다 und für die Zukunft -실 겁니다 hinzu.**

| Honorific | | | |
|---|---|---|---|
| Infinitiv | Gegenwart -ㅂ/습니다 | Vergangenheit -ㅂ/습니다 | Zukunft -ㅂ/습니다 |
| 드시다 | 드십니다 | 드셨습니다 | 드실 겁니다 |
| 주무시다 | 주무십니다 | 주무셨습니다 | 주무실 겁니다 |
| 계시다 | 계십니다 | 계셨습니다 | 계실 겁니다 |
| 말씀하시다 | 말씀하십니다 | 말씀하셨습니다 | 말씀하실 겁니다 |
| 편찮으시다 | 편찮으십니다 | 편찮으셨습니다 | 편찮으실 겁니다 |
| 돌아가시다 | 돌아가십니다 | 돌아가셨습니다 | 돌아가실 겁니다 |

# Grammatik im Überblick

## Honorific (Respektform)

Um dem Gegenüber oder der Person, von der man redet, besonderen Respekt zu zollen, verwendet man eine spezielle Höflichkeitsform (bei fremden Personen zu Beginn der Bekanntschaft, älteren Menschen, Vorgesetzten, Kunden etc.). Die Bildungsregeln lauten:

| | |
|---|---|
| **Gegenwart** | Nach Verbstamm mit Batchim am Ende:<br>-으세요 oder -으십니다 |
| | Nach Verbstamm ohne Batchim am Ende:<br>-세요 oder -십니다 |
| | Nach Verbstamm mit Batchim ㄹ am Ende:<br>ㄹ entfernen, -세요 oder -십니다 |
| **Vergangenheit** | Nach Verbstamm mit Batchim am Ende:<br>-으셨어요 oder -으셨습니다 |
| | Nach Verbstamm ohne Batchim am Ende:<br>-셨어요 oder -셨습니다 |
| | Nach Verbstamm mit Batchim ㄹ am Ende:<br>ㄹ entfernen, -셨어요 oder -셨습니다 |
| **Zukunft** | Nach Verbstamm mit Batchim am Ende:<br>-으실 거예요 oder -으실 겁니다 |
| | Nach Verbstamm ohne Batchim am Ende:<br>-실 거예요 oder -실 겁니다 |
| | Nach Verbstamm mit Batchim ㄹ am Ende:<br>ㄹ entfernen, -실 거예요 oder -실 겁니다 |

Achtung: Diese häufig gebrauchten Verben sind ausschließlich in der Respektform vorhanden: 드시다, 계시다, 주무시다, 말씀하시다, 편찮으시다 und 돌아가시다. Bei diesen Verben fällt -시다 weg und der Rest ist die Grundlage, an die die Endungen für die Konjugation -세요/십니다, -셨어요/셨습니다 oder -실 거예요/실 겁니다 gehängt werden.

## 🎧 H169
## Wörterliste

| Koreanisch | Deutsch |
|---|---|
| 건강에 좋다 | gesund sein |
| 계시다 | (Honorific) sein |
| -고요 | Verbendung, um eine zusätzliche Information zu vermitteln |
| 고향 | Heimat |
| 곳 | Ort |
| 괜찮다 | kein Problem sein |
| 다른 | andere(r/s) |
| 댁 | (Honorific) Zuhause |
| 더 | mehr, noch |
| 독일 | Deutschland |
| 돌아가시다 | (Honorific) sterben |
| 되다 | werden |
| 드시다 | (Honorific) essen, trinken |
| 마음에 들다 | gefallen |
| 말씀하시다 | (Honorific) sprechen |
| 맛있다 | schmecken |
| 머무르시다 | Honorific von 머무르다 (*bleiben*) |
| 무슨 | welche(r/s) |
| 밥 | gekochter Reis; Essen |
| 부모님 | Eltern |
| 사고 팔다 | kaufen und verkaufen |
| 사업 | Geschäft |
| 사장님 | Herr Geschäftsführer |
| 살다 | wohnen, leben |
| 생신 | (Honorific) Geburtstag |
| 성함 | (Honorific) Name |
| 시간을 내 주다 | sich für jemanden Zeit nehmen |
| 신문 | Zeitung |
| -아/어서 | weil |

| Koreanisch | Deutsch |
|---|---|
| 아버지 | Vater |
| 아주 | sehr |
| 아직 | (meistens zusammen mit Negation) noch (nicht) |
| 아침을 드시다 | (Honorific) frühstücken |
| 어떻게 | wie |
| 어머니 | Mutter |
| 얼마 동안 | wie lange |
| -에서 | aus, von |
| 여행하다 | reisen, verreisen |
| 연세 | (Honorific) Alter |
| 은퇴하다 | in Rente gehen |
| 은행 | Bank |
| 음악 | Musik |
| 일 | Tag; Arbeit |
| 일주일 | eine Woche |
| 자연 | Natur |
| 잘하다 | gut machen |
| 잘 모르겠다 | nicht genau wissen |
| 전에 | vor |
| 전통가구 | traditionelle Möbel |
| 존댓말 | Honorific |
| 좋은 | gut, schön |
| 주무시다 | (Honorific) schlafen |
| 진지 | (Honorific) Essen |
| 추천해 주다 | empfehlen |
| 특히 | vor allem |
| 편찮으시다 | (Honorific) krank sein |
| 함부르크 | Hamburg |
| 할머니 | Großmutter |
| 할아버지 | Großvater |

H170
**Text zur Lektion**

| | | |
|---|---|---|
| **Ich**: | 사장님, 시간을 내 주셔서 감사합니다. | Herr Geschäftsführer, danke Ihnen dafür, dass Sie sich für uns Zeit genommen haben. |
| **Herr Kim**: | 괜찮습니다.<br>토마스 씨, 한국말을 잘하시네요. | Kein Problem.<br>Herr Sommer, Sie sprechen gut Koreanisch! |
| **Ich**: | 감사합니다. | Dankeschön! |
| **Herr Kim**: | 토마스 씨는 한국에 언제 오셨어요? | Wann sind Sie nach Korea gekommen? |
| **Ich**: | 3일 전에 왔습니다. | Ich bin vor drei Tagen gekommen. |
| **Herr Kim**: | 한국이 마음에 드세요? | Gefällt Ihnen Korea? |
| **Ich**: | 네, 한국이 아주 마음에 들어요.<br>특히 자연이 마음에 들어요. | Ja, Korea gefällt mir sehr. Vor allem die Natur gefällt mir. |
| **Herr Kim**: | 차 좀 드세요.<br>한국 녹차예요. | Probieren Sie bitte den Tee.<br>Das ist koreanischer Grüntee. |
| **Ich**: | 사장님은 녹차를 자주 드세요? | Trinken Sie oft Grüntee? |
| **Herr Kim**: | 네, 저는 녹차를 자주 마셔요.<br>녹차가 건강에 좋아요.<br>토마스 씨 부모님은 독일에 사세요? | Ja, ich trinke ihn oft.<br>Grüntee ist gesund.<br>Wohnen Ihre Eltern in Deutschland? |

| | | |
|---|---|---|
| **Ich**: | 네, 아버지는 함부르크에 사세요. | Ja, mein Vater wohnt in Hamburg. |
| | 어머니는 돌아가셨습니다. | Meine Mutter ist gestorben. |
| **Herr Kim**: | 토마스 씨 아버지는 무슨 일을 하세요? | Was macht Ihr Vater von Beruf? |
| **Ich**: | 지금은 은퇴하셨어요. | Er ist in Rente gegangen. |
| | 아버지는 은행에서 일하셨어요. | Er hat bei einer Bank gearbeitet. |
| | 어머니는 선생님이셨고요. | Meine Mutter war Lehrerin. |
| **Herr Kim**: | 토마스 씨는 무슨 일을 하세요? | Was machen Sie von Beruf? |
| **Ich**: | 저는 회사원이에요. | Ich bin Angestellter. |
| | 사장님은 무슨 사업을 하세요? | Was für Geschäfte machen Sie? |
| **Herr Kim**: | 저는 전통가구를 사고 팝니다. | Ich kaufe und verkaufe traditionelle Möbel. |
| | 한국에는 얼마 동안 머무르실 거예요? | Wie lange werden Sie in Korea bleiben? |
| **Ich**: | 일주일 더 있을 거예요. | Noch eine Woche. |
| **Herr Kim**: | 다른 곳도 여행하실 거예요? | Werden Sie auch woandershin reisen? |
| **Ich**: | 아직 잘 모르겠습니다. | Ich weiß noch nicht. |
| | 좋은 곳 좀 추천해 주세요. | Bitte empfehlen Sie mir schöne Orte! |

# ■ Lektion 21

## Können Sie mitkommen?

Yuna erzählt Herrn Kim von dem Schloss am Schrank in meinem Pensionszimmer, und ich reiche ihm außerdem den Zettel, den ich im 갓 entdeckt habe. Während er das Gedicht liest, verändert sich sein Gesichtsausdruck.

**Er**: Unglaublich. Das ist dasselbe Muster, das meine Vorfahren vor der japanischen Besatzung als Familienstempel verwendet haben.

Herr Kim entschuldigt sich für ein paar Minuten und kehrt dann mit einer Rolle in der Hand zurück. Darauf steht ein koreanischer Text, an dessen Ende zu meiner Verblüffung dasselbe Muster wie auf meinem Zettel gestempelt worden ist! Er erklärt, dass seine Vorfahren für ihre Briefe oder andere Texte solch einen Stempel wie eine Unterschrift verwendet haben.

Danach liest Herr Kim noch mal aufmerksam meinen Zettel. Erwartungsvoll schaue ich ihn an und warte auf eine Erkenntnis.

**Er**: Ich sehe, dass das ein Gedicht ist, aber mehr kann ich dazu beim besten Willen nicht sagen...

Wie schade! Ich merke, wie mich eine große Enttäuschung überkommt. Ein betretenes Schweigen macht sich breit. Plötzlich springt unser Gastgeber auf.

**Er**: Ach, jetzt weiß ich! 같이 갈 수 있어요?

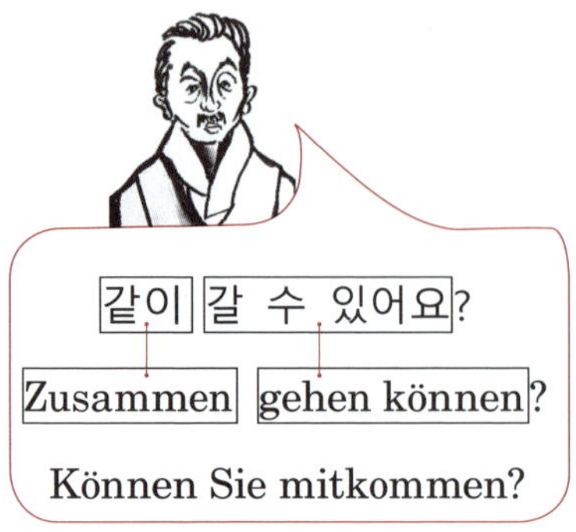


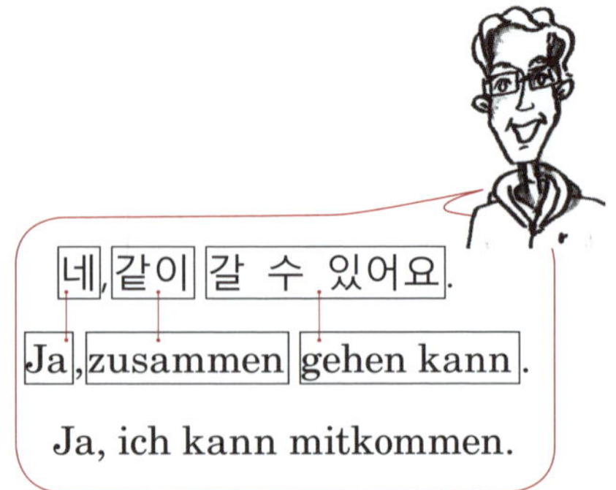


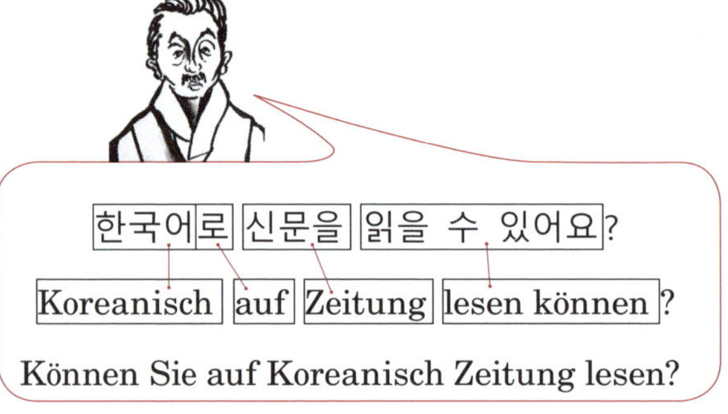


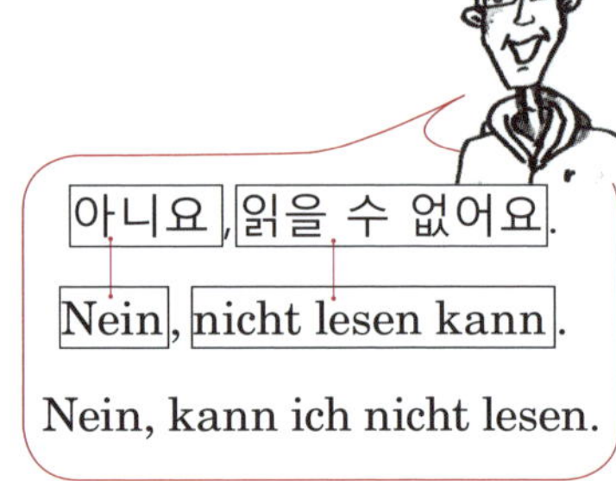


**Ich**: Was heißt 같이 갈 수 있어요?

**Yuna**: Du verstehst schon 같이 가다, oder?

**Ich**: Ja. Das heißt *zusammen gehen*.

**Yuna**: Genau. -ㄹ 수 있어요 am Ende des Satzes ist eine konjugierte Form von -ㄹ/을 수 있다. Das ist ein Modalverb und bedeutet *können*. Bei der Bildung kommt zu einer Silbe mit Batchim im Verbstamm -을 수 있다, zu einer Silbe ohne Batchim -ㄹ 수 있다 und zu einer Silbe mit Batchim ㄹ nur 수 있다 hinzu.

**Ich**: Und wenn ich sagen will, dass ich etwas nicht tun kann, ersetze ich einfach 있다 durch 없다?

**Yuna**: Richtig. Das sind die Infinitive. Die konjugierten Formen sehen so aus:

## H172

| Korea-nisch | Deutsch | können | | nicht können | |
|---|---|---|---|---|---|
| | | Gegenwart | | | |
| | | -아/어요 | -ㅂ/습니다 | -아/어요 | -ㅂ/습니다 |
| 먹다 | essen | 먹을 수 있어요 | 먹을 수 있습니다 | 먹을 수 없어요 | 먹을 수 없습니다 |
| 마시다 | trinken | 마실 수 있어요 | 마실 수 있습니다 | 마실 수 없어요 | 마실 수 없습니다 |
| 가다 | gehen | 갈 수 있어요 | 갈 수 있습니다 | 갈 수 없어요 | 갈 수 없습니다 |
| 읽다 | lesen | 읽을 수 있어요 | 읽을 수 있습니다 | 읽을 수 없어요 | 읽을 수 없습니다 |
| 듣다* | hören | 들을 수 있어요 | 들을 수 있습니다 | 들을 수 없어요 | 들을 수 없습니다 |
| 걷다* | laufen | 걸을 수 있어요 | 걸을 수 있습니다 | 걸을 수 없어요 | 걸을 수 없습니다 |
| 만들다* | herstellen | 만들 수 있어요 | 만들 수 있습니다 | 만들 수 없어요 | 만들 수 없습니다 |
| 살다* | wohnen | 살 수 있어요 | 살 수 있습니다 | 살 수 없어요 | 살 수 없습니다 |
| 맵다* | scharf sein | 매울 수 있어요 | 매울 수 있습니다 | 매울 수 없어요 | 매울 수 없습니다 |
| 어렵다* | schwierig sein | 어려울 수 있어요 | 어려울 수 있습니다 | 어려울 수 없어요 | 어려울 수 없습니다 |

* Hier unregelmäßig

 **H173**

**Üben wir mit den folgenden Dialogen.**

**Ich**: Wie bildet man die Vergangenheit und Zukunft von -ㄹ/을 수 있다?

**Yuna**: Beide lassen sich durch entsprechende Anpassungen beim Teil 있다 in -ㄹ/을 수 있다 ausdrücken.

**Ich**: Dann wäre die Vergangenheitsform -ㄹ/을 수 있었다 (im Infinitiv) und die Zukunftsform -ㄹ/을 수 있을 것이다 (im Infinitiv)!

**Yuna**: Genau! *Nicht gekonnt haben* und *nicht können werden* drückt man jeweils mit -ㄹ/을 수 없었다 und -ㄹ/을 수 없을 것이다 aus. In der folgenden Tabelle zeige ich dir die konjugierten Formen von -ㄹ/을 수 있었다 und -ㄹ/을 수 있을 것이다.
Für -ㄹ/을 수 없었다 und -ㄹ/을 수 없을 것이다 musst du 있었어요, 있었습니다, 있을 거예요 und 있을 겁니다 durch 없었어요, 없었습니다, 없을 거예요 und 없을 겁니다 ersetzen.

## H174

| Koreanisch | Deutsch | können | | | |
|---|---|---|---|---|---|
| | | Vergangenheit | | Zukunft | |
| | | -아/어요 | -ㅂ/습니다 | -아/어요 | -ㅂ/습니다 |
| 먹다 | essen | 먹을 수 있었어요 | 먹을 수 있었습니다 | 먹을 수 있을 거예요 | 먹을 수 있을 겁니다 |
| 마시다 | trinken | 마실 수 있었어요 | 마실 수 있었습니다 | 마실 수 있을 거예요 | 마실 수 있을 겁니다 |
| 듣다* | hören | 들을 수 있었어요 | 들을 수 있었습니다 | 들을 수 있을 거예요 | 들을 수 있을 겁니다 |
| 만들다* | herstellen | 만들 수 있었어요 | 만들 수 있었습니다 | 만들 수 있을 거예요 | 만들 수 있을 겁니다 |
| 어렵다* | schwierig sein | 어려울 수 있었어요 | 어려울 수 있었습니다 | 어려울 수 있을 거예요 | 어려울 수 있을 겁니다 |

## H175

**Suchen Sie zu den Fragen eine passende Antwort. In der Aufnahme hören Sie die Auflösung.**

1. 다니엘 씨, 어제 박물관을 구경했어요?
2. 마리 씨, 파티에서 술을 많이 마셨어요?
3. 라우라 씨, 이번 시험에 합격할 수 있어요?
4. 토마스 씨, 이번 모임에 올 수 있어요?

a) 아니요, 박물관에 들어갈 수 없었어요. 우리가 너무 늦게 갔어요.
b) 네, 아마 갈 수 있을 거예요.
c) 글쎄요, 아마 합격할 수 없을 거예요. 공부를 많이 못 했어요.
d) 아니요, 술을 마실 수 없었어요. 자동차를 가져갔어요.

**Yuna**: -ㄹ/을 수 있다 bringt außerdem zum Ausdruck, dass man eine erworbene Fähigkeit hat. Beantworte meine Frage: 토마스 씨, 한국어를 할 수 있어요? (*Kannst du Koreanisch?*)
**Ich**: 네, 할 수 있어요.
**Yuna**: 토마스 씨, 중국어를 할 수 있어요?

**Ich**: 아니요, 할 수 없어요.

**Yuna**: Sehr gut. Wenn du noch deutlicher ausdrücken willst, dass du etwas nicht kannst, sagst du vor dem Verb 못, also 중국어를 못해요.

**Ich**: Was meinst du mit «deutlicher»?

**Yuna**: Wenn du 할 수 없어요 sagst, wird nicht deutlich, ob du nicht willst oder wirklich nicht kannst. Wenn du aber 못해요 sagst, ist es klar, dass du dafür nicht die richtigen Kenntnisse hast und es deshalb tatsächlich nicht kannst.

**Ich**: Was ist 못?

**Yuna**: Das ist das Adverb *nicht*.

**Ich**: Was ist aber mit 안 oder dem Verbstamm 지 않다? Zur Verneinung haben wir doch diese zwei Dinge gelernt.

**Yuna**: Auch sie werden für die Verneinung verwendet. Wenn du 중국어를 안 해요 sagst, klingt es so, als ob du nicht willst, obwohl du theoretisch kannst. Aber wenn du 중국어를 못해요 sagst, teilst du ganz klar mit, dass du in diesem Fall keine Chinesischkenntnisse hast.

Noch ein anderes Beispiel. Wenn du die Hausaufgaben nicht gemacht hast, weil du keine Lust hattest, sagst du: 숙제를 안 했어요. Wenn du sie aber aufgrund von etwas, das du nicht beeinflussen konntest, nicht gemacht hast, sagst du: 숙제를 못 했어요. Außerdem kann 못 nicht mit einem Eigenschaftsverb verbunden werden, aber 안 schon. Man sagt z.B. **nicht**: 못 추워요. 안 추워요 wiederum ist ein richtiger Satz.

**Ich**: Was war das Eigenschaftsverb noch mal?

**Yuna**: Ein Verb, das einen Zustand oder eine Eigenschaft darstellt. Beispiele: 예쁘다 (*hübsch sein*), 크다 (*groß sein*), 빠르다 (*schnell sein*).

**Ich**: Ich habe noch eine Frage. Ist es üblich, dass man *eine Sprache sprechen* mit dem Verb 하다 sagt? Es gibt doch das Wort 말하다 für *sprechen*. Trotzdem ist es richtig, wenn ich **nicht** 중국어를 말할 수 없어요 sage, sondern 중국어를 할 수 없어요?

**Yuna**: Das hast du sehr gut beobachtet. Man sagt in der Tat einfach 하다 ohne 말, um mitzuteilen, dass man eine Sprache spricht.

**H176**

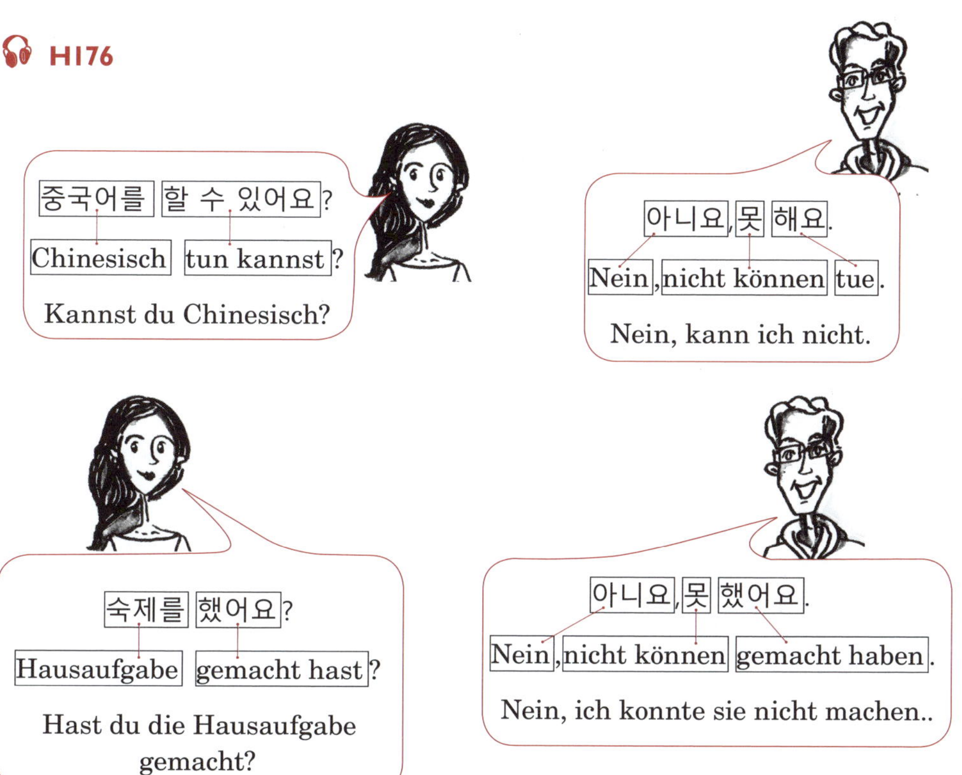


**Yuna**: Auch bei 못 muss man darauf achten, dass bei einem Verb, das in ein Nomen und 하다 zerlegt werden kann, 못 zwischen dem Nomen und 하다 eingesetzt werden muss.
Dabei kann optional ein Akkusativ-Marker ans Nomen gehängt werden. (→ **Lektion 17**)

## H177

| Koreanisch | Deutsch | 못 |
|---|---|---|
| 가다 | gehen | 못 가다 |
| 먹다 | essen | 못 먹다 |
| 듣다 | hören | 못 듣다 |
| 놀다 | spielen | 못 놀다 |
| 운전하다 | fahren | 운전(을) 못 하다 |
| 산책하다 | spazieren | 산책(을) 못 하다 |
| 청소하다 | sauber machen | 청소(를) 못 하다 |

## H178

**Stellen Sie mit den Bildern eine Frage und antworten Sie je nach leerem/abgehaktem Kästen positiv/negativ darauf! Suchen Sie in den Kästen die passenden Sätze aus.**

*Für die Fragen*

살사 댄스를 출 수 있어요?
매운 음식을 먹을 수 있어요?
운전을 할 수 있어요?
한국 음식을 만들 수 있어요?

☐

☑

☐

☐

*Für die Antworten*

아니요, 못 해요.
아니요, 못 먹어요.
네, 만들 수 있어요.
아니요, 못 춰요.

 H179

**Stellen Sie mit den Bildern eine Frage und antworten Sie je nach leerem/abgehaktem Kästen positiv/negativ darauf! Suchen Sie in den Kästen die passenden Sätze aus.**

*Für die Fragen*

숙제를 했어요? 어제 시험을 잘 봤어요?

오늘 우리 같이 영화 볼래요? 우리 집에 올래요?

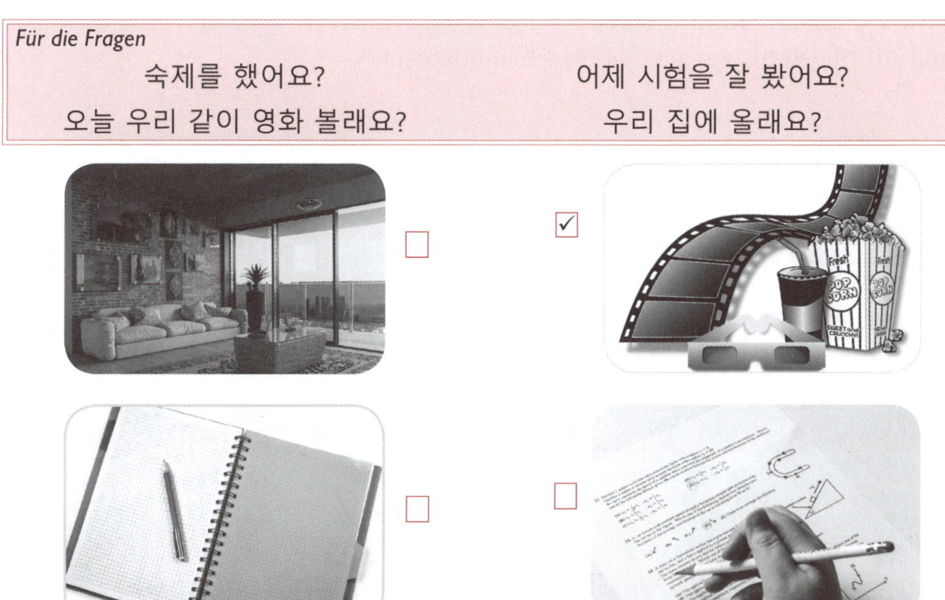


*Für die Antworten*

좋아요. 같이 봐요. 아니요, 못 봤어요. 시험이 어려웠어요.

미안해요. 오늘은 못 가요. 할 일이 많아요. 아니요, 못 했어요. 어제 아팠어요.

# Grammatik im Überblick

## Modalverb -ㄹ/을 수 있다/없다 (*können / nicht können*)

-ㄹ/을 수 있다/없다 wird an einen Verbstamm gehängt.

**Formbildung:**

- Nach Verbstamm mit Batchim am Ende : -을 수 있다/없다
- Nach Verbstamm ohne Batchim am Ende: -ㄹ 수 있다/없다
- Nach Verbstamm mit Batchim ㄹ am Ende: 수 있다/없다

Die Zeitformen lassen sich durch entsprechende Anpassungen bei 있다/없다 bilden (s. Tab. oben).

## 못 (*nicht*)

Mit 못 kann man klar ausdrücken, dass man bestimmte Kompetenzen oder Kenntnisse **nicht** hat. Außerdem wird 못 verwendet, wenn man etwas aus einem Grund nicht machen kann, den man selber nicht kontrollieren kann. 못 wird vor einem Handlungsverb eingesetzt. Wenn ein Verb aus einem Nomen und 하다 besteht, wird 못 dazwischen eingesetzt.

### Wörterliste

| Koreanisch | Deutsch |
|---|---|
| 가져가다 | mitbringen |
| 국제 면허증 | internationaler Führerschein |
| 글쎄요 | na ja |
| 기타 | Gitarre |
| 너무 | sehr, zu |
| 늦게 | spät |
| 담배를 피우다 | Zigaretten rauchen |
| 독일어 | deutsche Sprache |
| 들어가다 | hineingehen |
| 말 | Sprache, Wort |
| 매운 | scharf |
| 모임 | Treffen |
| 무슨 일이에요? | Was ist los? |
| 살사 댄스 | Salsa |
| 수영 | das Schwimmen |
| 숙제(를) 하다 | Hausaufgaben machen |
| 술 | Alkohol |
| 스파게티 | Spaghetti |
| 시험을 못 보다 | bei der Prüfung nicht gut abschneiden |
| 시험을 보다 | eine Prüfung ablegen |
| 신문 | Zeitung |
| 아마 | vielleicht |
| 악기 | Musikinstrument |

| Koreanisch | Deutsch |
|---|---|
| 야구 | Baseball |
| 어느 나라 | welches Land |
| 어떤 | welche(r/s) |
| 어렵다 | schwer sein |
| 여기서 | hier |
| 연주하다 | spielen (Musikinstrument) |
| 영어 | Englisch |
| 운전을 하다 | Auto fahren |
| 이따가 | später |
| 이야기(를) 하다 | sprechen, sich unterhalten |
| 일찍 | früh |
| 자동차 | Auto |
| 잘 | gut, wohl |
| 중국어 | chinesische Sprache |
| 추다 | tanzen |
| 축구 | Fußball |
| 테니스 | Tennis |
| 피아노 | Klavier |
| (Sprache) 하다 | (Sprache) sprechen |
| 한국어로 | auf Koreanisch |
| 할 일 | zu erledigende Arbeit |
| 합격하다 | bestehen |
| 핸드볼 | Handball |

## H181
### Text zur Lektion

Ich werde von Frau Kim interviewt – einer TV-Redakteurin, die für die Sendung *Welcome, First Time in Korea*? nach interessanten Touristen sucht.

| | | |
|---|---|---|
| **Kim**: | 좀머 씨, 어느 나라 말을 할 수 있습니까? | Herr Sommer, welche Sprachen können Sie? |
| **Ich**: | 독일어를 할 수 있습니다. 그리고 영어도 할 수 있습니다. 한국어도 조금 할 수 있습니다. | Ich kann Deutsch. Und ich kann auch Englisch. Ich kann auch ein bisschen Koreanisch. |
| **Kim**: | 중국어도 할 수 있습니까? | Können Sie auch Chinesisch? |
| **Ich**: | 아니요, 중국어는 못 합니다. | Nein, ich kann kein Chinesisch. |
| **Kim**: | 무슨 운동을 할 수 있습니까? | Welche Sportarten können Sie ausüben? |
| **Ich**: | 저는 축구, 테니스, 수영, 핸드볼을 할 수 있습니다. | Ich kann Fußball, Tennis, Schwimmen und Handball spielen. |
| **Kim**: | 야구도 할 수 있습니까? | Können Sie auch Baseball? |
| **Ich**: | 아니요, 야구는 못 합니다. | Nein, kann ich nicht. |
| **Kim**: | 어떤 악기를 연주할 수 있습니까? | Welches Musikinstrument können Sie spielen? |
| **Ich**: | 피아노를 칠 수 있습니다. | Ich kann Klavier spielen. |
| **Kim**: | 기타도 칠 수 있습니까? | Können Sie auch Gitarre spielen? |
| **Ich**: | 아니요, 기타는 못 칩니다. | Nein, ich kann keine Gitarre spielen. |

| | | |
|---|---|---|
| **Kim**: | 좀머 씨, 요리할 수 있습니까? | Herr Sommer, können Sie kochen? |
| **Ich**: | 네, 스파게티를 잘 만들 수 있습니다. | Ja, ich kann gut Spaghetti kochen. |
| **Kim**: | 한국 음식도 만들 수 있습니까? | Können Sie auch koreanisches Essen kochen? |
| **Ich**: | 아니요, 한국 음식은 못 만듭니다. | Nein, ich kann kein koreanisches Essen kochen. |
| **Kim**: | 운전할 수 있습니까? | Können Sie Auto fahren? |
| **Ich**: | 네, 운전 할 수 있습니다. | Ja, kann ich. |
| **Kim**: | 한국에서도 운전할 수 있습니까? | Können Sie auch in Korea fahren? |
| **Ich**: | 네, 할 수 있습니다. 국제 면허증이 있습니다. | Ja, kann ich. Ich habe einen internationalen Führerschein. |
| **Kim**: | 네, 알겠습니다. 시간 내주셔서 감사합니다. | Alles klar. Ich danke Ihnen für Ihre Zeit. |
| **Ich**: | 감사합니다. | Dankeschön! |

# Lektion 22

## Ich bin nach Korea gekommen, um Koreanisch zu lernen.

Wir werden von Herrn Kim zu einem Ausflug eingeladen. Nach einer Weile hält unser Auto vor einem Museum. Auf dem Schild steht 국립전주박물관 (*Jeonju National Museum*).

Herr Kim geht zielstrebig in einen der Ausstellungsräume, und wir folgen ihm. Unserem Anblick bieten sich beeindruckende alte Exponate der koreanischen Kalligraphie: Reibsteine, Tropfenzähler, Pinsel sowie Bilder, Rollen und Papiere mit Texten. Herr Kim bleibt vor einer Vitrine in der Mitte des Raumes stehen. Vielsagend deutet er auf ein Stück Papier, das offensichtlich die übriggebliebene Hälfte eines einst größer gewesenen Schriftstückes darstellt. An der Stelle des Schnitts ist die Hälfte eines Stempels zu sehen – ganz genau so wie auf meinem Zettel aus dem Gat! Ich bin hin und weg von der Entdeckung.

Inzwischen hat Herr Kim bereits einen Museumsmitarbeiter ausfindig gemacht.

**Er**: 이분은 이 문서를 찾으러 한국에 왔어요. 좀 보여주세요.

**Ich**: Was hat er gesagt, Yuna?

**Yuna**: Er hat gesagt, dass du nach Korea gekommen bist, um dieses Papier zu finden, und dass er es uns zeigen soll.

**Ich**: Wie sagt man das auf Koreanisch?

**Yuna**: Dafür kannst du den Ausdruck -(으)러 오다 verwenden. Er bedeutet wörtlich übersetzt *kommen, um etwas zu machen*. -(으)러 sagt aus, zu welchem Zweck man etwas tut. Du kannst statt *kommen* auch andere ähnliche Verben wie 가다 (*gehen*) oder 다니다 (*besuchen* im Sinne *regelmäßig hingehen*) damit kombinieren.
Oft wird eine Ortsangabe zwischen -(으)러 und dem Verb eingesetzt, wie es Herr Kim auch gemacht hat: 문서를 찾으러 한국에 왔어요.

**Ich**: Kann dieser Ausdruck nur mit den Verben 가다/오다/다니다 verwendet werden? Kann ich -(으)러 mit anderen Verben kombinieren, z.B. so: *Um ein Auslandssemester in Korea zu machen, lerne ich Koreanisch.*

**Yuna**: Die Anwendung von -(으)러 ist auf die Verben beschränkt, die mit *gehen* und *kommen* zu tun haben. Die häufigsten Beispiele sind 가다/오다/다니다. Wenn du gänzlich andere Verben benutzen willst, brauchst du einen anderen Satzbau. Das lassen wir aber fürs Erste und bleiben bei -(으)러 가다/오다/다니다.

**HI82**

친구가 저를 만나러 한국에 왔어요.

Freund mich treffen um zu Korea nach gekommen ist.

Ein Freund ist nach Korea gekommen, um mich zu treffen.

한국어를 배우러 한국어 수업에 다녀요.

Koreanisch lernen um zu Koreanisch Unterricht zu gehe.

Ich besuche den Koreanischunterricht, um Koreanisch zu lernen.

**Ich**: Wie bildet man die Form?

**Yuna**: Nach einem Verbstamm mit Batchim am Ende kommt -으러 가다/오다/다니다, ohne Batchim -러 가다/오다/다니다 und nach dem Batchim ㄹ kommt -러 가다/오다/다니다 hinzu. Die Verben hier sind im Infinitiv. Die konjugierten Formen sind dieselben wie die von 가다/오다/다니다.

## H183

| Koreanisch | Deutsch | -(으)러 가다 |
|---|---|---|
| 먹다 | essen | 먹으러 가다 |
| 마시다 | trinken | 마시러 가다 |
| 읽다 | lesen | 읽으러 가다 |
| 배우다 | lernen | 배우러 가다 |
| 보내다 | senden | 보내러 가다 |
| 공부하다 | studieren, lernen | 공부하러 가다 |
| 관광하다 | Sightseeing machen | 관광하러 가다 |
| 듣다* | hören | 들으러 가다 |
| 걷다* | laufen | 걸으러 가다 |
| 살다* | wohnen | 살러 가다 |
| 만들다* | herstellen | 만들러 가다 |

* Unregelmäßige Konjugation

## H184

**Antworten Sie mithilfe der Bilder auf die Fragen darunter. Suchen Sie eine passende Antwort im Kasten aus.**

도서관에 왜 가요?

우체국에 왜 가요?

베를린에 왜 왔어요?

한국에 왜 왔어요?

요즘 뭐 해요?

| | |
|---|---|
| 소포를 보내러 우체국에 가요. | 공부하러 왔어요. |
| 피아노를 배우러 음악 학원에 다녀요. | |
| 관광하러 왔어요. | 책을 읽으러 도서관에 가요. |

# Grammatik im Überblick

## -(으)러 가다/오다/다니다

Der Ausdruck -(으)러 가다/오다/다니다 hat die Bedeutung *gehen/kommen/besuchen, um etwas zu machen.*

**Formbildung:**

- Verbstamm mit Batchim am Ende: -으러 가다/오다/다니다
- Verbstamm ohne Batchim am Ende: -러 가다/오다/다니다
- Verbstamm mit Batchim ㄹ am Ende: -러 가다/오다/다니다

**Wörterliste**

| Koreanisch | Deutsch |
|---|---|
| 계시다 | (Honorific) sein |
| 관광하다 | Sightseeing machen |
| 구경하다 | anschauen |
| -까지 | bis --- |
| 다니다 | besuchen (im Sinne regelmäßig hingehen) |
| 다시 | wieder |
| 다음 주 | nächste Woche |
| 도서관 | Bibliothek |
| 돌아가다 | zurückkehren |
| 또 | wieder |
| 러시아 | Russland |
| 마음에 들다 | gefallen |
| -만 | nur |
| 머무르다 | bleiben, sich aufhalten |
| 문서 | Papier |
| 박물관 | Museum |
| 밥을 먹다 | essen (wörtl.: Reis essen → 밥 (*Reis*) steht hier für Essen im Allgemeinen) |

| Koreanisch | Deutsch |
|---|---|
| 배우다 | lernen |
| 보내다 | senden |
| 보여주다 | zeigen |
| 생활 | Leben |
| 소포 | Paket |
| 수업 | Unterricht |
| 아름답다 | schön sein |
| 아마 | vielleicht |
| 어때요? | wie ist…? |
| 어학원 | Sprachschule |
| 우체국 | Postamt |
| 자연 | Natur |
| 재미있다 | interessant sein, Spaß machen |
| 정말 | wirklich |
| 쯤 | ungefähr |
| 찾다 | suchen, finden |
| 취직하다 | einen Job suchen/finden |
| 특히 | vor allem, besonders |
| 피아노 학원 | Klavierschule |

## H186
### Text zur Lektion

Ich habe im Foyer des Museums Victor aus Russland kennengelernt und mich mit ihm auf Koreanisch unterhalten.

| | | |
|---|---|---|
| **Victor**: | 안녕하세요? 제 이름은 빅토르예요. | Hallo, ich heiße Victor. |
| **Ich**: | 안녕하세요? 저는 토마스예요.<br>빅토르 씨는 어느 나라에서 오셨어요? | Hallo, ich bin Thomas.<br>Woher kommen Sie? |
| **Victor**: | 러시아에서 왔어요. 토마스 씨는요? | Ich komme aus Russland. Und Sie? |
| **Ich:** | 저는 독일에서 왔어요. | Ich komme aus Deutschland. |
| **Victor**: | 토마스 씨는 한국에 왜 오셨어요? | Warum sind Sie nach Korea gekommen? |
| **Ich**: | 관광을 하러 왔어요. | Ich bin nach Korea gekommen, um Sightseeing zu machen. |
| **Victor**: | 구경 많이 하셨어요? | Na, haben Sie viel angeschaut? |
| **Ich**: | 아니요, 서울만 조금 구경했어요.<br>빅토르 씨는 왜 한국에 오셨어요? | Nicht wirklich. Ich habe nur ein bisschen Seoul angeschaut.<br>Warum sind Sie nach Korea gekommen? |
| **Victor**: | 저는 한국어를 배우러 한국에 왔어요. | Um Koreanisch zu lernen. |
| **Ich**: | 어디에서 한국어를 배우세요? | Wo lernen Sie Koreanisch? |
| **Victor**: | 어학원이요. | In einer Sprachschule. |
| **Ich**: | 아, 네. 언제까지 한국에 계실 거예요? | Ach so. Wie lange bleiben Sie in Korea? |
| **Victor**: | 아마 1년쯤 있을 거예요.<br>토마스 씨는 언제까지 한국에 머무르실 거예요? | Vielleicht ungefähr ein Jahr.<br>Wie lange bleiben Sie in Korea? |

| | | |
|---|---|---|
| **Ich**: | 저는 다음 주에 다시 베를린으로 돌아갈 거예요.<br>빅토르 씨는 한국 생활이 어떠세요? | Ich werde schon nächste Woche nach Berlin zurückkehren.<br>Wie finden Sie das Leben in Korea? |
| **Victor**: | 좋아요. 특히 한국 음식이 마음에 들어요.<br>토마스 씨는요? 한국이 마음에 드세요? | Gut! Vor allem das Essen gefällt mir.<br>Und Ihnen? Gefällt Ihnen Korea? |
| **Ich:** | 네, 정말 좋아요. 한국의 자연이 아름다워요.<br>그리고 사람들도 재미있어요. | Ja, sehr! Ich finde die koreanische Natur schön.<br>Und die Leute sind auch interessant. |
| **Victor**: | 한국에 또 오실 거예요? | Werden Sie wiederkommen? |
| **Ich**: | 네. 다음에는 한국어를 배우러 올 거예요.<br>빅토르 씨도 한국에 다시 오실 거예요? | Ja. Nächstes Mal, um Koreanisch zu lernen.<br>Werden Sie auch wiederkommen? |
| **Victor**: | 네, 저는 취직하러 한국에 다시 올 거예요. | Ja, ich komme wieder, um hier einen Job zu suchen. |

# Lektion 23

## Es ist schön, aber traurig.

Das Interesse des Museumsmitarbeiters ist geweckt. Er holt das alte Stück Papier aus der Vitrine heraus und nimmt neugierig meinen Zettel entgegen, den ich aus dem 갓 habe. Sorgfältig vergleicht er beide – und siehe da! Sie lassen sich an der Stelle des Risses perfekt aneinanderlegen. Der Mitarbeiter erzählt uns dann die Geschichte dieses Schriftstücks:

Aus einem anderen alten Schriftdokument in der Vitrine geht hervor, dass das Gedicht von einem Mann aus dem 16. Jahrhundert verfasst wurde, dem vermutlichen Besitzer des 갓. Er lebte zur Zeit der Joseon-Dynastie – einer Periode voller Unruhen, da die Adligen aufgrund unterschiedlicher politischer Einstellungen in einem Dauerkonflikt waren. Sie hatten zwei Parteien gebildet und bekämpften einander.

Der Mann engagierte sich in der Partei, die sich für Reformationen aussprach. Doch die oppositionelle konservative Partei gewann die Oberhand, und als Konsequenz wurden er und seinesgleichen von ihren Anhängern verfolgt. Sein ganzer Besitz wurde beschlagnahmt und er wurde sozial isoliert.

Nach vergeblichen Versuchen der Wiedereingliederung in die Gesellschaft beschloss er mit einer Karawane in den Westen (서역 /seoyeok/ – damalige Bezeichnung für die Länder, die westlich von China lagen) zu fahren, um dort mit Ginseng (인삼) zu handeln. (Erstaunlicherweise gab es bereits vor so vielen Jahrhunderten einen Austausch zwischen Korea und Europa.)

Diese Entscheidung war ihm nicht leicht gefallen, da es eine junge Frau gab, die er sehr liebte. Damit sie eine Chance auf eine gemeinsame Zukunft hatten, wollte er also in Europa Geld verdienen und dann wieder zu seiner Geliebten zurückkehren. Zum Abschied teilten sie das Gedicht des Mannes in zwei Hälften, und jeder behielt jeweils einen Teil für sich.

Die Geschichte nahm ein tragisches Ende: Der Mann kam aus unbekannten Gründen nie wieder nach Korea zurück, und seine Geliebte starb unverheiratet. In jener Zeit war es eine Schande keinen Ehemann zu haben, sodass die Frau von ihrer Familie und der Gesellschaft sicherlich unter großen Druck gesetzt worden war. Scheinbar hatte sie sich diesem jedoch widersetzt und ihr ganzes Leben lang auf die Rückkehr ihrer großen Liebe gewartet.

Nun haben wir also endlich das vollständige Gedicht vorliegen:

깊은 봄 비바람이 새벽부터 섯불어도
산객의 달콤한 잠 뉘엿해야 깨는구나
화롯불 남아 있어 차 끓는 소리 나고
문밖에선 분분하게 홀로 꽃이 지누나

*Im tiefen Frühling weht der Regenwind seit Frühmorgen immer stärker.*
*Ein Einsiedler wacht jedoch erst bei Sonnenuntergang von seinem süßen Schlaf auf.*
*Die Flamme im Feuerbecken brennt noch, man hört den Tee darauf köcheln.*
*Draußen blühen die Blumen einsam ab, ihre Blütenblätter fliegen auseinander.*

**Ich**: Das ist eine traurige Geschichte.

**Yuna**: Wohl wahr...

**Ich**: Wie findest du das Gedicht? Jetzt, wo ich die Geschichte dahinter kenne, verstehe ich seinen Sinn immer noch nicht richtig.

**Yuna**: Na ja, ich bin keine Literaturwissenschaftlerin. Meinem Gefühl nach scheint der Verfasser irgendwie die Verbindung zur Welt verloren zu haben, daher schreibt er von diesem Einsiedler. Das Gedicht vermittelt in jeder Hinsicht Einsamkeit: Die Blüten verblühen und ihre Blütenblätter verlieren sich im Wind, ohne dass es jemand bemerkt. Der Tee köchelt auf dem immer schwächer werdenden Feuer vor sich hin, ohne getrunken zu werden. Der Einsiedler wacht erst abends auf und verpasst so den gesamten Tag. Und draußen tobt ein Unwetter...

**Ich**: Ich glaube, ich kann seine Stimmung ein wenig nachvollziehen.

**Yuna**: Es ist eine traurige, aber irgendwie auch schöne Geschichte.

**Ich**: Wie sagt man das auf Koreanisch?

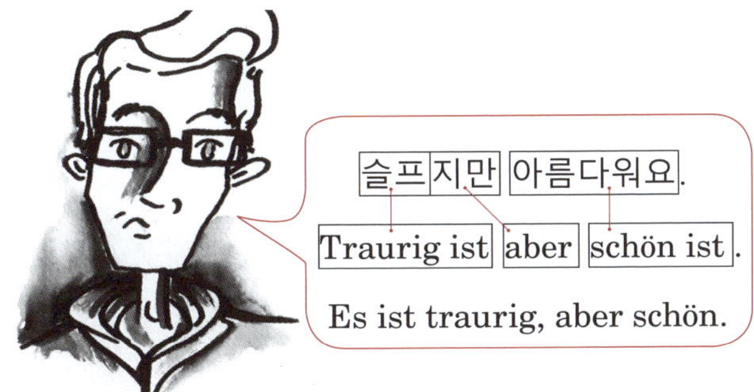


**Ich**: -지만 klingt ähnlich wie 하지만 (*aber*).

**Yuna**: Das hast du gut erkannt! Das Bindewort -지만 ist von 하지만 abgeleitet. 하지만 kann als eigenständiges Adverb verwendet werden. Dagegen kann -지만 nur mit einem Verbstamm verbunden verwendet werden.

**Ich**: Ich kann mit -지만 also zwei Aussagen in einem Satz treffen, stimmts?

**Yuna**: Genau. Üben wir z.B. mit diesen Sätzen: 이 이야기는 슬퍼요. 하지만 아름다워요. Kannst du sie zu einem Satz verbinden?

**Ich**: Was ist der Verbstamm von 슬퍼요?

**Yuna**: Du musst zuerst an seinen Infinitiv denken.

**Ich**: 슬프다?

**Yuna**: Richtig. Jetzt kannst du seinen Verbstamm bestimmen.

**Ich**: 슬프 ist der Verbstamm, also: 이 이야기는 슬프지만 아름다워요.

**Yuna**: Genau!

**Ich**: Was ist mit der Formbildung bei den unregelmäßigen Verben?

**Yuna**: Es gibt kaum ein Verb, das von der Regel *Verbstamm + 지만* abweicht. Vor -지만 kommt ein Verbstamm in seiner ursprünglichen Form, auch wenn es sich um ein unregelmäßiges Verb handelt. Üben wir noch mit den folgenden Aufgaben.

Antworten

**Antworten Sie mithilfe der Bilder und Wörter auf die Fragen! Suchen Sie im Kasten die passende Antwort.**

| 새 노트북이 어때요? | | 새 핸드폰이 어때요? | |
|---|---|---|---|
| 디자인은 예쁘다 | 비싸다 | 값은 싸다 | 무겁다 |

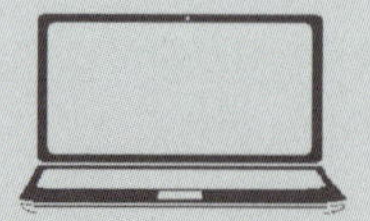

| 새 아파트가 어때요? | |
|---|---|
| 방이 작다 | 조용하다 |

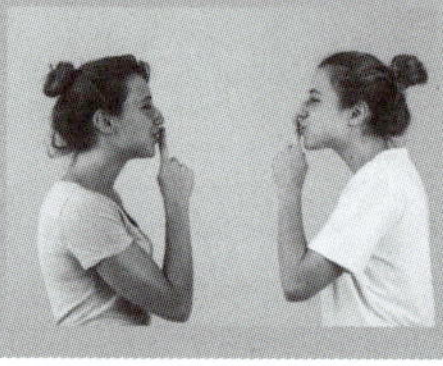

| 한국어 공부가 어때요? | | 날씨가 어때요? | |
|---|---|---|---|
| 재미있다 | 조금 어렵다 | 맑다 | 춥다 |

값은 싸지만 무거워요. 재미있지만 조금 어려워요.
방이 작지만 조용해요.
디자인은 예쁘지만 비싸요. 맑지만 추워요.

**Ich**: Wie kann ich zwei Sätze mit *und* verbinden, z.B.: *Das macht Spaß und ist einfach.*

**Yuna**: Das kannst du mit -고 ausdrücken. Du brauchst nach einem Verbstamm nur 고 hinzuzufügen. Dein Beispielsatz würde lauten: 재미있고 쉬워요.

**Ich**: Hier muss man auch nicht darauf achten, ob die letzte Silbe des Verbstamms ein Batchim hat oder nicht?

**Yuna**: Nein, du kannst unabhängig davon an einen Verbstamm einfach -고 hängen.

 **H190**

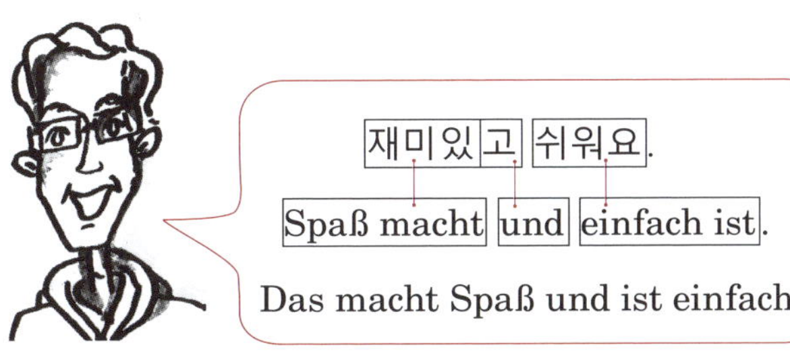


**H191**

**Antworten Sie mit den gegebenen Bildern und Wörtern auf die Fragen! Suchen Sie im Kasten die passende Antwort.**

새 노트북이 어때요?

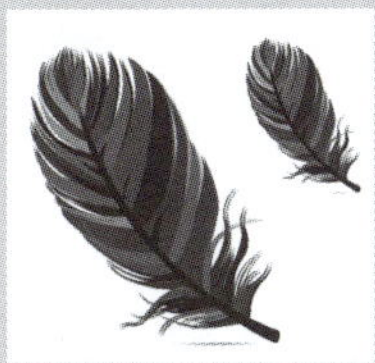

가볍다 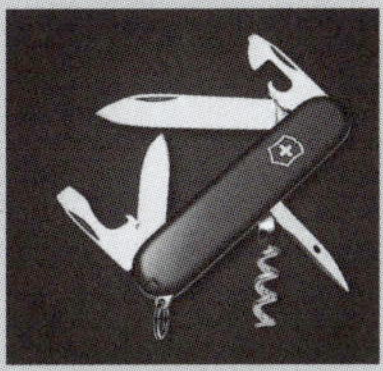 편리하다

이 옷이 어때요?

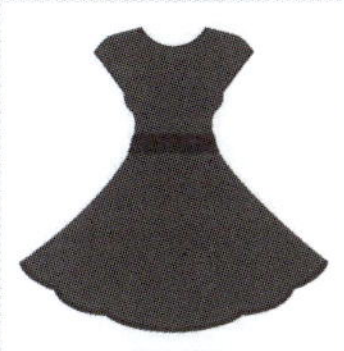

예쁘다 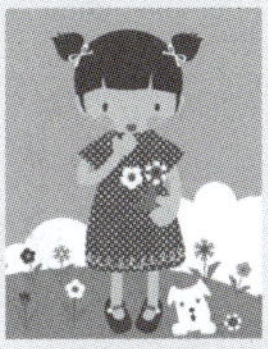 귀엽다

그 영화가 어때요?

지루하다 재미없다

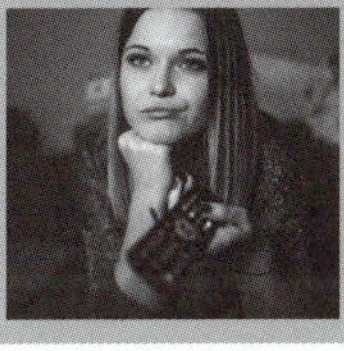

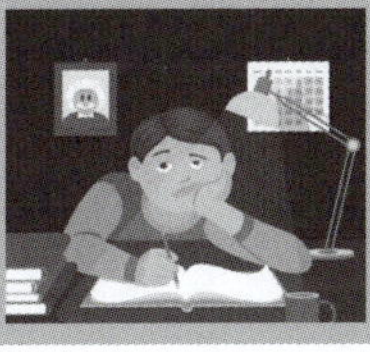

날씨가 어때요?

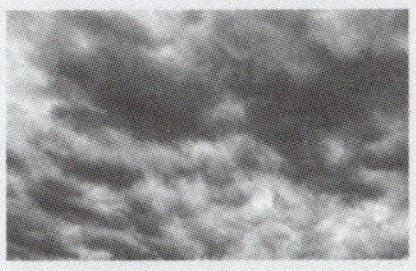

흐리다 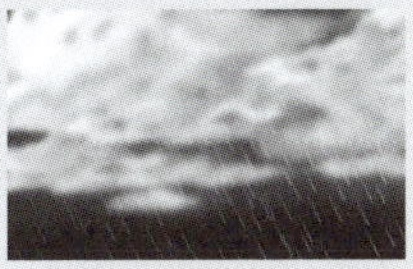 비가 오다

새 차가 어때요?

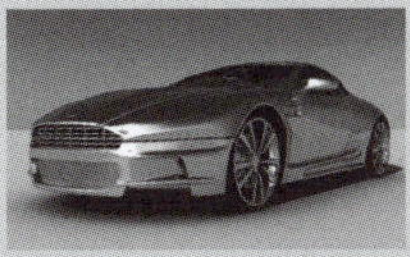

멋있다 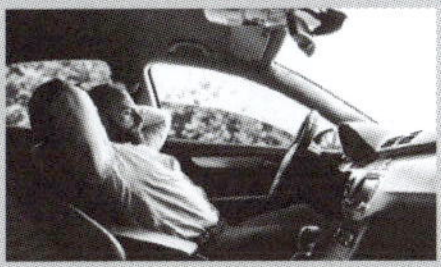 편안하다

| | | |
|---|---|---|
| 멋있고 편안해요. | | 지루하고 재미없어요. |
| | 예쁘고 귀여워요. | |
| 흐리고 비가 와요. | | 가볍고 편리해요. |

# Grammatik im Überblick

## Konjunktion -지만 (*aber*)

Das Bindewort -지만 verbindet zwei Aussagen.

**Formbildung für die Gegenwart:**

- Verbstamm + -지만

## Konjunktion -고 (*und*)

Das Bindewort -고 verbindet zwei Aussagen.

**Formbildung für die Gegenwart:**

- Verbstamm + -고

## H192

**Wörterliste**

| Koreanisch | Deutsch |
|---|---|
| 가볍다 | (Gewicht) leicht sein |
| 가지고 가다 | mitnehmen |
| 갑자기 | plötzlich |
| 값 | Preis |
| 계속 | weiter |
| -과 | mit; und |
| 귀엽다 | niedlich sein |
| 그 | (Demonstrativpronomen) jene(r/s) |
| 그 | (Personalpronomen) er |
| 그곳에서 | dort |
| 그녀 | (Personalpronomen Sg.) sie |
| 그 다음 해 | übernächstes Jahr |
| 그들 | (Personalpronomen Pl.) sie |
| 그렇게 | so |

| Koreanisch | Deutsch |
|---|---|
| 기다리다 | warten |
| -기로 결심하다 | beschließen |
| 나눠 가지다 | teilen und je einen Teil für sich behalten |
| 내년에 | nächstes Jahr |
| 노트북 | Laptop |
| 다음 해 | nächstes Jahr |
| 돈을 벌다 | Geld verdienen |
| 돌아오다 | zurückkommen |
| 되다 | werden |
| 디자인 | Design |
| 떠나다 | verlassen |
| -ㄹ/을 생각이다 | vorhaben |
| 말하다 | sagen, sprechen |
| 맑다 | klar sein |
| 멋있다 | schick sein |

| Koreanisch | Deutsch |
|---|---|
| 무겁다 | (Gewicht) schwer sein |
| 묻다 | begraben |
| 방 | Zimmer, Raum |
| 병이 들다 | erkranken |
| 비가 오다 | regnen |
| 비싸다 | teuer sein |
| 사랑하는 | liebend |
| 사랑하다 | lieben |
| 사막 | Wüste |
| 산 | Berg |
| 살다 | wohnen, leben |
| 상인 | Kaufmann |
| 새 | neu |
| 생각하다 | denken |
| 생활 | Leben |
| 서로 | einander |
| 서쪽 | Westen |
| 숨을 거두다 | sterben |
| 쉽다 | einfach sein |
| 슬프다 | traurig sein |
| 시 | Gedicht |
| 실망하다 | enttäuscht sein |
| 싸다 | billig sein |
| 쓰다 | schreiben |
| 아름답다 | schön sein |
| 아무 | irgendwelche(r/s) |
| -아/어서 | und dann |
| 아주 | sehr |
| 아파트 | Apartment |
| 알겠어요 | Ich verstehe. |
| 어떻게 | wie |
| 어렵다 | schwer/schwierig sein |
| -에게 | Dativ-Marker |
| -에서 | in; von, aus |
| 예쁘다 | hübsch sein |

| Koreanisch | Deutsch |
|---|---|
| 옛날 | früher |
| 온 | gekommene(r/s) |
| 옷 | Kleidung |
| 외국 | Ausland |
| -(으)로 | mit (etw.: auf Mittel bezogen); nach |
| -(으)면 | wenn |
| 이야기 | Geschichte |
| 인삼 | Ginseng |
| 일 | Arbeit |
| 일주일 | eine Woche |
| 작다 | klein sein |
| 재미없다 | keinen Spaß machen |
| 재미있다 | Spaß machen |
| 조금 | ein bisschen |
| 조선 | Joseon-Dynastie |
| 조용하다 | ruhig sein |
| 주다 | geben |
| 죽음 | Tod |
| 지나다 | vorbeigehen; vergehen |
| 지루하다 | langweilig sein |
| 차 | Auto; Tee |
| 찾다 | finden |
| 찾아오다 | kommen; aufsuchen |
| 처음에 | am Anfang, zuerst |
| 춥다 | kalt sein |
| 팔다 | verkaufen |
| 편리하다 | bequem sein |
| 함께 | zusammen |
| 핸드폰 | Handy |
| 헤어지다 | sich verabschieden |
| (Zeit) 후 | nach, in |
| 흐리다 | stark bewölkt sein |
| 힘들다 | anstrengend sein |

H193

**Text zur Lektion**

| | |
|---|---|
| 옛날 조선에 한 남자가 살았어요. | Es war einmal ein Mann in der Joseon-Dynastie. |
| 그 남자는 그곳에서 생활이 힘들고 어려웠어요. | Das Leben war für ihn dort anstrengend und schwer. |
| 그 남자는 아무 일도 찾을 수 없었어요. | Er konnte keine Arbeit finden. |
| 사람들은 그에게 일을 주지 않았어요. | Die Leute gaben ihm keine Arbeit. |
| 그 남자는 사랑하는 사람이 있었어요. | Er hatte eine Person, die er liebte. |
| 둘은 서로 사랑했지만 남자는 조선을 떠나기로 결심했어요. | Die beiden liebten sich, aber er beschloss sein Land zu verlassen. |
| 남자는 외국에 가서 돈을 벌 생각이었어요. | Er hatte vor, ins Ausland zu gehen und dort Geld zu verdienen. |
| 남자는 여자에게 말했어요. «내년에 돌아올 거예요.» | Der Mann sagte zu ihr: «Ich werde nächstes Jahr zurückkommen.» |
| 여자는 아주 슬펐지만 말했어요. «알겠어요.» | Die Frau war sehr traurig, aber sie sagte: «Ich verstehe.» |
| 남자는 시를 썼어요. | Er verfasste ein Gedicht. |
| 두 사람은 시를 나눠 가졌어요. | Die beiden teilten es in zwei Teile und behielten jeweils einen Teil für sich. |
| 그렇게 두 사람은 헤어졌어요. | So verabschiedeten sie sich. |
| 다음 해에 남자는 돌아오지 않았어요. | Nächstes Jahr kam er nicht zurück. |

| | |
|---|---|
| 그 다음 해에도 남자는 돌아오지 않았어요. | Auch übernächstes Jahr kam er nicht zurück. |
| 여자는 실망했지만 계속 기다렸어요. | Die Frau war enttäuscht, aber sie wartete weiter. |
| 3년, 5년, 10년... 그렇게 30년이 지났어요. | Drei, fünf, zehn Jahre... So vergingen 30 Jahre. |
| 그리고 그녀에게 죽음이 찾아왔어요. | Der Tod kam zu ihr. |
| 그녀는 남자를 생각하지는 않았어요. | Sie dachte nicht an den Mann. |
| 하지만 그녀는 그 시를 생각했어요. | Aber sie dachte an das Gedicht. |
| 남자는 어떻게 됐을까요? | Was ist aus dem Mann geworden? |
| 남자는 처음에 타클라마칸 사막으로 갔어요. | Er ging zuerst in die Taklamakan-Wüste. |
| 그곳에서 서쪽에서 온 상인들을 만났어요. | Dort traf er Kaufmänner aus dem Westen. |
| 그들은 말했어요. «다마스쿠스에 가면 인삼을 많이 팔 수 있어요.» | Sie sagten: «Du kannst deinen Ginseng in Damaskus gut verkaufen.» |
| 그는 그 상인들과 함께 다마스쿠스까지 갔어요. | Er ging mit ihnen bis nach Damaskus. |
| 그런데 그곳에서 갑자기 병이 들었어요. | Er erkrankte dort aber plötzlich. |
| 그리고 일주일 후 그는 숨을 거두었어요. | Nach einer Woche lebte er dann nicht mehr. |
| 사람들은 그를 산에 묻었고 갓과 옷은 한 남자가 가지고 갔어요. | Die Leute begruben ihn an einem Berg und ein Mann nahm seinen Gat und seine Kleidung mit. |

# Lektion 24

## Ich möchte viel verreisen.

**Ich**: Yuna, ich möchte dem Museum meinen Teil des Gedichtes schenken.

**Yuna**: Das ist eine sehr schöne Idee, aber hast du dir das gut durch den Kopf gehen lassen?

**Ich**: Ja, das fühlt sich richtig an.

**Yuna**: Willst du es dem Museumsmitarbeiter vielleicht selbst mitteilen? Du kannst dafür das Modalverb -고 싶다 (*mögen* im Konjunktiv II[1]; je nach Situation *wollen*) verwenden. Das drückt für gewöhnlich einen Wunsch des Sprechers aus. Unabhängig davon, ob mit Batchim oder ohne, kommt zu einem Verbstamm einfach -고 싶다 hinzu.

**Ich**: Das klingt einfach.

**Yuna**: Üben wir mit den folgenden Beispielen.

**H194**

**H195**

**지금 뭐 하고 싶어요? Was möchtest du gerade tun? Antworten Sie mithilfe der Wörter unter den Bildern und suchen Sie im Kasten den passenden Satz.**

샤워하다

책을 읽다

커피를 마시다

| 커피를 마시고 싶어요. | 책을 읽고 싶어요. | 샤워하고 싶어요. |
|---|---|---|

1 *ich möchte, du möchtest* etc.

## H196

**2년 후에 뭐 하고 싶어요? Antworten Sie mithilfe der Wörter unter den Bildern und suchen Sie im Kasten den passenden Satz.**

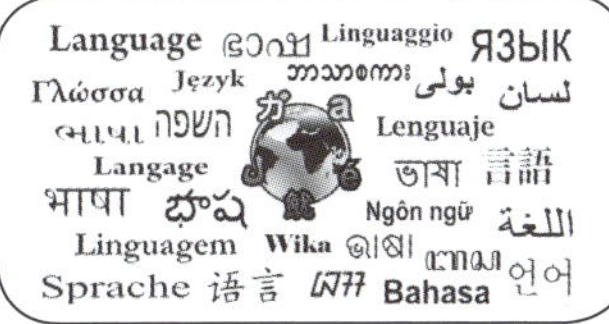


어학연수를 가다

졸업하다

취직하다

| 졸업하고 싶어요. | 취직하고 싶어요. | 어학연수를 가고 싶어요. |
|---|---|---|

## H197

**Antworten Sie mithilfe der Wörter unter den Bildern und suchen Sie im Kasten den passenden Satz.**

결혼하다

이사하다

한국어를 잘하다

| 이사하고 싶어요. | 한국어를 잘하고 싶어요. | 결혼하고 싶어요. |
|---|---|---|

**Ich**: Jetzt fehlt mir nur noch das Wort *spenden*.

**Yuna**: Das heißt 기증하다.

**Ich**: Kann ich dann sagen: 이것을 기증하고 싶어요?

**Yuna**: Ja, genau!

**Ich**: Yuna, kannst du bitte erklären, was es mit 2년 후에 und 5년 후에 in den obigen Aufgabenstellungen auf sich hat?

**Yuna**: Na, klar! 후에 heißt *in/nach* und folgt einer Zeiteinheit, also anders als im Deutschen.

**Ich**: Wie kann ich *vor* sagen?

**Yuna**: *Vor* heißt 전에 und wird ebenfalls nachgestellt. Im Folgenden siehst du die Verwendung von *vor* oder *in/nach* + Zeiteinheit.

H198

| Zeiteinheit | vor | | | in/nach | | |
|---|---|---|---|---|---|---|
| | einer/m | zwei | drei | einer/m | zwei | drei |
| **Woche** | 일주일* 전에 | 이 주일 전에 | 삼 주일 전에 | 일주일 후에 | 이 주일 후에 | 삼 주일 후에 |
| **Monat** | 한 달** 전에 | 두 달 전에 | 세 달 전에 | 한 달 후에 | 두 달 후에 | 세 달 후에 |
| **Jahr** | 일 년 전에 | 이 년 전에 | 삼 년 전에 | 일 년 후에 | 이 년 후에 | 삼 년 후에 |

* Bei 일주일, 이 주일, 삼 주일... kann 일 am Ende der Einfachheit halber weggelassen werden: 일 주, 이 주, 삼 주...

** Statt 한 달, 두 달, 세 달... kann man auch 일 개월, 이 개월, 삼 개월... sagen.

**Ich**: Soll ich hier traditionelle oder sino-koreanische Zahlen verwenden?

**Yuna**: Leider musst du je nach Zeiteinheit variieren. Bei 주일 (*Woche*) und 년 (*Jahr*) musst du die sino-koreanischen, bei 달 (*Monat*) die traditionellen Zahlen verwenden.

**Ich**: Woran liegt das? Das ist etwas verwirrend...

**Yuna**: In der Regel wird eine traditionelle Zahl verwendet, wenn die Zeiteinheit ein «pures» koreanisches Wort ist, sich also nicht mit chinesischen Schriftzeichen schreibt. 달 (*Monat*) ist ein solches Wort, darum musst du hier koreanische Zahlen verwenden. Aber 개월 (*Monat*) ist ein Wort, das mit chinesischen Schriftzeichen geschrieben wird. Dann kommen sino-koreanische Zahlen davor.

**Ich**: Das klingt erstmal logisch. Aber... warum gibt es zwei Wörter für *Monat*?

**Yuna**: Die Koreaner haben sehr lange chinesische Schriftzeichen verwendet, bis König Sejong das Hangeul (한글) entwickelt hat. Daher gibt es für Vieles zwei Begriffe: ein «pures» koreanisches Wort und ein sog. sino-koreanisches Wort.

**Ich**: Aber ich kann ja nicht wissen, welches Wort sich mit chinesischen Zeichen schreiben lasst und welches nicht.

**Yuna**: Das stimmt, aber lasse dich davon nicht beirren. Mit der Zeit wirst du dich damit besser auskennen. Üben wir einfach weiter.

## H199

| | (am) letzte/n/s... | (an) diese/m/n/s... | (am) nächste/n/s... |
|---|---|---|---|
| Tag | 어제 | 오늘 | 내일 |
| Woche | 지난주 | 이번 주 | 다음 주 |
| Monat | 지난달 | 이번 달 | 다음 달 |
| Jahr | 작년 | 올해* | 내년 |
| Mal | 지난번 | 이번 | 다음번 |

* Ausnahme: 올해 ist ein Nomen, und 올해에 fungiert als Adverb. Aber: 에 wird häufig ausgelassen, sodass nur 올해 gesagt wird.

**Yuna**: Zu beachten ist, dass 어제, 오늘 und 내일 Nomen und auch Adverbien sein können. Wenn sie als Adverbien benutzt werden, darfst du **nicht** zusätzlich die Partikel 에 hinzufügen. Alle anderen Wörter in dieser Tabelle sind nur Nomen, darum musst du die Partikel 에 hinzufügen, wenn sie als Adverb verwendet werden sollen.

**Ich**: Ich sage also: 오늘 학교에 가요. **Nicht aber**: 저는 오늘에 학교에 가요. Allerdings muss ich sagen: 작년**에** 학교를 졸업했어요, also mit 에.

**Yuna**: Richtig!

## H200

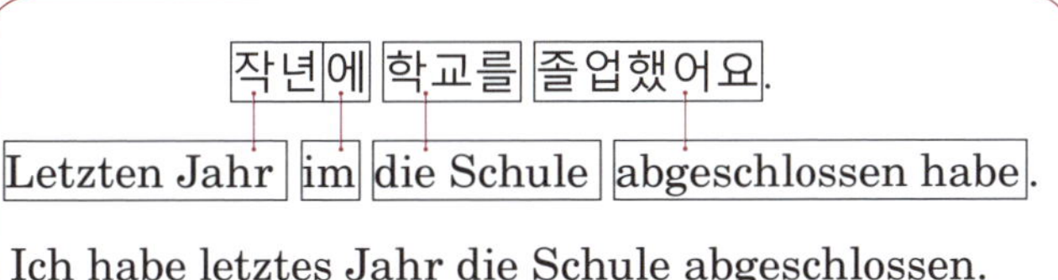


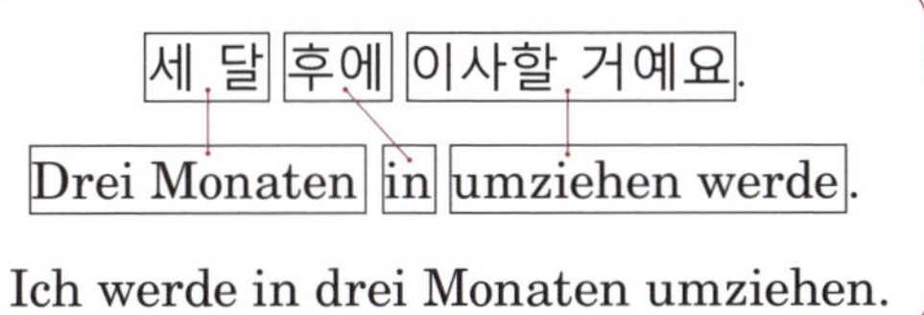


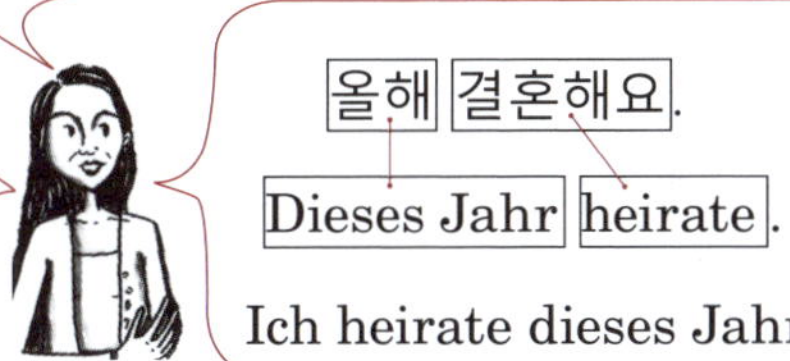


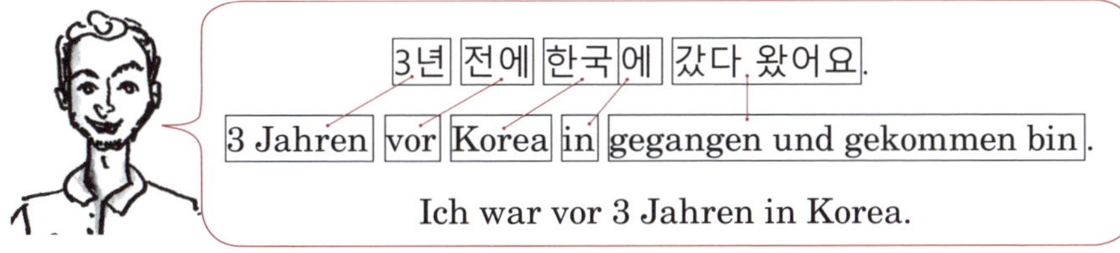

**H201**

**Kreuzen Sie das Passende an.**

☐ 지난주에 / ☐ 다음 주에 가방을 샀어요.
☐ 지난달에 / ☐ 이번 달에 좀 바빠요.
☐ 지난 방학에 / ☐ 이번 방학에 한국에 어학연수를 갈 거예요.
☐ 작년에 / ☐ 내년에 한국에 갔다 왔어요.
☐ 삼일 전에 / ☐ 삼일 후에 한국에서 소포를 받았어요.
☐ 올해 / ☐ 이 년 전에 이사할 거예요.
☐ 두 달 후에 / ☐ 두 달 전에 결혼했어요.

## Grammatik im Überblick

### Modalverb -고 싶다

-고 싶다 drückt einen Wunsch aus und kann grundsätzlich mit *mögen* im Konjunktiv II (*ich möchte, du möchtest...*), aber je nach Situation auch mit *wollen* übersetzt werden.

Es wird an einen Verbstamm gehängt – unabhängig davon, ob er mit oder ohne Batchim endet. Wenn Sie das Verb in der Vergangenheit oder Zukunft benutzen wollen, können Sie das mit dem Teil 싶다 ausdrücken: -고 싶었어요 und -고 싶을 거예요.

Bsp.: 여행을 가고 싶었어요. (*Ich wollte verreisen.*)
한국에 다시 오고 싶을 거예요. (*Ich werde wieder nach Korea kommen wollen.*)

| | Vergangenheit | Gegenwart | Zukunft |
|---|---|---|---|
| mit Verbendung -아/어요 | VS*고 싶었어요 | VS고 싶어요 | VS고 싶을 거예요 |
| mit Verbendung -ㅂ/습니다 | VS고 싶었습니다 | VS고 싶습니다 | VS고 싶을 겁니다 |

* VS = Verbstamm

### *Vor* (전에) und *in/nach* (후에) + Zeiteinheit (s. Tab. oben)

## Wörterliste

| Koreanisch | Deutsch |
|---|---|
| 갔다 오다 | (an einem Ort) gewesen sein |
| 개월 | Monat |
| 결혼하다 | heiraten |
| 교육 | Erziehung |
| 기증하다 | spenden |
| 구경하다 | anschauen |
| 그냥 | einfach |
| 꿈 | Traum |
| 내년 | nächstes Jahr |
| 년 | Jahr |
| 다음 | nächste(s/r) |
| 다음번 | nächstes Mal |
| 달 | Monat |
| 대학원 | Graduate School |
| 더 | mehr |
| 더 좋은 | besser |
| 되다 | werden |
| 바라다 | wünschen |
| 받다 | bekommen |
| 사귀다 | sich kennenlernen; eine Liebesbeziehung haben |
| 샤워하다 | duschen |
| 세계 | Welt |

| Koreanisch | Deutsch |
|---|---|
| 소포 | Paket |
| 어학연수 | Sprachenlernen im Ausland |
| 여러 | verschieden |
| 여자 친구 | meine Freundin |
| 여행을 하다 | verreisen |
| 올해 | dieses Jahr |
| Verbstamm + -ㄹ/을게요 | werden |
| 이것 | (Demonstrativpronomen) das hier |
| 이루어지다 | wahr werden |
| 이번 | diese(s/r) |
| 이사하다 | umziehen |
| 작년 | letztes Jahr |
| 잘하다 | gut machen |
| 전에 | vor |
| 졸업하다 | abschließen |
| 주 | Woche |
| 주일 | Woche |
| 지난번 | letztes Mal |
| 취직하다 | einen Job suchen/finden |
| 평화롭게 | friedlich |
| 회사에 다니다 | bei einer Firma arbeiten |
| 후에 | nach/in |

### H203
**Text zur Lektion**

| | | |
|---|---|---|
| **Ich**: | 유나 씨는 내년에 무엇을 하고 싶어요? | Was möchtest du nächstes Jahr machen? |
| **Yuna**: | 저는 대학원에 가고 싶어요. | Ich möchte den Master machen. |
| **Ich**: | 왜 대학원에 가고 싶어요? | Warum willst du den Master machen? |
| **Yuna**: | 한국어 교육을 더 많이 공부하고 싶어요. | Ich möchte noch mehr Koreanisch als Fremdsprache studieren. |
| | 토마스 씨는 내년에 무엇을 하고 싶어요? | Was möchtest du nächstes Jahr machen? |
| **Ich**: | 저는 한국어를 더 잘하고 싶어요. | Ich möchte noch besser Koreanisch sprechen. |
| | 그리고 여자 친구도 사귀고 싶어요. | Und ich möchte auch eine Freundin haben. |
| **Yuna**: | 5년 후에는 무엇을 하고 싶어요? | Was möchtest du in fünf Jahren machen? |
| **Ich**: | 더 좋은 회사에 다니고 싶어요. | Ich möchte bei einer besseren Firma arbeiten. |
| | 그리고 결혼하고 싶어요. 유나 씨는요? | Und ich möchte heiraten. Und du? |
| **Yuna**: | 저는 여행을 많이 하고 싶어요. 세계 여러 곳을 구경하고 싶어요. | Ich möchte viel verreisen. Ich möchte verschiedene Orte in der Welt anschauen. |
| **Ich**: | 유나 씨는 꿈이 있어요? | Hast du einen Traum, Yuna? |
| **Yuna**: | 글쎄요, 잘 모르겠어요. 그냥 평화롭게 살고 싶어요. 토마스 씨는요? | Na ja, ich weiß nicht genau. Ich möchte einfach friedlich leben. Und du? |

**Ich**: 저도 잘 모르겠어요. 더 좋은 사람이 되고 싶어요.

Ich weiß auch nicht genau. Ich möchte ein besserer Mensch werden.

**Yuna**: 토마스 씨, 꿈이 이루어지길 바랄게요.

Thomas, ich wünsche dir, dass dein Traum verwirklicht wird.

**Ich**: 고마워요. 유나 씨 꿈도 이루어지길 바랄게요.

Danke! Ich wünsche dir auch, dass dein Traum verwirklicht wird, Yuna.

# Lektion 25

## Ich muss nach Seoul fahren.

Ich teile dem Museumsmitarbeiter mit, dass ich meinen Teil des Gedichtes spenden will, und daraufhin werden Herr Kim, Yuna und ich vom Direktor des Museums in dessen Büro eingeladen. Er bedankt sich herzlich bei mir und lädt mich dazu ein, nächstes Jahr wiederzukommen. Nach einem netten Gespräch verabschieden wir uns vom ihm sowie von Herrn Kim und verlassen das Museum.

Da klingelt Yunas Handy. Nach einem kurzen Telefonat schaut sie mich besorgt an.

**Yuna**: Thomas, ich muss jetzt dringend nach Seoul zurückfahren. Mein Vater wurde ambulant ins Krankenhaus gebracht. Er ist beim Säubern der Dachrinne von der Leiter gefallen und hat sich einige Rippen gebrochen. Er ist aber bei Bewusstsein, und es geht ihm ansonsten gut.

**Ich**: Da bin ich aber froh! Hat er jemanden, der sich um ihn kümmern kann?

**Yuna**: Leider ist meine Mutter gerade in China, um meine Schwester zu besuchen, die dort arbeitet. Er ist momentan ganz allein, also muss ich mich um ihm kümmern, bis meine Mutter zurückkommt.

**Ich**: Alles klar. Dann fahren wir zusammen zurück nach Seoul.

**H204**

Yuna bringt mir im Bus bei, wie man sagt, dass man etwas machen muss.

**Yuna**: Wo man auf Deutsch *sollen/müssen* benutzt, sagt man auf Koreanisch -아/어야 하다 (Infinitiv).

**Ich**: Für beide Fälle?

**Yuna**: Ja. Man unterscheidet sie nicht. Die Formbildung ist einfach. Erst bildest du mit der Verbendung -아/어요 vom Infinitiv die konjugierte Form in der Gegenwart. Nehmen wir mal das Beispiel 가다. Seine konjugierte Form in der Gegenwart ist 가요. Im zweiten Schritt lässt du -요 weg.

**Ich**: Dann bleibt nur 가.

**Yuna**: Genau. Drittens fügst du -야 해요 hinzu.

**Ich**: Dann entsteht 가야 해요.

**Yuna**: Genau! Fertig. Wenn du die Verbendung -ㅂ/습니다 benutzen willst, brauchst du nur -야 합니다 statt -야 해요 hinzuzufügen.

### H205

| ***müssen/sollen* in der Gegenwart** | | | |
|---|---|---|---|
| **Koreanisch** | **Deutsch** | **-아/어요** | **-ㅂ/습니다** |
| 가다 | gehen | 가야 해요 | 가야 합니다 |
| 먹다 | essen | 먹어야 해요 | 먹어야 합니다 |
| 마시다 | trinken | 마셔야 해요 | 마셔야 합니다 |
| 공부하다 | lernen | 공부해야 해요 | 공부해야 합니다 |
| 운동하다 | Sport machen | 운동해야 해요 | 운동해야 합니다 |
| 있다 | da sein | 있어야 해요 | 있어야 합니다 |
| 듣다* | hören | 들어야 해요 | 들어야 합니다 |
| 걷다* | laufen | 걸어야 해요 | 걸어야 합니다 |
| 만들다 | herstellen | 만들어야 해요 | 만들어야 합니다 |
| 쓰다* | schreiben | 써야 해요 | 써야 합니다 |

* Hier unregelmäßig

**Yuna**: Statt -아/어야 하다 kann man auch -아/어야 되다 sagen. Dabei gibt es kaum Unterschiede in der Bedeutung. Um die Form zu bilden, musst du in der obigen Tabelle statt 해요 oder 합니다 dann 돼요 oder 됩니다 sagen, z.B. 가야 돼요, 가야 됩니다.

## H206

**건강하고 싶어요. 어떻게 해야 해요? Ich möchte gesund sein. Was soll ich tun? Antworten Sie mithilfe der Wörter unter den Bildern und suchen Sie im Kasten den passenden Satz.**

채소를 먹다

운동을 하다

스트레스를 줄이다

| 스트레스를 줄여야 해요. | 채소를 먹어야 해요. | 운동을 해야 해요. |
|---|---|---|

**외국에 여행을 갈 거예요. 무엇을 해야 해요? Ich will ins Ausland verreisen. Was soll ich tun? Antworten Sie mithilfe der Wörter unter den Bildern und suchen Sie im Kasten den passenden Satz.**

여권을 준비하다

외국어를 공부하다

환전을 하다

| 여권을 준비해야 해요. | 환전을 해야 해요. | 외국어를 공부해야 해요. |
|---|---|---|

**감기에 걸렸어요[1]. 어떻게 해야 해요? Ich bin erkältet. Was soll ich tun? Antworten Sie mithilfe der Wörter unter den Bildern und suchen Sie im Kasten den passenden Satz.**

뜨거운 차를 마시다

푹 쉬다

옷을 따뜻하게 입다

| 푹 쉬어야 해요. | 뜨거운 차를 마셔야 해요. | 옷을 따뜻하게 입어야 해요. |
|---|---|---|

1 Im Koreanischen drückt man bei bestimmten Verben mit der Vergangenheitsform einen Zustand aus. Auf Deutsch sagt man z.B. Paul ist erkältet (→ Gegenwart), aber auf Koreanisch sagt man 감기에 걸렸어요 (→ Vergangenheit!).

### H207

**Üben Sie zuerst mit den vorgegebenen Sätzen. Beim zweiten Mal decken Sie sie ab und formulieren selbst, was auf den Bildern zu sehen ist und was man dagegen tun soll.**

다리를 다쳤어요.
병원에 가야 해요.*

이가 아파요.
치과에 가야 해요.

머리가 아파요.
약을 먹어야 해요.

열이 나요.
침대에 누워 있어야 해요.

목이 아파요.
말을 많이 하지 않아야 해요.**

몸이 안 좋아요.
집에서 쉬어야 해요.

콧물이 나요.
물을 많이 마셔야 해요.

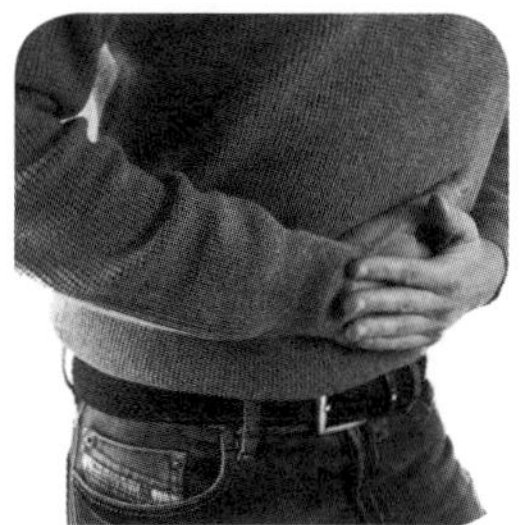

배가 아파요.
매운 음식을 안 먹어야 해요.**

기침을 해요.
기침약을 먹어야 해요.

* 병원 heißt sowohl Krankenhaus als auch Arztpraxis. Für *Ich gehe zum Arzt* sagt man in der Regel auf Koreanisch nicht 저는 의사에게 가요, sondern 저는 병원에 가요.

** Verneinung + -아/어야 하다: nicht sollen

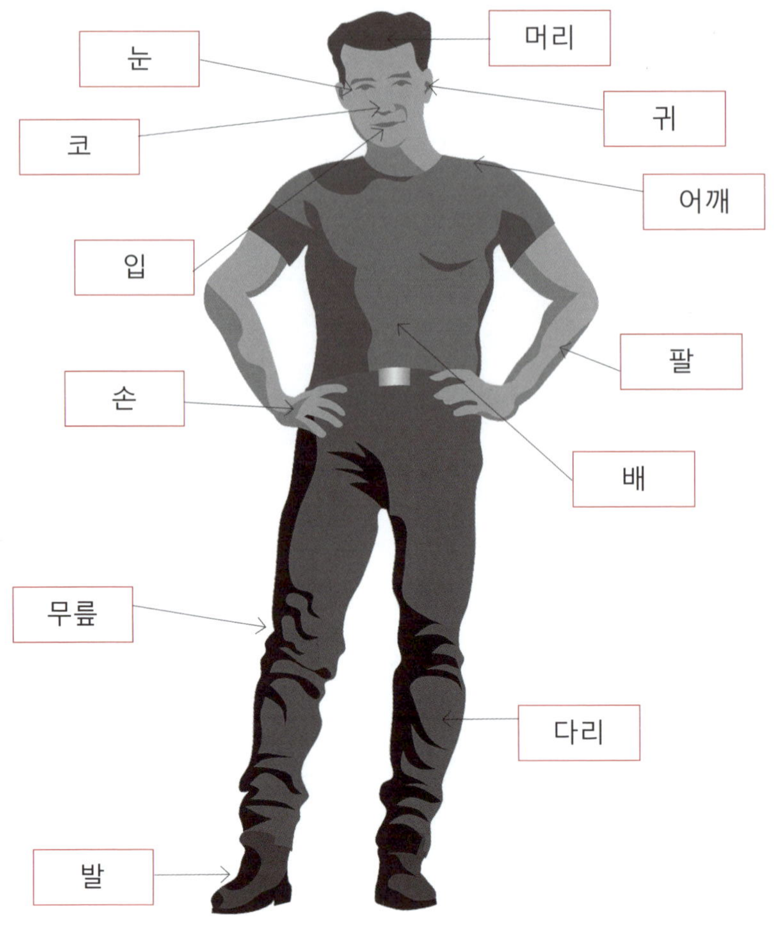


**Ich**: Kann man -아/어야 하다 auch in den anderen Zeitformen verwenden?

**Yuna**: Klar. Du kannst 하다 verändern: -아/어야 했어요, -아/어야 할 거예요 oder -아/어야 했습니다, -아/어야 할 겁니다.

# Grammatik im Überblick

## Modalverb -아/어야 하다

-아/어야 하다 entspricht *müssen/sollen* und wird an ein Verb angeschlossen. -아/어야 해요 oder -아/어야 합니다 sind gebeugte Gegenwartsformen davon.

**Formbildung:**

1. Vom Infinitiv die konjugierte Form mit der Verbendung -아/어요 in der Gegenwart bilden
2. -요 wegnehmen
3. -야 해요 oder -야 합니다 hinzufügen

| | Vergangenheit | Gegenwart | Zukunft |
|---|---|---|---|
| **mit Verbendung -아/어요** | VS* 아/어야 했어요 | VS 아/어야 해요 | VS 아/어야 할 거예요 |
| **mit Verbendung -ㅂ/습니다** | VS 아/어야 했습니다 | VS 아/어야 합니다 | VS 아/어야 할 겁니다 |

* VS = Verbstamm

Übrigens: Statt -아/어야 하다 kann man auch -아/어야 되다 sagen.

 **H208**

**Wörterliste**

| Koreanisch | Deutsch |
|---|---|
| 가지고 있다 | behalten |
| 감기에 걸리다 | erkältet sein |
| 건강하다 | gesund sein |
| 곧 | bald |
| 귀 | Ohr |
| 그동안 | in der Zwischenzeit |
| 기다리다 | warten |
| 기침약 | Hustensaft |
| 기침을 하다 | Husten haben |
| 나머지 | Rest |
| 나으시다 | Honorific von 낫다 (*genesen*) |

| Koreanisch | Deutsch |
|---|---|
| 누워 있다 | liegenbleiben |
| 눈 | Auge |
| 다리 | Bein |
| 다시 | wieder |
| 다치다 | verletzen |
| 따뜻하게 | (Adverb) warm |
| 뜨거운 | (Adjektiv) heiß |
| 말을 하다 | sprechen |
| 매운 음식 | scharfes Essen |
| 머리 | Kopf |
| 목 | Hals |
| 몸 | Körper |

| Koreanisch | Deutsch |
|---|---|
| 몸이 안 좋다 | es geht jemandem nicht gut |
| 무릎 | Knie |
| 바라다 | wünschen |
| 반쪽 | Hälfte |
| 발 | Fuß |
| 배 | Bauch |
| 병원에 가다 | ins Krankenhaus / zum Arzt gehen |
| 빨리 | schnell |
| 선물로 | als Geschenk |
| 손 | Hand |
| 스트레스 | Stress |
| 아니에요 | es ist nicht so |
| 아프다 | krank sein; weh tun |
| 알다 | wissen |
| 약 | Medikament |
| 어깨 | Schulter |
| -에게 | Dativ-Marker |
| 여권 | Pass |
| 연락하다 | sich melden |
| 열이 나다 | Fieber haben |
| 외국어 | Fremdsprache |

| Koreanisch | Deutsch |
|---|---|
| Verbstamm + -ㄹ/을게요 | werden |
| 이 | Zahn; (Demonstrativpronomen) diese/r/s |
| 이건 | (Demonstrativpronomen) der, die, das (gekürzt von 이것은) |
| 입 | Mund |
| 입다 | sich anziehen |
| 잘 가세요 | Gute Fahrt!; Wiedersehen |
| 제가 | ich (höflich; im Nominativ) |
| 준비하다 | vorbereiten |
| 줄이다 | verringern |
| 채소 | Gemüse |
| 청동 거울 | Bronzespiegel |
| 치과 | Zahnarzt |
| 코 | Nase |
| 콧물이 나다 | Schnupfen haben |
| 팔 | Arm |
| 푹 쉬다 | sich gut ausruhen |
| 환전을 하다 | Geld umtauschen |

 **H209**

**Text zur Lektion**

Wir sind in Seoul angekommen und müssen uns gleich verabschieden.

| | | |
|---|---|---|
| **Ich**: | 유나 씨, 그동안 정말 고마웠어요. | Yuna, ich danke dir sehr für alles. |
| **Yuna**: | 아니에요, 제가 정말 고마웠어요. | Keine Ursache, eher danke ich dir sehr. |
| **Ich**: | 아버지가 빨리 나으시길 바랄게요. | Ich wünsche deinem Vater gute Besserung. |

| | | |
|---|---|---|
| **Yuna**: | 네, 고마워요. | Ja, danke. |
| **Ich**: | 유나 씨, 저도 곧 다시 베를린으로 가야 해요. | Yuna, ich muss auch bald nach Berlin zurückkehren. |
| **Yuna**: | 네, 알아요. | Ja, ich weiß. |
| **Ich**: | 유나 씨, 선물로 이걸 유나 씨에게 주고 싶어요. | Yuna, ich möchte dir das als Geschenk geben. |
| **Yuna**: | 이게 뭐예요?<br>이건, 청동 거울의 반쪽이네요? | Was ist das?<br>Die Hälfte eines Bronzespiegels? |
| **Ich**: | 네, 인사동에서 샀어요. | Ja, ich habe ihn in Insa-dong gekauft. |
| | 나머지 반쪽은 제가 가지고 있을 거예요.<br>제가 베를린에서 유나 씨를 기다릴게요. | Die andere Hälfte werde ich behalten.<br>Ich werde in Berlin auf dich warten. |
| **Yuna**: | 고마워요, 토마스 씨.<br>연락할게요. 베를린까지 잘 가세요. | Danke, Thomas.<br>Ich melde mich. Gute Fahrt nach Berlin! |
| **Ich**: | 네, 베를린에서 만나요, 유나씨! | Ja, wir sehen uns in Berlin, Yuna! |

## Bildernachweis

- S. 48: Vecteezy: https://www.vecteezy.com/vector-art/75562-gangnam-style-vector
- S. 66: National Museum of Korea: https://www.museum.go.kr/site/main/relic/search/view?relicId=222755#
- S. 68: Freepik: https://www.freepik.com/free-photo/homemade-sourdough-bakery-bread-healthy_1044713.htm#term=bread&page=1&position=40
- S. 68: Freepik: https://www.freepik.com/free-vector/two-bottles-with-and-without-water_1624416.htm#term=waterbottle&page=1&position=2
- S. 68: Freepik: https://www.freepik.com/free-vector/orange-juice-advertisement-with-realistic-design_3326095.htm#term=juice&page=1&position=42
- S. 69: National Institute of Korean Language: https://commons.wikimedia.org/w/index.php?curid=54770318
- S. 73: Vecteezy: https://static.vecteezy.com/system/resources/previews/000/243/138/large_2x/people-eating-at-restaurant-vector.jpg
- S. 73: Vecteezy: https://static.vecteezy.com/system/resources/previews/000/215/028/large_2x/teacher-giving-quiz-vector.jpg
- S. 73: Vecteezy: https://static.vecteezy.com/system/resources/previews/000/215/028/large_2x/teacher-giving-quiz-vector.jpg
- S. 73: Freepik: https://image.freepik.com/free-vector/school-building_23-2147521232.jpg
- S. 73: Freepik: https://www.freepik.com/free-vector/people-doing-outdoor-activities-with-flat-design_2565197.htm#term=park&page=1&position=18
- S. 73: Freepik: https://www.freepik.com/free-vector/library-concept-4-flat-icons-square_2871133.htm#term=bibliothek&page=6&position=22
- S. 73: Freepik: https://www.freepik.com/free-vector/coffee-shop-building-facade-with-signboard_1310934.htm#term=cafee%20shop&page=3&position=39
- S. 73: Freepik: https://www.freepik.com/free-vector/hospital-and-ambulance-building_1310921.htm#term=hospital&page=1&position=5
- S. 73: Freepik: https://www.freepik.com/free-vector/set-of-different-houses_2858658.htm#term=home&page=5&position=40
- S. 90+92: Freepik: https://www.freepik.com/free-vector/people-doing-outdoor-activities-with-flat-design_2565197.htm#term=park&page=1&position=18
- S. 90: Freepik: https://www.freepik.com/free-photo/market_1016787.htm#term=mall&page=1&position=5
- S. 92: Vecteezy: https://static.vecteezy.com/system/resources/previews/000/243/138/large_2x/people-eating-at-restaurant-vector.jpg
- S. 92: Freepik: https://www.freepik.com/free-vector/healthy-market_795085.htm#term=market&page=1&position=1
- S. 90+92: Vecteezy: https://static.vecteezy.com/system/resources/previews/000/247/904/large_2x/vector-office-room-illustration.jpg
- S. 92: Freepik: https://www.freepik.com/free-vector/movie-theater-red-seats-and-cimena-screen_719933.htm#term=movie&page=3&position=4

- S. 92: Freepik: https://www.freepik.com/free-vector/bathroom-background-design_1076708.htm#term=shower&page=1&position=16
- S. 107: Minseong Kim: https://commons.wikimedia.org/wiki/File:Seoul_Bus_Route_401.jpg
- S. 107: Minseong Kim: https://commons.wikimedia.org/w/index.php?curid=37103539
- S. 107: Chu: https://ko.m.wikipedia.org/wiki/%ED%8C%8C%EC%9D%BC:20110903_hyundai_new_ef_sonata_taxi_01.jpg
- S. 107: 서울특별시 소방재난본부: https://commons.wikimedia.org/wiki/File:20030416%EC%A7%80%ED%95%98%EC%B2%A0_%EC%95%88%EC%A0%84%EC%B2%B4%ED%97%98%EA%B4%8011.JPG
- S. 107: Ki Hoon: https://ko.wikipedia.org/wiki/%ED%8C%8C%EC%9D%BC:HYUNDAI_COUNTY_Jongno01.png
- S. 109: Luiz Gadelha Jr.: https://www.flickr.com/photos/lmgadelha/10245527833
- S. 110: Sisul: https://www.sisul.or.kr/open_content/skydome/introduce/pop_subway.jsp
- S. 117: Freepik: https://www.freepik.com/free-vector/mobile-banking-icons-flat-line_1530507.htm
- S. 117: Freepik: https://www.freepik.com/free-vector/open-cafe-building-facade_1311149.htm
- S. 118: Freepik: https://www.freepik.com/free-vector/subway-icons-set_3949125.htm
- S. 118+121: Freepik: https://www.freepik.com/free-vector/collection-shops-stores_2944651.htm
- S. 121: Freepik: https://www.freepik.com/free-vector/illustration-hospital_3852048.htm
- S. 121: Freepik: https://www.freepik.com/free-vector/houses-collection_791498.htm
- S. 139: Freepik: https://www.freepik.com/free-vector/doodle-drinks-icons_1265557.htm#term=glass&page=1&position=33
- S. 181: Freepik: https://www.freepik.com/free-photo/freezing-woman-rubbing-body_3299452.htm
- S. 181: Freepik: https://www.freepik.com/premium-photo/businessman-sweating-his-office_2528558.htm
- S. 186: Songk1122: https://ko.wikipedia.org/wiki/%EC%A0%84%EC%A3%BC%EC%8B%9C#/media/%ED%8C%8C%EC%9D%BC:%EC%A0%84%EC%A3%BC%ED%95%9C%EC%98%A5%EB%A7%88%EC%9D%84_%EC%A0%84%EA%B2%BD.JPG
- S. 190: Freepik: https://www.freepik.com/free-photo/modern-senior-man-training-with-dumbbells_3516646.htm
- S. 190: Freepik: https://www.freepik.com/free-photo/couple-shopping-supermarket_2894896.htm
- S. 190: Freepik: https://www.freepik.com/free-photo/fathers-day-concept-with-father-daughter-listening-music_2120802.htm
- S. 190: Freepik: https://www.freepik.com/free-photo/senior-asian-couple_2910820.htm
- S. 192: Freepik: https://www.freepik.com/free-photo/senior-couple-having-breakfast-garden_3837433.htm
- S. 192: Freepik: https://www.freepik.com/free-photo/daughter-with-tulips-holding-finger-lips_4029926.htm#page=2&index=35&query=sleep
- S. 192: https://www.freepik.com/free-photo/closeup-portrait-stressed-senior-business-woman_1196324.htm
- S. 212: Freepik: https://www.freepik.com/free-photo/smiling-young-couple-giving-high-five-each-other-isolated-white-background_3901265.htm

- S. 220: Freepik: https://www.freepik.com/free-photo/hand-putting-coin-piggy-bank_991298.htm
- S. 220: Freepik: https://de.freepik.com/vektoren-kostenlos/bended-mann-mit-grossen-und-schweren-handy_1311230.htm
- S. 220: Freepik: https://de.freepik.com/vektoren-kostenlos/kleines-wohnzimmer_801791.htm
- S. 220: Freepik: https://www.freepik.com/free-photo/two-sister-standing-face-face-showing-silence-gesture-each-other_3038801.htm
- S. 220: Freepik: https://de.freepik.com/fotos-kostenlos/einfrierende-frau-reibt-koerper_3299452.htm #page=1&index=24&query=reiben
- S. 221: Freepik: https://de.freepik.com/vektoren-kostenlos/federn-elemente-freien-vektor_716162.htm
- S. 221: Vecteezy: https://www.vecteezy.com/vector-art/79228-swiss-army-knife-vector
- S. 221: https://de.vecteezy.com/vektorkunst/88365-quadratische-tanzkleidvektoren
- S. 221: Vecteezy: https://de.vecteezy.com/vektorkunst/90179-free-i-m-sorry-karte-vektor
- S. 221: Vecteezy: https://de.freepik.com/vektoren-kostenlos/gebohrter-kursteilnehmer_787766.htm
- S. 221: Freepik: https://de.freepik.com/fotos-kostenlos/gebohrte-frau-die-fernsehkanaele-wechselt_1994114.htm
- S. 221: Freepik: https://www.freepik.com/free-vector/classic-monsoon-season-composition-with-realistic-design_2686584.htm
- S. 221: Freepik: https://www.freepik.com/free-photo/side-view-man-relaxing-car_2586767.htm
- S. 226: Freepik: https://de.freepik.com/vektoren-kostenlos/kind-unter-der-dusche_844194.htm
- S. 226: Freepik: https://br.freepik.com/fotos-gratis/mulheres-segurando-xicaras-cafe-ligado-tabela-madeira_3156016.htm
- S. 227: M. Adiputra: https://da.m.wikipedia.org/wiki/Fil:Globe_of_language.png
- S. 227: Freepik: https://de.freepik.com/vektoren-kostenlos/vorstellungsgespraech-konzept_1577691.htm#page=1&query=auszubildender&position=40
- S. 236: Freepik: https://fr.freepik.com/vecteurs-libre/gens-parlant-differentes-langues-design-plat_2564887.htm